南山大学経営研究叢書

公会計の概念と計算構造

亀井孝文 著

東京 森山書店 発行

は　し　が　き

　近年における公会計制度の改革は多くの国でほぼ一段落したといってよい。わが国でも公会計改革についての議論が活発に行われるとともに，公会計が少しずつ「会計論」として認識されつつある。しかし，理論的に確立したというにはまだしもの感が強く，さまざまな議論を見るとその基礎となる事実関係の理解や考え方については首肯しかねるようなものも少なくない。その原因は，制度創設にかかわる歴史研究が十分ではなく，概念がどのような経緯で形成されてきたのかが不分明なままに議論が展開されているところにある。また，実務的な適用可能性を優先するあまり，理論的整合性の検討が不十分であることも原因となっている。新しい制度を創設したり大きく改革する場合にはいかに手数がかかろうとも，一度は徹底した理論的検討が必要である。制度というものはいったん形成されてしまえば，その変更には膨大な労力を要することがこれまでのさまざまな制度史からも明らかである。

　新たな制度の創設はその国のその時どきの経済的ないし社会的背景から自由ではあり得ず，しかもその背景的要因は長い歴史的経過と無関係ではない。このことは，われわれの関心の領域でいえば，明治の近代化のなかで公会計制度を創設したわが国はもちろん，わが国がその模範としたフランスやドイツにも同様に当てはまる。多くの国に先駆けてすでに19世紀前半に近代的公会計制度を創設したフランスにおいても，その後，固有の観点から公会計制度を確立したドイツにあっても，当時，公会計の確たる理論があってそのうえに制度が構築されていったわけでは決してない。つまり，当初は実務のなかから得られた経験に諸外国からの影響や国内の複雑要因が積み重ねられて制度が形成されていったのである。

しかし，そうしたなかから単なる経験知を超えて緻密な理論的検討が次第に展開されるようになっていった。その状況は公会計制度に関する18世紀前半から19世紀後半までの詳細な発展史を取り扱ったJ. リヒトネーゲルの研究書(1872年)からも明らかとなるが，とくに，企業会計との関連で行われた公会計の記帳法に関する理論的検討の事例は20世紀に入ってからのドイツに見られる。そうした検討を行った研究者の典型例がシュマーレンバッハでありヴァルプである。実際，シュマーレンバッハの主著『動的貸借対照表論の基礎』(第4版以降『動的貸借対照表論』)でもカメラル簿記を中心とする公会計の考え方が取り扱われている。ただ，残念ながらこの部分は邦訳書ではすべて捨象されているため，わが国においてはドイツ会計学の研究者においてすら多くの関心を集めるには至らなかった。ヴァルプも公会計の簿記法であるカメラル簿記の発展に関する研究とともに，それを企業の損益計算に適用することが可能なことを大部の著書にまとめている。もちろん，その意味するところは「公会計の理論構築のための公会計研究」ではなく「企業会計の基礎理論形成のための公会計研究」であったことは否定できない。しかし，ドイツではこれらの研究がやがてヨーンスやコジオールに引き継がれドイツ資金論に発展していくのである。つまり，ドイツ近代会計理論の基礎となっている収支学説の形成には公会計研究が大きな貢献をしているのであるが，こうした事実はわが国ではあまり知られていない。そのためにとりわけドイツにおける公会計の理論的検討が現代のわが制度改革論にほとんど生かされていないという結果につながっていることは，惜しむべき事実であるといわざるを得ない。

　公会計は時として政治的バイアスから逃れられない宿命的ともいえる特徴をもつものであるが，そうであればこそそれを単にプラグマティズムに立脚する「情報論」として捉えるだけではなく，大方の研究者が認め得る「計算構造論」として展開する必要があるというのが本書のとる基本的な考え方である。そうした計算構造を明確にするために，ここでは主要な理論的検討の対象をドイツ公会計のなかに求め，その底流にあるドイツ近代会計理論との相互連関を考察している。そこから得られる結論は，近年の公会計制度の改革論で強調されて

いる発生主義概念の陰に隠れてしまいかねない現金収支の把握こそ公会計に求められる最も基本的な役割であると理解し，しかも，それを「資金」という概念によって再構築すべきであるというものである。もちろん，新しい公会計制度に金銭計算のみならず，それに加えて経済的資源にかかわる価値計算の導入を視野に入れていることはいうまでもない。

かつて筆者はドイツ公会計の歴史，公会計の基礎理論，制度改革論等について自らの著作『公会計改革論―ドイツ公会計研究と資金理論的公会計の構築―』（白桃書房 2004年）で論じたが，本書ではそこで取り上げたいくつかの問題意識をより詳細に論究することを念頭におき，とりわけその対象を公会計における計算書作成と簿記法との関係すなわち計算構造に絞っている。かつ，その究極の目的は，ドイツ収支学説を基礎にした理論的検討の結果を，どのように現代の公会計制度に適用すべきかについて提言することであると想い描いている。こうした関心からこれまでさまざまな機会に発表してきた論文をまとめたものが本書の骨格を形成している。それらを巻末に「初出一覧」として示したが，大幅に加筆したことからほとんど原型をとどめていないものも少なくない。また，いくつかの学説や考え方を紹介しているが，肯定的評価をした諸説やモデルよりもむしろ批判的に検討をしたものの方が多いかも知れない。それによってこれまでの公会計研究に対して一石を投ずることも本書の重要な目的のひとつとなっている。

なお，本書の刊行にさいしては筆者が所属する南山大学経営学会より研究叢書出版助成を受けている。また，出版事情がますます厳しさを増すなかで森山書店の菅田直文社長には快く出版をお引き受け頂くとともに，折に触れてさまざまな温かい助言を頂いた。記して関係各位のご厚情に心からの感謝を申し上げたい。

　　　2013年9月23日　　秋分の日に

　　　　　　　　　　　　　　　　　　　　　　　　　　亀 井 孝 文

略語一覧

BDI	Bundesverband der Deutschen Industrie	（ドイツ工業連盟）
BHG	Bundeshaushaltsgesetz	（オーストリア・連邦予算法）
BHO	Bundeshaushaltsordnung	（連邦予算規則）
BWV	Bundesbeauftragte für Wirtschaftlichkeit in der Verwaltung	（行政における経済性のための連邦委託官）
EPSAS	European Public Sector Accounting Standards	（ヨーロッパ公会計基準）
ESA	European System of Accounts	
GemHVO	Gemeindehaushaltsverordnung	（市町村予算令）
GG	Grundgesetz	（基本法）
GKR	Gemeinschaftskontenrahmen	（共同コンテンラーメン）
GO	Gemeindeordnung	（市町村規則）
GoB	Grundsätze ordnungsmäßiger Buchführung	（正規の簿記の諸原則）
GoB-K	Grundsätze ordnungsmäßiger Buchführung für Kommunen	（地方自治体のための正規の簿記の諸原則）
GoöB	Grundsätze ordnungsmäßiger Buchführung in öffentlichen Haushalts- und Rechnungswesen	（公的予算および会計制度における正規の簿記の諸原則）
GPRA	Governmental Performance and Results Act	（政府業績成果法）
GRA	Government Resources and Accounts Act	（政府資源会計法）
HGB	Handelsgesetzbuch	（商法典）
HGrG	Haushaltsgrundsätzegesetz	（予算原則法）
HGrGMoG	Haushaltsgrundsätzemodernisierungsgesetz	（予算原則現代化法）
IAS	International Accounting Standards	（国際会計基準）
IDW	Institut der Wirtschaftsprüfer in Deutschland e.V.	
IFRS	International Financial Reporting Standards	（国際財務報告基準）
IKR	Industriekontenrahmen	（工業コンテンラーメン）
IPSAS	International Public Sector Accounting Standards	（国際公会計基準）
KGSt	Kommunale Gemeinschaftsstelle	（地方自治体共同機構）
KLR	Kosten- und Leistungsrechnung	（原価および給付計算）
KuRVO	Verordnung über das Kassen- und Rechnungswesen der Gemeinde	（市町村金庫会計令）
LHO	Landeshaushaltsordnung	（州予算規則）

LOLF	loi organique relative aux lois de finance	（財政組織法）
MHR	Projektgruppe Modernisierung des Haushalts- und Rechnungswesens	（予算および会計制度現代化プロジェクト・グループ）
NKF	Neues Kommunales Finanzmanagement	（地方自治体の新財政管理）
NKR	Neues Kommunales Rechnungswesen 〈Speyerer Verfahren〉	（地方自治体新公会計制度〈シュパイヤー・モデル〉）
NPM	New Public Management	（ニュー・パブリック・マネジメント）
RAB	Resource Accounting and Budgeting	（資源会計および予算）
SNA	System of National Accounts	
VBRO	Buchführungs- und Rechnungslegungsordnung für das Vermögen des Bundes	（連邦の資産に関する簿記および計算書作成規則）
VKR	Bundeseinheitlicher Kontenrahmen	（連邦公会計統一コンテンラーメン）（ドイツ経済監査士協会）
VV-BHO	Allgemeine Verwaltungsvorschriften zur Bundeshaushaltsordnung	（連邦予算規則に関する共通行政規則）

目　次

はしがき
略語一覧

序　章　問題の所在 …………………………………………………… 1
第1節　現行制度における簿記法の理解とその問題 ……………… 2
第2節　計算書作成に関する論理とその問題 ……………………… 3
第3節　簿記システムにおける計算構造とその問題 ……………… 5
第4節　予算と会計との乖離の問題 ………………………………… 7
第5節　「公会計」概念の未成熟性とその問題 …………………… 9
第6節　財政の論理とその問題 ……………………………………… 10

第1章　基本問題の再検討 …………………………………………… 13
第1節　「会計」の概念の問題 ……………………………………… 14
第2節　簿記法選択をめぐる議論 …………………………………… 18
第3節　わが国の現行制度における簿記法 ………………………… 20
第4節　認識基準の理解 ……………………………………………… 23
第5節　公会計における2つの計算領域 …………………………… 25
第6節　計算書の3本化とその勘定系統 …………………………… 26

第2章　公会計における簿記の考え方 ……………………………… 29
第1節　公会計の簿記法をめぐる諸説 ……………………………… 30
　(1) 複式簿記の導入を否定する説 ………………………………… 30
　(2) 複式簿記の導入に懐疑的な考え方 …………………………… 34
　(3) 公会計と複式簿記との必然的な結合を否定する考え方 …… 36
　(4) 複式簿記とともに単式簿記の適用も肯定する説 …………… 37

(5) 複式簿記の導入を肯定する説 ………………………………………… *39*
　第2節　各種公会計モデルにおける計算書間の連関 …………………… *40*
　　　(1) 大蔵省主計局法規課「官庁会計複式簿記試案（未定稿）」(1963年) …… *41*
　　　(2) 日本公認会計士協会近畿会・社会会計委員会
　　　　　「地方自治体財務会計制度に関する研究」(1982年) ………………… *42*
　　　(3) 地方自治協会（財団法人）「地方公共団体のストックの
　　　　　分析評価手法に関する調査研究報告書」(1987年) ………………… *44*
　　　(4) 社会経済生産性本部（財団法人）「決算統計に基づいた
　　　　　企業会計的分析手法研究報告」(1997年) …………………………… *44*
　　　(5) 日本公認会計士協会　「公会計原則（試案）」(1997年，2003年改訂) … *45*
　　　(6) 自治省「地方公共団体の総合的な財務分析に関する
　　　　　調査研究会報告書」(2000年)
　　　　　総務省「地方公共団体の統合的な財務分析に関する
　　　　　調査研究会報告書―「行政コスト計算書」と
　　　　　「各地方公共団体全体のバランスシート」―」(2001年) …………… *47*
　　　(7) 日本公認会計士協会「公会計概念フレームワーク」(2003年) ……… *48*
　　　(8) 財政制度等審議会「省庁別財務書類の作成について」(2003年) ……… *50*
　　　(9) 東京都「東京都会計基準」(2005年) ………………………………… *51*
　　　(10) 新地方公会計制度研究会「新地方公会計制度研究会報告書」(2006年)
　　　　　総務省「新地方公会計制度実務研究会報告書」(2007年) ………… *54*
　第3節　簿記法の決定要因としての計算書作成 ………………………… *58*
　第4節　公会計簿記法の検討に求められるもの ………………………… *61*

第3章　多段階簿記の構造 ……………………………………………………… *62*
　第1節　2009年改革前の公会計制度 ……………………………………… *63*
　第2節　カメラル簿記と拡張カメラル簿記 ……………………………… *64*
　　　(1) カメラル簿記の特徴と問題 ……………………………………… *64*
　　　(2) 拡張カメラル簿記 ………………………………………………… *65*

（3）多段階簿記の生成 …………………………………………………… *66*
　第3節　結合予算計算の概念 ……………………………………………… *68*
　第4節　多段階簿記の構造 ………………………………………………… *70*
　　（1）多段階簿記の意味と基本的思考 …………………………………… *70*
　　（2）多段階簿記の記帳原則 ……………………………………………… *74*
　　（3）多段階簿記の基本的な記帳事例 …………………………………… *76*
　　（4）多段階簿記の発展的な記帳事例 …………………………………… *77*
　第5節　多段階簿記の歴史的意味 ………………………………………… *81*

第4章　グループ簿記論 …………………………………………………………… *84*
　第1節　カメラル簿記の発展とその改良案 ……………………………… *85*
　第2節　グループ簿記提唱の背景 ………………………………………… *86*
　　（1）収支学説とグループ簿記 …………………………………………… *86*
　　（2）当時の市町村会計の状況 …………………………………………… *88*
　第3節　グループ簿記の構造 ……………………………………………… *89*
　　（1）計算の基本的構想 …………………………………………………… *89*
　　（2）時順計算書 …………………………………………………………… *91*
　　（3）事項計算書 …………………………………………………………… *95*
　　（4）財産計算書 …………………………………………………………… *96*
　　（5）収入および支出のグルーピング …………………………………… *96*
　第4節　グループ簿記に基づく結合計算書および統合予算書 ………… *100*
　　（1）統合計算書 …………………………………………………………… *100*
　　（2）統合予算書 …………………………………………………………… *102*
　第5節　グループ簿記の意味と目的 ……………………………………… *106*

第5章　公会計収支学説の基礎 …………………………………………………… *109*
　第1節　フリーデル説とヨーンス説 ……………………………………… *110*
　　（1）収入および支出の分類の相違 ……………………………………… *110*

(2) 概念の異同 …………………………………………………………… *112*
　　(3) 貸借対照表観と会計目的の相違 …………………………………… *116*
　　(4) フリーデルの財産計算書とヨーンス説 …………………………… *120*
　第2節　ドイツ収支学説とフリーデル説 ………………………………… *122*
　第3節　カメラル簿記の生命力 …………………………………………… *123*

第6章　公会計における収支学説の系譜 …………………………… *125*
　第1節　動的会計理論と収支学説 ………………………………………… *126*
　第2節　動的会計論の諸説 ………………………………………………… *128*
　　(1) シュマーレンバッハからヴァルプへ …………………………… *128*
　　(2) ヴァルプからコジオールへ ……………………………………… *132*
　第3節　公会計収支学説 …………………………………………………… *142*
　　(1) フリーデル ………………………………………………………… *142*
　　(2) ヨーンス …………………………………………………………… *143*
　第4節　収支学説における企業会計と公会計の接点 …………………… *144*

第7章　カメラル簿記とその限界 …………………………………… *147*
　第1節　簿記法の相違と収支概念 ………………………………………… *148*
　第2節　カメラル簿記の記帳例 …………………………………………… *150*
　　(1) 予算執行管理表の作成 …………………………………………… *150*
　　(2) 拡張予算執行管理表の作成 ……………………………………… *153*
　第3節　カメラル様式による計算書の応用 ……………………………… *154*
　第4節　カメラル帳簿の特徴と限界 ……………………………………… *156*

第8章　複式簿記の基礎と計算構造 ………………………………… *159*
　第1節　計算書の体系における企業会計と公会計の相違 ……………… *160*
　第2節　計算書の作成と複式簿記の計算構造 …………………………… *161*
　　(1) 一取引一仕訳（並列型システム）の概念 ……………………… *161*

(2) 一取引一仕訳（直列型システム）の概念 ………………………… *162*
　　(3) 一取引二仕訳（並列型システム）の概念 ………………………… *162*
　第3節　簿記システムと公会計モデル ……………………………………… *164*
　　(1) 「一取引二仕訳」採用モデルにおける計算構造の問題点 ………… *164*
　　(2) 勘定構造から見た公会計モデルの特徴 …………………………… *169*
　　(3) 簿記法から見た公会計モデルのもつ意味 ………………………… *171*
　第4節　複式簿記における新しい勘定連関 ……………………………… *172*
　　(1) 新しい勘定連関についての基本的考え方 ………………………… *172*
　　(2) 新しい勘定連関図 …………………………………………………… *173*
　　(3) 複式簿記における基本的条件 ……………………………………… *175*

第9章　公会計における複式簿記導入の方法 ……………………………… *177*
　第1節　新しい勘定連関についての確認 ………………………………… *178*
　第2節　取引に関する仕訳 ………………………………………………… *179*
　　(1) 一取引二仕訳（並列型システム）の方法 ………………………… *179*
　　(2) 一取引一仕訳（修正並列型システム）の方法 …………………… *183*
　第3節　精算表の作成 ……………………………………………………… *185*
　第4節　公会計の理論と実用性 …………………………………………… *187*

第10章　複式記帳の展開と予算の統合 …………………………………… *189*
　第1節　資金計算書作成についての問題 ………………………………… *190*
　第2節　NKFモデルにおける複式記帳法の具体例 ……………………… *191*
　第3節　NKFモデルにおける記帳方法の意味 …………………………… *197*
　第4節　複式簿記システムへの予算勘定の統合 ………………………… *197*
　第5節　予算勘定を組み込んだ精算表の作成 …………………………… *205*
　第6節　カメラル簿記の特徴の応用 ……………………………………… *205*

第11章　公会計におけるコンテンラーメンの設計 ……………………… *208*

第1節　コンテンラーメンの理論と変遷 ································· *209*
　第2節　公会計コンテンラーメンの提案と実践 ······················ *211*
　　(1) 1990年代における先駆的公会計モデルのコンテンラーメン ············· *211*
　　(2) 2000年代における各州の公会計モデルとコンテンラーメン ············· *214*
　第3節　わが国における新しい公会計モデルの勘定組織 ·········· *216*
　　(1) 東京都会計基準における勘定組織 ·································· *217*
　　(2) 総務省・基準モデルにおける勘定組織 ···························· *218*
　第4節　新しいコンテンラーメンの設計 ································ *220*

第12章　公会計の変容と今後 ·· *222*
　第1節　会計史のなかの公会計改革 ···································· *223*
　第2節　公会計の外的動向 ·· *224*
　　(1) 市　場　化 ··· *224*
　　(2) 政治化とビジネス化 ·· *225*
　　(3) 国　際　化 ··· *227*
　　(4) 市　民　化 ··· *228*
　第3節　公会計の内的動向 ·· *230*
　　(1) 普　遍　化 ··· *230*
　　(2) 多　様　化 ··· *233*
　　(3) 複　雑　化 ··· *234*
　　(4) 管　理　化 ··· *235*
　第4節　今後の動向 ·· *236*
　　(1) 「エレガントな理論」と「インエレガントな理論」 ················ *236*
　　(2) 国際的なコンバージェンスの進展 ·································· *237*

第13章　統合システムの構築 ··· *240*
　第1節　2009年ドイツ公会計制度改革 ································· *241*
　　(1) HGrGの改正 ·· *241*

(2) 予算書および決算書の体系 …………………………………… *242*
　第2節　プロダクト予算の導入 …………………………………………… *244*
　第3節　公会計制度の統合システム ……………………………………… *246*
　第4節　新しい記帳システム ……………………………………………… *249*
　第5節　ドイツ新制度の意味 ……………………………………………… *250*

終　章　新しい公会計制度への提言 …………………………………… *253*
　第1節　基礎的な概念の再検討 …………………………………………… *254*
　第2節　計算構造の明確化―簿記システムと計算書との整合性― ……… *256*
　第3節　コンテンラーメンの必要性 ……………………………………… *259*
　第4節　統合システム化 …………………………………………………… *260*
　第5節　公会計制度に関する法的規範 …………………………………… *262*
　　(1) その考え方と規範設定主体 ………………………………… *262*
　　(2) 法的規範の体系化 …………………………………………… *264*
　　お わ り に ……………………………………………………………… *266*
　索　引 ……………………………………………………………………… *267*
　初 出 一 覧

序章　問題の所在

　公会計は企業会計と同じなのか，それとも異なるのか。同じであるとすれば，なぜ同じなのか。異なるとすれば，それは「異なるべき」なのか，あるいは「もともと異なるもの」なのか。また，どこにどのような相違点があるのか。

　本書では経済主体としての行政と企業とはまず本質的に異なるという前提に立っている。従って，それぞれの会計で取り扱われる中心概念も作成される計算書の内容や名称も異なるのはむしろ当然であるが，同時に，公会計も企業会計も「会計」である以上，説明言語としての個別概念には共通のものも多いという考え方に立っている。

　また，会計情報としてどのような計算書を作成するかは，どのような簿記法を採用するかという問題に直結する。つまり，簿記システムと論理的な計算構造とは密接に関連し，前者は後者のための必須の要件となるのである。同じく数値を取り扱う場合でも，統計はすべての規則から自由であるが，会計にはさまざまな利害の対立のなかで社会的な制度としての一貫した理論性，公正性，有用性等が求められ，規範という一定の枠組みに拘束される。そうした当為的な要請を最も基礎的な部分で支えるのが計算構造である。どのような論理と仕組みで計算書が作成されるのかが会計のすべてであるといっても過言ではない。本書で計算構造を重視するのはこのような意味をもっているのである。こうしたことを念頭においたうえで，企業会計とは異なる公会計固有の概念や考え方はどのようなものか，さらにはそこに適用すべき簿記法としていかなるものが適切なのか，その簿記法における計算の方法はどのようなものであるべきかが検討されなければならない。

　本書はこうした計算構造と簿記の観点から企業会計とは異なる公会計のあるべき姿を問うたものであるが，この序章ではまず現行の制度とその理解，制度改革論に関する議論のどこにどのような問題があるのかを考察する。その問題提起に基づいて，それぞれの論点の詳細に関しては各章で述べ，終章でその方向性についての管見を明らかにすることとしたい。

第1節　現行制度おける簿記法の理解とその問題

　公会計改革を論ずる諸論で「単式簿記・現金主義から複式簿記・発生主義へ」という立論が行われることが多いが，こうしたステレオタイプともいうべき理解にはそのまま首肯することのできない問題がある。まず，簿記法の問題と認識基準の問題とは必然的に結びつくものではない。これらはそれぞれ別に取り扱うべき問題である。

　次に，「公会計は単式簿記」という理解にも疑問を提起しなければならない。例えばドイツ，スイス，オーストリアあるいはその影響を強く受けてきた国々では伝統的にカメラル簿記が公会計に適用されてきた。かつてスイスではカメラル簿記のひとつのバリエーションとしてコンスタント簿記が用いられ，ドイツでも同様にグループ簿記が提案された。さらに，第3章で述べるように，オーストリアではごく近時に至るまでカメラル簿記の改良型としての多段階簿記が用いられてきた。また，ドイツでは何年間かにわたる予算および公会計制度の改革の議論を経て，2009年の改革によってカメラル簿記と複式簿記との選択制となったが，その意味するところはカメラル簿記がなおも正当な簿記法として残されているということである。とりわけドイツ語圏の諸国においては，カメラル簿記の長所と短所をめぐる議論が18世紀初頭以来約300年にもわたって繰り広げられてきており，その改善提案と公会計実務への適用が試みられてきている。上に述べたさまざまなバリエーションはすべてカメラル簿記の改良型である。

　さらに，わが国の制度を見ると，明治期の制度創設にさいしてその法制についてはフランスの制度を模範とし，簿記法についてはドイツからの影響を強く受けている。現在でも国および地方自治体で用いられている決算の様式にはカメラル簿記の帳簿の形式が強く反映されているのであるが，このことはわが国の公会計制度がある面においては明治の制度創設期のままであるという事実を物語るものでもある。「公会計は複式簿記でないから単式簿記」という理解は，

簿記法を単式簿記と複式簿記に二分する考え方に立っているが，少なくともドイツ語圏の諸国における公会計史をひもとけば簿記法は単式簿記と複式簿記のみではないことが理解できよう。つまり，「公会計は単式簿記」という理解には強い疑念を抱かざるを得ない。カメラル簿記の帳簿および計算書では，予算額と実際額の両方を示すことができ，その表示形式によって多様な勘定の設定が行われるという意味において，明らかに単式簿記とも複式簿記とも異なる特徴をもっているのである。カメラル簿記は価値計算についての記録能力には限界があるが，上述のような機能をもつことについては評価されるべきである。単式簿記と複式簿記以外にカメラル簿記が存在し，しかも，わが国の現行の会計制度のなかにその影響が残っていることをここで強調するのは，現行の多くの公会計理解に疑問を呈すると同時に，その予算表示機能を公会計の簿記法として採用すべき複式簿記のシステムにも導入することを提案するためである。

　また，簿記法と認識基準とはもともと別次元のものであるが，「公会計は現金主義」という多くの理解も首肯し得ない論点のひとつである。公会計が予算執行の記録でありフロー計算システムとしての現金収支会計であることを考えれば，もともと認識基準それ自体が不要なのである。伝統的に財務的資源のみが測定の焦点とされ現金収支計算のみを行ってきた制度に対して，すべての経済的資源を測定の焦点に含めストック計算が必要とされる新しい制度形成に至って，そうした経済的資源の価値増減の時点を確定するための判定基準が必要となった。そこで必要とされた判定の拠り所が発生概念という認識基準なのである。認識基準は価値計算に伴う価値増減の時点を特定するための基準であり，現金収支会計たる金銭計算とは結びつかない。

第2節　計算書作成に関する論理とその問題

　以上のように，公会計の領域ではこれまでさまざまな簿記法とその改良案が提起されてきた事実を明確にしたうえで，ここでは最終的にどのような簿記法によるべきかを取り上げている。結論的にいえば，本書の立場は複式簿記の導

入である。ドイツ語圏ではカメラル簿記の簡便性を残しつつ，現金収支概念のみというその欠点ともいうべき問題を克服するためにさまざまな試みがなされてきた。そうした試みを前著も含めてことごとく検討したうえで，最終的には複式簿記が最良の簿記法であるとの考え方に立っている。

　公会計に複式簿記を導入すべきであるという主張や制度モデルは少なくないが，そこで問題となることは複式簿記と計算書との関係を明確にしたものがほとんどないという事実である。具体的にいえば，複式簿記の導入によって価値計算にともなうフロー計算書およびストック計算書が作成され，さらに公会計にとっては最重要ともいうべき金銭計算に伴う計算書も当然作成される。価値計算にフロー計算書とストック計算書が必要とされるのであれば，金銭計算にもフローとストックの両方の計算書が作成されるのかどうかについて明らかにした説はあるのかどうか。多くの場合，企業会計に倣ってキャッシュ・フロー計算書を作成するという考え方が支配的である。その場合，貸借対照表，バランスシート等と呼称される価値計算のストック計算書と行政コスト計算書，経常計算書等と呼称されるフロー計算書とどのような関係をもって複式簿記システムから導出されるのかという議論はほとんど行われていない。現在，わが国では総務省から提唱されている地方自治体のためのいわゆる「基準モデル」および「総務省方式改訂モデル」があり，さらに「東京都会計基準」およびそれに準拠したいくつかの新しい公会計制度モデルがある。このようにいくつかの制度モデルの提案が行われているが，複式簿記と計算書の関係についての論理構造を明確に示したものはないというのが実情なのである。

　通常，複式簿記の最も共通していると思われる理解によれば，その基本概念である「複式」の意味する「2」から損益計算書と貸借対照表の2つが有機的に導出できることに大方の異論はない。しかも，それらは同時並行的に作成できるものであり，いずれかの前後関係は存在しない。しかし，「基準モデル」では各種の計算書が前後関係をもって作成される仕組みになっている。さらに，複式簿記の「2」から第3の計算書であるキャッシュ・フロー計算書をどのように導出するかについての問題が解決されていない。加えて，純資産変動

計算書のような第4の計算書を複式簿記の「2」からどのように導出するかの議論は全く捨象されたままとなっている。これは「2」から「3」を，さらには「4」をどのように導き出すかということであり，すぐれて計算構造の問題である。コンピュータによってあらゆる取引内容がデータベース化され，そこから計算書作成に必要なデータを得ることによって，計算書作成の同時性も前後関係も意識する必要がないのであれば，複式簿記の必要性そのものが基盤を失いかねない。このようなコンピュータによるデータベース化を前提とし，「会計は計算構造」というよりも「会計は情報」という考え方を一貫させようとするのであれば，まず，数百年以上にわたって用いられてきた複式簿記を離脱するパラダイムを明確に示さなければならない。

　本書では複式簿記の導入という基本的な考え方に立ったうえで，如上のような簿記システムと計算書との関連およびその論理性について自らの考え方を展開している。

第3節　簿記システムにおける計算構造とその問題

　複式簿記を公会計に導入してすべての経済財を対象とした価値計算を実施する場合，それにかかわるフロー計算書およびストック計算書を作成したとしても，公会計においては予算執行の記録という観点から資金計算書の重要性はむしろ企業会計にもまして重要な位置づけがなされなければならない。その場合，現金にかかわる「収入」と「支出」はいずれが借方概念で，いずれが貸方概念かの確定は回避できない問題となり，「いずれでも差し支えない」ということにはならない。つまり，「収入」または「支出」が行われたとき，その事実は借方に記入されるのか，それとも貸方に記入されるのかということである。具体的にいえば，現金の受け取りを「資金」という実体勘定として理解すればそれは借方に記入されることとなり，「資金収入」という名目勘定として理解すればそれは貸方に記入されることとなる。その記入によって最終的に作成される計算書の性格も全く異なることとなる。しかも，複式簿記システムか

ら導かれるべき貸借対照表および経常計算書（または，行政コスト計算書等）との関係を念頭に置いたうえで記帳上の論理性を担保しようとすれば，現金の受け取りも支払いも必然的に貸借記入が決定されることとなる。

　実はこうした問題はドイツにおける近代会計理論の基礎を築いた収支学説の論者たちの中心的な問題でもあった。「支出」を借方概念，「収入」を貸方概念として損益計算を構想し，それとの関連で貸借対照表項目を説明しようとしたシュマーレンバッハ説，それとは異なって，勘定を二元論すなわち給付系列と収支系列に分け，その上で「収入」を借方概念，「支出」を貸方概念として資金計算を強く意識したヴァルプ説，さらに，「収入」と「支出」を一元的に理解した上で，「収入」を借方に，「支出」を貸方にそれぞれ記帳し，それに成果効果をもつ取引ともたない取引を加減することによって損益計算をしようとしたコジオール説，あるいは，そうした学説と深い関連をもつフリーデル，ヨーンス等による公会計の諸学説があった。

　フロー計算書としての「資金収支計算書」の作成であれ，ストック計算書としての「資金計算書」の作成であれ，これまでこうした問題は新しい公会計制度構築の議論のなかではほとんど取り上げられてきていない。その理由としては，計算書の様式として多くの場合報告式のそれが想定されているため借方と貸方の区別が意識されてこなかったこと，作成法のひとつとして計算された利益から起算する間接法が認められてきたこと，コンピュータによってデータ処理が行われるため計算書に必要なデータが必ずしも簿記システムとは関連をもたなくなったこと等が考えられる。

　どのような計算書を作成するにしても複式簿記を基礎にするのであれば，制度設計のさいに一度はその徹底した論理性を考えるとともに計算構造上の整合性をもってシステム化しておかなければならない。会計情報作成の論理性や正当性よりも情報の意思決定有用性が強調され過ぎれば，情報のなかに操作性が入る可能性は否定できないものとなる。

　本書では計算書が複式簿記システムから作成されるための厳格な論理性を追求している。例えば，「基準モデル」に見られるように，決算集合勘定aが最

初に作成されそれに基づいて決算集合勘定 b が作成されるという前後関係をもつシステム（直列型システム）ではなく，すべての決算集合勘定が同時性をもって作成されるシステム（並列型システム）を構築すべきことを論じている。これらについては改めて後述する。こうした考え方に立ったとき，資金計算書等を作成する場合，論理的にはそのための一取引二仕訳が必要となる。しかしながら，この方法は実務的に煩雑であるとして適用されることが困難となり，また，計算構造に論理性を持たせるためにはコンテンラーメンに収支なり資金なりを組み込まなければならず，ドイツ語圏における近年の公会計改革論でもコンテンラーメンを複雑化するとして他の勘定とは別扱いとされる考え方が多い。つまり，仕訳を行う場合にも別扱いとなることを意味する。そこで，本書では資金関係の取引については補助元帳で取り扱い，仕訳は従来通り一取引一仕訳のままで元帳記入を行うことによって簡便化されたシステム（修正並列型システム）の提案も行っている。しかし，原則的には一取引二仕訳とする立場をとっている。

　こうした考え方に立って，複式簿記によるそれぞれの勘定への貸借記入と計算書との関係を俯瞰的に見るために精算表によって具体的に確認している。

第 4 節　予算と会計との乖離の問題

　近年，金銭計算としての現金収支会計のみであった多くの国の公会計にようやく価値計算としてのすべての経済財を対象とした発生主義会計が導入されるようになってきた。しかしながら，固定資産を公債発行によって調達した資金で取得した場合，当該固定資産の償却計算に適用される耐用年数と当該資産にかかわる公債の償還年数との間には大きな差異が生ずることが多い。経済的耐用年数が通常数十年であるのに対し，公債の償還期間はわが国の現状では 10 年程度であることが比較的多い。こうした前提では公債の償還期間 10 年で固定資産を按分計算して費用化した方が短期間での回収という意味で財政当局の観点からは好都合である。しかも，減価償却費は実際には現金の支出を伴わな

い計算上の費用であり，他方，公債の償還は実際に現金支出を伴うためわかりやすいという両者の相違がある。従って，実務では減価償却のような仮想的思考に基づく「会計の論理」よりも，公債償還という現実的思考に基づく「財政の論理」が優先されがちである。つまり，新しい会計思考の導入は実務の観点からはそれほど有効性をもって受け止められているわけではない。こうした実務的思考が，実は，発生主義会計の導入という公会計制度の根本的改革の大きな障壁となっていることは否めない。

　公会計に発生主義と導入したとしても，他方で予算が現金収支概念を基礎として編成されるとすれば「予算と会計の乖離」の状況が生じかねない。上記のような固定資産の減価償却費に例をとれば，それを決算にさいして計上したとしても，あらかじめ予算編成段階で減価償却費の計上をしておかなければ予算と実際との比較ができないこととなる。つまり，公会計に発生主義を導入するのであれば予算編成段階でも発生概念の導入が必要であることになる。さらに，予算編成をどのような区分で行うかは別にしても，予算に発生概念を導入するのであれば，予算単位ごとのフルコストを算定してそれを予算に用いるシステムを考えなければならない。これによってはじめて決算のための会計と予算のリンケージが図られることとなるのであるが，そのためには会計で用いる勘定科目と予算上の科目とを整合性をもって構成する必要が生ずるのである。

　公的部門では企業とは異なり予算の重要性はこれまで同様今後も変わらないと考えられるが，これまで「財政の論理」からみた予算重視の考え方が予算確定後の会計への関心を希薄にしてしまう要因となってきたのである。つまり，会計から次の予算へのリンケージが十分でないところにこうした問題が生ずることとなる。本書ではこうした会計を複式簿記システムのなかで予算額の記帳から始まるものとして両者の統合を構想している。予算額の記帳の結果，最終的に予算と実際との差異も複式簿記システムのなかで勘定に表示されることとなる。この発想は予算額と実際額をひとつの勘定のうえに記帳するカメラル簿記の考え方を複式簿記に取り入れようとするものであり，本書における固有の提案である。

第5節 「公会計」概念の未成熟性とその問題

　企業会計では経営活動の日々の取引を記録し，最終的にそれをまとめて報告するのに，基本的に何を誰のためにどのように実施するかという問題が，常に利害関係の調整の観点から議論されてきた。そうした緊張関係のなかで社会的合意を基礎にして提案された会計システムにどのように規範性を付与するかの議論が行われてきた。ひるがえって公会計はどうであろうか。伝統的な公会計制度は公金の出納管理システムであり，会計はその限りでの記録とその報告であると考えられてきた。法律上は国民または住民に対する報告義務として会計情報が公表されるのであるが，実質的には錯綜する利害関係者間の調整を行うという緊張関係から求められるものではないのである。こうした関係の不存在がこれまで公会計を「公会計論」として発展させなかった要因のひとつとして潜在している。「一般会計」や「特別会計」のように，本来，会計ではない概念に「会計」の用語を当てはめている事実は「公会計」概念がいかに未熟であるかを示す証左でもある。

　また，行政活動では決算よりも予算が決定的に大きな意味をもっていることは先に述べた通りである。社会的にも政治的にも行政の各関係部局からの関心も予算編成には集まるものの，決算に関してはほとんど集まることがない。行政の観点からは，少なくとも支出予算に関する限り，当初の計画通り業務執行が行われれば「予算＝決算」となるはずであり，それがある意味では理想的ですらある。もちろん，そのようになることは通常考えられないとしても，両者の間にはそれほど大きな差異が生じないように予算執行が行われる。つまり，重要なのは予算であり，ひとたび予算が決定されてしまえば，企業とは異なり決算は行政活動の努力の結果ではなく，単に予算執行の結果でしかない。その遠因のひとつには，予算を構成する款および項については立法府での議決を必要とするが，その下位の科目の編成についてはその金額査定についても，さらには予算配分の方法についても，実質的には行政権というよりも行政部局の裁

量権の範疇とされるという制度上の現実がある。このような予算編成の仕組みが予算編成の詳細部分で統制が十分に機能しないことにつながるのである。この問題の根幹は公会計の概念が未成熟であると同時に，予算と会計が実質的に切り離されていることによるものである。

　さらに，こうした公会計を総合的に体系化した法規範が欠如している。わが国の現行制度では，国の会計について財政法，会計法，予算決算及び会計令，国有財産法，同施行令等，また，地方自治体の会計については地方自治法，同施行令，各自治体における条例としての会計規則等が根拠法となっているに過ぎない。しかも，その内容はすべて旧来の概念に基づくものである。

　求められるべきは，予算と会計とを制度的に統合し，新しい公会計概念によって法的規範を創設することであり，これは一国の財政制度の根幹にかかわる問題として早急に解消されなければならない。

第6節　財政の論理とその問題

　わが国における種々の制度モデル自体の問題以前の事実として，発生主義に基づいて複式簿記を適用した公会計システムがなぜ定着しないのかという理由についても根本的に考察する必要がある。現在提案されている制度モデルのうち，導入率のもっとも高いモデルは各種の調査によれば決算統計を利用するものであるが，これは本質的には複式簿記と会計の論理に立脚するシステムではない。このことは，公会計の実務レベルでは相変わらず現金収支会計に基づく発想法が支配的であることを物語っているのである。

　このことはまた別の側面からも指摘することができる。2007年の「地方公共団体財政健全化法」が要請する4種類の財政分析指標は財務諸表の連結を前提とし，さらに，「将来負担比率」の算定のために現金収支というフロー概念ではなく債務というストック概念がはじめて用いられることとなった。そこでは将来世代に負担が及ぶとされる地方債残高，および，公社や第三セクターに対する債務保証または損失補償の把握が求められ，また，退職手当債務につい

ても従来よりも明確な算定が求められることとなった。利点があるとすれば，こうした債務残高の算定について総務省「基準モデル」の算定基準との間に差異が存在するという問題があるにせよ，「財政健全化法」が法律としてそれらの債務を可視化したというところであろう。

しかしながら，同時に，この法律が想定する各種の分析比率には必ずしも発生主義会計とのリンケージが図られていない。このような分析のレベルにとどまるのであれば，従来型の現金収支会計による情報で分析の大部分は可能となる。改革の現状は残念ながらこのような状況である。いま，具体的にみてみたい。例えば，公営事業会計にあって公債発行によって取得された固定資産については，通常，公債の償還期間と当該固定資産の耐用年数との間には差異があり，一般的には耐用年数の方が長期にわたる。従って，公債の償還ベースで計算した結果，公債費の方が発生概念に基づく減価償却費よりも大きくなり，その結果，仮に「資金不足」が生じたとしてもそれほど深刻な問題性をもつものとはならない。そこには現金収支で財政状況を理解しようとするいわゆる「建設公債主義」の考え方が潜んでいるのである[1]。第4節で述べた公債の償還年数と固定資産の耐用年数との間に差異が存在する問題は主としてキャッシュ・フローにかかわる問題であったが，ここでは「利益」の問題として現れてくる。いいかえれば，実務にあっては現金ベースで状況を把握し意思決定することで足りるという考え方が支配的であり，このような事実から，発生主義に基づく会計を複式簿記を適用して実行するという思考転換が容易ではないと考え

---

(1) こうした実務感覚については次のような見解がそれを如実に代弁している。
　「資金不足の状態であっても，減価償却を元本償還分が上回る分は，赤字が出ても問題がないと見ることができる。」(小西砂千夫稿「変貌する地方行財政制度のポイントを見抜く―第6回―自治体財政健全化法と監査の課題（下）」，『地方財務』2008年8月号，p.160)，
　「現金主義会計でみれば資金不足が発生していても，発生主義会計でみれば当期利益が確保されているという意味で黒字であることも十分ありうる。」(小西砂千夫稿「変貌する地方行財政制度のポイントを見抜く―第9回―公会計と自治体の財政分析（下）発生主義会計と現金主義会計の橋渡し」，『地方財務』2008年11月号，p.81)，「建設公債主義による限り，減価償却は財政分析には必ずしも必要ない。」(小西砂千夫稿「自治体財政健全化法導入の財政運営への影響とその意義」，『地方財務』2008年7月号，p.21)

られるのである。こうした実務感覚は，先に述べた情報の有用性をより重視する考え方の典型例であり，理論的な計算構造の構築やその精緻化という考え方とは大きな乖離をもつものである。

　企業会計で発生主義会計に埋もれたキャッシュの動きを浮き彫りにすることの重要性が認識されることによって，キャッシュ・フロー計算書の作成が要請されるようになったのとは逆に，公会計では現金収支会計のなかに捨象されてしまった価値計算を発生概念のもとに浮き彫りにすることが求められる。もちろん，企業会計においても発生概念による価値計算が全く捨象されてしまうわけではなく，逆にいえば，公会計においても伝統的な現金収支会計が不要になるわけではない。つまり企業会計においても公会計においても「金銭計算」と「価値計算」の両方が必要となるということなのである。にもかかわらず，公会計の実務において価値計算の思考が容易に定着しない実態をどのように転換させるのかが，実はどのような公会計制度を提示するのかということ以上に困難な問題であるともいい得る。上述のような財政的実務感覚を転換させるために，「公会計」の概念と論理の体系をどのように形成し，かつどのように定着させるか，このことは喫緊の課題なのである。

第1章　基本問題の再検討

「序章」では，まず，公会計制度およびその理解のどこにどのような問題があるのかを指摘した。本章ではさらにそれを具体的に検討することとする。

新たな公会計を構築するにあたってまず意識しなければならないのは，これまで制度上用いられてきた「会計」の概念を明確な「会計論」に立ったそれに転換することである。制度史をひもとくことによってそれが政治的意図をもって使用され始めたものであることがわかるはずである。

もちろん問題はこれだけにとどまるわけではなく，なかでも簿記法の問題はきわめて重要である。公会計においていかなる簿記法を選択するかの議論は，わが国ひとつをとってみても明治初期から行われており，学術雑誌等で展開される議論に限定してもすでに80年以上続けられている。議論は主として単式簿記か複式簿記かという二者択一論が中心となっているが，それは必ずしも簿記の本質に迫るものではない。「序章」の第1節で問題提起したように，「公会計は単式簿記」とする半ば常識化した理解も問題とならざるを得ない。これにさらに「現金主義」が付け加えられることも多い。新しい公会計制度を構築するにあたっては，こうした現行制度の成り立ちと意味をすべて根本的に考え直し，どこにどのような問題があるのか，またそれをどのように再構築すべきなのかを検討する必要がある。

そこで，まず，本章ではわが国の制度において用いられた諸概念がいかなるものであるかを知るために，明治期における公会計制度形成の一端を振り返ることから検討を始め，それによって現行制度に関する大方の理解に一石を投じたい。次に，そうした歴史的検討を通じてわが国が範をとった当時の諸外国における公会計制度の本質を読み取ることにより，そこから公会計において採用されるべき概念形成が必然的に浮かび上がってくることを示す。1879年（明治12年）7月よりすべての官庁で「複式簿記」を採用したのも，その精緻化を図りながら1889年（明治22年）のいわゆる明治会計法の制定によって突如として「複式簿記」を廃止してしまったのも，すべてその当時の政治状況の所産である。制度形成の常であるとはいえ，われわれはまずそうした現実を公会計制度のなかにも確認することが必要である。

第1節　「会計」概念の問題

(1) 制度における「会計」の多義性

　明治以来各種の財政関連法において「会計」という用語が途切れることなく用いられてきていることは周知の通りである。しかし，その用法が一貫していたわけではないことは次のような事例を見ても明らかとなる。例えば，1868年（明治元年）に設置された「会計事務局」，同年にはそれが「会計官」に変更され，さらに，1869年（明治2年）にはそれに代わって大蔵省となるなど，当初の「会計」は財政運営およびそれに関わる記録等の管理の意味において用いられた。次の段階では，1873年（明治6年）に初めて作成された予算書であるともいわれる「歳出入見込会計表」として使用されている。また，1881年（明治14年）には，後年のいわゆる明治会計法の基礎となる「会計法」（太政官達第三十三号）が制定され，法律名としても用いられることとなる。このように「会計」という用語そのものはすでに明治初期に現れたのであるが，当初はその定義づけが明確に行われないままに諸法令のなかで用いられた。

　ただひとつ，その例外的ともいい得るのは上記の1881年（明治14年）「会計法」であり，その第1条は，「凡ソ會計ハ豫算ニ起リ之ニ拠テ出納シ決算ニ結了ス」と規定して「会計」を予算執行過程と関連させて概念づけている。このように明治における制度形成の初期にのみ明確に規定された時期があったのである。しかも，興味深いことに，この概念規定はドイツのそれに近いのであるが，1889年（明治22年）の「明治会計法」に至ってこの概念規定は消滅し，それ以降，そのことばのみが定着することとなった。

　そこで，公会計制度の整備を行うにさいして，これらの概念の区別をまず明確にする必要がある。最も基礎となる部分に財政制度を置き，そこに予算制度を位置づけたうえで会計制度をその予算総過程のなかに組み込むべきである。つまり，全体を階層的に構築することが求められるのである。そのさい注意すべきことは，会計制度を予算総過程のなかの単なる一部として埋没させてしま

わないことである。それを予算執行の記録と計算書の作成に関わる制度として，明確な理論的基盤の上に形成しなければならないことは当然である。

(2)「会計」の用語法

上述のように，「会計」という用語は明治初期においてはわが国で多義的というよりも不明瞭なまま用いられてきたのであるが，現行の財政法の基礎となる明治会計法の制定により，ある種の意図をもって用いられるようになっていった。その結果，この用語は私的部門とりわけ企業で用いられる「会計」との間に概念上の共通理解のないまま漠然と使用されてきているというのが実情である。

わが国は，明治におけるもっとも初期の制度形成期には1862年のフランス会計法（ナポレオン3世勅令）に範をとり，その後の精力的な制度改革の検討の段階ではさらにベルギー，ドイツ，イギリス等の制度にも範をとったといわれる。ただ，当時における外国制度理解とその翻訳の困難さ，当時におけるわが国の国状，さらには政治的意図も加わり，範をとったもとの国で使用されてきた本来の意味とは異なる固有の用語法が次第に定着して行くこととなった。

まず，「会計」という用語それ自体について確認しておきたい。これはもともと中国においては二千年ないし二千数百年前から用いられてきた用語であるが，わが国では江戸幕府最終盤の時期にフランス語からの翻訳として使用され，明治憲法（1889年）では，本来「財政」を意味するのに，政治的背景からこの用語が使用された。明治憲法は周知のようにプロイセン憲法に範をとったものであるが，プロイセン憲法では財政に法定主義を取り入れることを趣旨とし，歳入歳出に関する予算作成を義務づける意味をもって「第8章　財政 (Finanzen)」が設けられていた。従って，明治憲法を制定するさいにプロイセン憲法を範としたロェスラー草案でも「財政」が用いられていたのは当然であるが，明治政府はこれを「第6章　会計」として規定した。その真意は，「財政」という概念のもとで予算を法律として取り扱うことによってそれが立法府の権限に帰属することを避けるために，より行政執行的な「会計」という用語を意識的に用いたところにある。こうした考え方はプロイセン当局者の助言に

よるものであり，「会計」という用語はその使用の淵源にまで遡ってみると，もともとわれわれが理解する内容とはほとんど異質の「財政」のいいかえとして用いられたものなのである[1]。

その後,「財政」という用語は，法体系のなかでは現行憲法（1946年）に至って初めてそれに関する規定として使用され，さらに，その翌年制定された「財政法」（1947年）において，予算制度と会計制度が規定されるに至った。つまり，わが国の制度にあっては，これらの用語に関する基本的概念が十分に論じられないまま，あるいは特定の意図をもとにそれが使い分けられ法制度のなかで維持されてきたという事実がある。また，この「会計」という用語は「財政」との関係のみならず，「予算」との関係から見てもこれらの概念上の明確な区別がないまま使用されてきているのである[2]。

(3) 会計区分の問題

次に,「会計」を「予算」との関係でもう少し踏み込んで見ておきたい。具体的にいえば,「会計区分」の概念について再考する必要があるという問題である。

わが国の現行制度では，国にあっても地方自治体にあっても会計は「一般会計」および「特別会計」から構成されることは周知の通りである。その制度形成の経緯をたどれば,「特別会計」はかつては官業による収支を一般の会計から区分するための「別途会計」として取り扱われてきており，1876年（明治9年）の太政官達「作業費区分及受払例則」により初めて制度化されている。その後，1889年（明治22年）の会計法（いわゆる明治会計法）における第十章「雑則」の第三十条は「特別ノ須要ニ因リ本法ニ準拠シ難キモノアルトキハ特別會計ヲ設置スルコトヲ得特別會計ヲ設置スルハ法律ヲ以テ定ムヘシ」と規定

---

(1) 明治期の外国の制度研究とわが国の制度史および「会計」の用語法については以下のものに詳述している。
亀井孝文著『明治国づくりのなかの公会計』，白桃書房　2006年
(2) わが国の関連法令における「会計」についての用語法の不統一については，八木橋惇夫編『新版会計法精解』，大蔵財務協会　1984年にも指摘がある（pp.2-3参照）。

し，はじめて「特別会計」の用語によって制度構築を行った。これは現行の特別会計制度の原型を示すものであるが，現行制度ではひとつの法律すなわち財政法における「会計区分」として規定されているのに対し，当初の制度は拠って立つ法律の違いによる分類であると理解し得る。このようにいわば「法律区分」として制度化されたこの概念は，1921年（大正10年）の会計法（いわゆる大正会計法）を経て，現行の1947年（昭和22年）の財政法ではじめて「一般会計」と「特別会計」に分けられることによって「会計区分」への質的転換がなされるとともに，それが完全に定着して現在に至っているのである。また，この区分は一見ドイツの旧制度における区分に類似しているが同じものではない。

　ドイツの制度においてはもともと「会計区分」という概念は存在せず，用いられているのは「予算区分」である。1969年の制度改革までは，まず予算（Haushalt）が存在し，それが「通常予算（Ordentlicher Haushalt）」と「特別予算（Außerordentlicher Haushalt）」に区分され，その予算執行の結果として「予算計算書（Haushaltsrechnung）」が作成されてきた。つまり，そこでは「会計」は予算から決算書に至る「プロセス」を意味するものであって，区分される対象は「会計」ではなく「予算」である。従って，本来，制度の趣旨からいえば，ドイツの概念に倣い，わが国の制度でも「会計区分」ではなく「予算区分」とされるべきであった。わが国において「予算決算及び会計令」（1947年）のように，「予算」，「決算」および「会計」を少なくとも用語上区別している用例があり，この場合の「会計」は国の機関における歳入および歳出の取り扱い手続きを意味しており，「会計区分」という用語における「会計」とは必ずしも同一の概念であるとはいえない。また，ドイツの公会計制度に言及する場合，予算執行過程の記録手続きとしてのRechnungswesen（会計制度）はもちろん，Haushalt（予算）もRechnungslegung（計算書作成）もすべて「会計」と訳される例があり，ドイツ会計学，ドイツ財政学等に関する邦文文献におけるこれら概念上の区別は必ずしも明確とはいえない。

　「会計」を現代の企業会計のように認識，測定，評価，報告等の一連の行為

から構成されるものと理解すれば，そうした会計行為それ自体は区分の対象にはなり得ない。区分の対象になるのはドイツの制度やわが国明治会計法のように「予算」であるか，または，アメリカの制度のように「ファンド」でなければならない。つまり，もともと「会計」ではない概念に「会計」の用語を当てはめ，さらにそこに区分概念を重ね，それが完全に定着して現在に至っているのである。いま，アメリカにおける法律上ではなく会計上の実体としてのファンドも含めて「区分」概念を整理すると図表1-1のように表すことができよう。

図表1-1 「区分」概念の諸相

区分の種類	区分の内容		
会計区分 （日本・現行）	一般会計	特別会計	
予算区分 （日本・明治会計法） （フランス・第二次大戦前）	経常予算	臨時予算	
予算区分 （ドイツ・1969年まで）	通常予算	特別予算	
ファンド区分 （アメリカ）	政府ファンド	事業ファンド	受託ファンド

（出所）亀井作成

第2節 簿記法選択をめぐる議論

わが国の公会計における簿記実務は明治初期の大蔵省を中心とする西洋式簿記の習熟に始まったのであるが，簿記法の如何にかかわらず，公会計における簿記の議論が学術的な簿記法選択論として展開されるのは1921年（大正10年）の「大正会計法」制定以降のことである。とはいえ当時の簿記に関する議論はきわめて限られたものに過ぎない[3]。その後，この議論は長期にわたって

中断され，第二次世界大戦後の新しい憲法のもとに制定された財政制度としてのいわゆる「昭和会計法」制定においてすら，簿記法を含めて公会計の基本的なあり方に関する議論はほとんど行われていない。1963年（昭和38年）になって当時の大蔵省が内部的な研究成果として「官庁会計複式簿記試案（未定稿）」をまとめ，翌1964年（昭和39年）の臨時行政調査会報告書の公表を契機として公会計における簿記法をめぐって議論が再び現れてきている[4]。こうした議論は，1987年（昭和62年）の地方自治協会（財団法人）による地方自治体のストック分析手法の提案と一部の地方自治体による貸借対照表作成の試みを除けば，広く社会の耳目を集めるには至らなかったといってよい。この間，一部の研究者による議論以外に，1997年（平成9年）の日本公認会計士協会による「公会計原則（試案）」の公表，および，2000年（平成12年）の自治省（当時）によるバランスシートの作成方法およびその翌年の総務省による行政コスト計算書作成の提案を受け，多くの地方自治体がこれら計算書の作成を試行するに至って公会計改革への関心はようやく高まってきたといえる。もちろん，これにはわが国における国および地方自治体が保有する巨額の債務問題，諸外国における公会計改革の議論の広がりが影響していることも見逃せない。

　こうした新しい公会計制度の提案における簿記法選択論の多くは，わが国の公会計制度が採用する簿記は単式簿記であると理解したうえで，複式簿記を導入すべきかどうかという議論を展開する。これらの内容を見ると，基本的には「複式簿記を導入すべきとする考え方」と「複式簿記の導入を前提としない考え方」に大別することができる。前者の場合でも「全面的導入論」と「会計単位別一部導入論」に分かれる。他方，後者にあっては「全面的否定論」[5]，「不

---

(3) 下野直太郎稿「豫算會計制度を論ず」，『會計』第10巻第4号〈1922年1月〉，東奭五郎稿「豫算會計の複式化取扱法私案（其一）」，『會計』第14巻第3号〈1924年3月〉，「同（其二）」，『會計』第14巻第4号〈1924年4月〉参照。
(4) 西野嘉一郎稿「国の予算及び会計制度に対する改革私案―臨時行政調査会第一専門部会最終報告書批判―」，『會計』第85巻第1号〈1964年1月〉，天海陸平稿「国，地方公共団体会計（官公会計）の会計処理方式の改善について」，『會計』第87巻第1号〈1965年1月〉，福田幸弘稿「国の予算会計の複式簿記化について」，『會計』第93巻第5号〈1968年5月〉参照。

要論」[6]および「簿記法には言及しない計算書作成論」がある。複式簿記を否定または不要とする見解の多くは，導入すること自体は技術的に可能であるが，企業とは異なって営利の追求を目的としない行政領域にそれを導入することは意味をもたないとする。新しい公会計の概念論や簿記法に関する議論の細部については多様であることはいうまでもなく，また検討すべき内容も少なくないが，それについては別の機会でも詳細に取り上げた[7]。

第3節　わが国の現行制度における簿記法

　公会計における簿記法をどのように理解するかについては，「明治会計法」制定前後におけるわが国公会計制度形成の経緯を子細に検討すると，事実は即断的に定型化できるような単純なものではないことがわかる。1889年（明治22年），それまで単行法規によっていた制度を明治憲法の付属法たる「明治会計法」として集大成し，それによって近代国家に求められる公会計制度が構築されることとなったのである。現行の公会計制度の基礎はこのとき形成されたものである[8]。制度構築には19世紀フランス会計法に範をとったにもかかわらず，簿記法についてはそこでとられている複式簿記を採用しなかった。それまでわが国公会計は，当時の法規範たる太政官達の定めるところにより，1879年（明治12年）から10年間にわたって「複記式」の方法をとっており，しかも「明治会計法」制定直前までそれに基づく帳簿記入の精緻化が精力的に行われていたにもかかわらずである。このような一大方針転換とは別に，「明治会

---

(5)　久野秀男稿「複式簿記の虚像と実像」，『産業経理』第55巻第2号〈1995年〉参照。
(6)　原　俊雄稿「地方自治体の簿記」，杉山学・鈴木豊編著『非営利組織体の会計』，中央経済社2002年所収参照。さらに，同稿「公会計の企業会計化に関する再検討」，『会計検査研究』第32号（2005年9月）では，複式簿記導入不要論が会計処理のコンピュータ化の観点から論じられている。
(7)　亀井孝文著『公会計改革論—ドイツ公会計研究と資金理論的公会計の構築—』，白桃書房2004年
(8)　わが国明治期における公会計制度形成史に関しては，亀井前掲書（2006年）を参照されたい。

計法」でとられた簿記法はどのようなものであり，現行制度における簿記法とどのような関連をもつものなのかという問題も見逃せない。公会計における簿記法選択に関して行われてきたこれまでの議論の多くは，このような制度理解に関する検討が必ずしも十分に行われた結果であるとはいえない。

「明治会計法」においては，会計記録の対象として「現金の整理」および「科目の整理」の2種類の計算領域が認識されている。まず，前者は「国庫金の出納」に関する記録を全官庁にわたって横断的に行う職務をいい，当時のフランス会計法でいえば「貨幣会計」に相当するものである。この「現金の整理」に関する簿記法としては，1894年（明治27年）の国庫計算記簿規程第6条に明文化されている通り，「借方」と「貸方」とに対照表示する複記法が用いている。この簿記法は1921年（大正10年）のいわゆる「大正会計法」に基づく1922年（大正11年）の「国の会計帳簿及び書類の様式に関する省令」（当時，大蔵省令）を経て現行の制度においても財務省令で定められており，基本的に変更されていない。次に，後者は「予算執行」に関する記録と書類の授受によってそれぞれ各官庁が収支の内容ないし原因を記録整理する職務をいい，フランス会計法では「行政会計」に相当するものといえる。われわれの関心事はその簿記法であるが，それには「貸借を応用したる複記の法に拠らず又簿記法に所謂単式とも称すべからざる一種の書留簿の様式」[9]が用いられているといわれる。その内容は，1894年（明治27年）の歳入歳出主計簿規程第1条に規定されており，その後現行制度に至るまで変更はない。問題はこの「書留簿」が何かということである。そこで用いられる歳入主計簿においても歳出主計簿においても，それぞれ予算額と実際額がひとつの帳簿上に示されており，これはドイツを中心として長年にわたって用いられてきた他ならぬカメラル簿記の特徴を示すものであることに注目しなければならない。

実際に，明治期の「書留簿」とドイツにおける現行のカメラル簿記帳簿とを

---

(9) 石川豊太郎・秋山行蔵共編『現行官庁簿記法』，嵩山房，1895年（明治28年），p.17参照。これについては亀井前掲書（2006年）も参照。

比較すると基本的には同じ内容によって構成されていることがわかる。このことは、わが国の公会計がドイツのカメラル簿記を導入したといわれるゆえんでもある。しかし、そのカメラル簿記の帳簿にもさまざまな応用形態があり、それをひとつの固定した簿記法として定義づけることは不可能であるといっても過言ではない。かつてスイスの公会計において用いられたコンスタント簿記のように、仕訳は行わないが「借方」と「貸方」の記帳様式をもった簿記法があり、その他、ドイツで提唱されたカメラル簿記の改良型としてのグループ簿記（第4章参照）、あるいは、同じくオーストリアの多段階簿記（第3章参照）もある。つまり、簿記法や帳簿形式はその原型が何世紀にもわたってそのまま維持されるものではなく、長い時間経過のなかで互いに影響し合うことによって複合的な要素を取り込むことになった例も少なくない。こうした事実を念頭に置いたとき、わが国公会計制度における簿記法に関して、これらの帳簿様式から何が明らかになるのであろうか。さきに言及したように、国庫金の出納記録に「借方」と「貸方」が用いられていることのみをもって、この簿記法が「複式簿記」であると断定することは必ずしも正鵠を得たものではない[10]。その理由は、この「借方」と「貸方」は簿記書によってはそのまま「入方」と「出方」に言い替えられている例もあり[11]、このような対照表示は取引の二面的記入といえるのかどうか、ましてやそれが2種類の決算集合勘定から2種類の計算書を作成することにつながっていないとすれば、複式簿記としての条件をすべて満たすとは必ずしもいい切れないことによる。それでは、「単式簿記」

---

(10) 下野直太郎は、前掲稿において、「帝国政府の会計は複式簿記なりや単式なりやにつきて多少の議論あり。余は之を複式簿記計算なりと断ずるに躊躇せず」（下線、筆者）と述べているが、同時に、「帝国政府の会計は複式簿記に拠るべき事は明治初年の頃旧太政官布告中に明記ありしと記憶す」とも述べている。この論文が執筆された1922年（大正11年）当時はいわゆる大正会計法制定直後であり、明治会計法によってそれまでの「複式簿記」からはすでに離脱していることから見て、下野論文には事実誤認がある。また、下野は国庫金の出納記録に用いられている「借方」と「貸方」との対照表示記録法をもって、当時の公会計すべてにつき「複式簿記」が用いられていると理解している。

(11) 公会計におけるこのような簿記法の取り扱いについては以下で詳細に論じている。
亀井前掲書（2006年）

かというと，そうであるともいいがたい。

このように，わが国公会計において用いられている簿記法は，まず「現金の整理」と「科目の整理」との2つの領域によって異なるのであるが，結局，それらの簿記法は何であるのか。巷間いわれるように「わが国の公会計は単式簿記」と理解できるのかどうか，少なくともその決定はそれほど容易なものではない。さらに，これまで公会計における簿記法の選択を検討するにあたってなされてきた議論が，複式簿記の要不要論にかかわらず，明治から現在に至る制度について特定の簿記法を前提に展開されたものであるとすれば，それにも疑義を差し挟まざるを得ないこととなる。従って，われわれが行わなければならないことは，まず現行の公会計制度における簿記法の本質を見極めることであり，そのうえで採用すべき簿記法を検討することである。いま，主要な簿記法とその最も基本的な特徴をまとめれば図表1-2のように表すことができる。

図表1-2　簿記法の種類と特徴

簿記法	計算形態	特　徴
単式簿記	金銭計算	一面的記入，実際額の記入
カメラル簿記	金銭計算	一面的記入，予算額と実際額の記入
カメラル簿記改良型	金銭計算価値計算	一面的記入，予算額と実際額の記入二面的記入，実際額と発生額の記入，価値変動計算
複式簿記	金銭計算価値計算	二面的記入，実際額と発生額の記入，2つの方法による価値変動計算

〈出所〉亀井作成

第4節　認識基準の理解

通常，認識基準は企業会計で取引によって価値変動がもたらされた時点を決定するための基準を意味するものと理解され，現金主義と発生主義とが最も基

本的な認識基準として知られる。前者によればその経済主体における価値変動を現金の授受がなされた時点で捉え，後者によれば価値変動を現金の授受とは関係なくその原因が生じた時点に求める。つまり，こうした認識基準は価値計算を行うのに伴ってはじめて必要となるものである。他方，行政における予算執行とは端的にいえば現金の収納と支払いを行うことであり，そうした側面を捉えて「公会計は現金主義」と理解されることが多い。しかしながら，現行の公会計制度では価値計算は行われておらず，そこでは現金主義のような認識基準はもともと必要とされない。しかも，金銭計算における測定対象はきわめて狭い範囲の財務的資源であり，そこでは「貨幣それ自体の物量計算」という側面すらもっている。要するに，価値変動を認識しないのである。従って，価値変動を時点を確定するための現金主義や発生主義という認識基準はもともと不要であり，実際にそうした基準は存在してこなかったと解するべきである。現金を取り扱ってきたのという理由で「現金主義」と理解することには強い疑義が生ずる。

　他方，新しい公会計制度のもとでは財務的資源とともに経済的資源も測定の対象に含め価値計算を新たに加えることによって，価値増減をその原因が生じた時点で把握するのか，あるいは，現金の授受の時点で把握するのか等，その時点の確定のための基準がはじめて必要となり，それが「認識基準」なのである。そうした現状理解への修正を行うとともに，何よりも意識しなければならないのは，新しい会計システムに「価値計算を導入する」ことと，それにともなってはじめて「認識基準が必要となる」ことを明確に意識することである。いま，これらの関係は図表1-3のように表すことができる[12]。

---

(12) 亀井孝文書『公会計制度の改革（第2版）』，中央経済社　2011年，p.149参照。

図表1-3　新旧公会計における認識基準

	測定対象	計算形態	認識基準
旧来の公会計	財務資源	金銭計算	なし
新しい公会計	財務資源 経済資源	金銭計算 価値会計	発生主義（IPSASにあっては現金主義も容認）

〈出所〉亀井作成

第5節　公会計における2つの計算領域

　先に言及した「国庫金の出納」と「予算執行」との2つの区別は，フランス会計法における「貨幣会計」と「行政会計」に淵源をもち，時代と国という空間を超えて明治会計法のなかに「現金の整理」と「科目の整理」の区別として取り込まれた。これが平成に至る現行制度の最も基礎的な枠組みの由来である。他方，ドイツの公会計にあっても，これら2つの区別がカメラル簿記のもとで存続してきている。つまり，納税者から徴収した税を公金として取り扱い，あらかじめ立案した予算に基づいて財政運営を行う行政にあって，こうした計算領域の区別は簿記法の如何にかかわらず企業とは異なる最大の特徴のひとつとなる。いいかえれば，行政運営の本質から必然的に現れてくる区別であるといえる。このことは，企業会計にもまして公会計においてこそ，単に金銭の計算以外にも事業の執行を捉える計算が必要であることを示している。しかも，こうした計算領域を価値にかかわる計算として理解しようとするのがわれわれの構想する新しい公会計なのである。その「価値」とは金銭収支の結果としてもたらされた財または用役であり，給付交換に基づかない結果も含む概念である。そこで，新しい公会計にあっては，これら2つの区別を「金銭計算」および「価値計算」として理解することとなる。すなわち，国庫金としての資金の変動は「金銭計算」の領域のなかで記録され，また，これまで貨幣面からのみ把握してきた予算執行は，その結果である価値の変動として「価値計算」

の領域のなかで記録されるのである。しかも,「価値計算」においては予算の執行状況を発生主義の考え方に基づいて記録されるところに重要な意味をもつ。同時にこのことは,「価値計算」が,これまでの現金収支会計としての公会計には存在しなかった現金主義,発生主義等の価値変動に関する認識基準をはじめて必要とするということも確認しなければならない。いま,これら2つの計算領域の区別を歴史的経緯を含めて整理すれば図表1-4のようにまとめられるであろう。

図表1-4　公会計における計算領域の区別

制度の種類 行政の行為	19世紀 フランス会計法	明治会計法 （1889年）	新しい公会計
国庫金の出納	貨幣会計	現金の整理	金銭計算領域
予算執行	行政会計	科目の整理	価値計算領域

〈出所〉亀井作成

第6節　計算書の3本化とその勘定系統

　さて,明治会計法における上述のような区別がフランス会計法では基本的に複式簿記によって支えられていたことを看過すべきではない。そうした制度を明治会計法制定の範としながらも,わが国ではその簿記法について大きな変更を加えたのであった。いま,この発想を公会計制度の理念型として再構築するためには,2つの対象を最終的に計算書として情報化するとともに,それを計算構造的に関連づける支援システムとしての簿記法を決定しなければならない。つまり,2つの計算領域を資金の変動に関する計算書と価値の変動に関する2つの計算書を作成することによって体系化することとなる。簿記法の観点からすれば,こうした「計算書の3本化」を論理的計算構造のなかで可能にする方法こそ複式簿記であると考えられる。このように,公会計への複式簿記の

導入は公会計の企業会計化によるものでは決してなく、行政機能のもつ本質に基づく公会計特有の論理に基づくものにほかならない。

そうした公会計において基礎となる勘定系統および各計算書は図表1-5のように構成されることとなる。

図表1-5　勘定系統と計算書

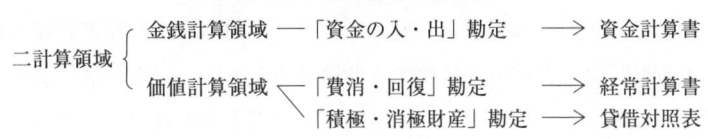

二計算領域 ┤ 金銭計算領域 ── 「資金の入・出」勘定 ──→ 資金計算書
　　　　　 │ 価値計算領域 ┬「費消・回復」勘定 ──→ 経常計算書
　　　　　 　　　　　　　　└「積極・消極財産」勘定 ──→ 貸借対照表

かつてヴァルプが「給付系統」および「収支系統」から構成される二勘定系統説を提唱し、レーマンがそれに修正を加えて前者を「費用および収益」、後者を「資産および資本」と「収入および支出」の各勘定系統として提唱したが[13]、ここではこうしたヴァルプおよびレーマンの考え方に筆者の見解を重ねている。この勘定系統において、「資金の入・出」勘定は、そこから作成される資金計算書を収入および支出という名目勘定の集合表としてではなく、資金という実体勘定の集合表として性格づけるための勘定として理解される。しかも、資金の前年度繰越を勘定に含めることによって在高勘定となることを回避し、資金フローの結果と原因を表示することを意識している[14]。次に、「費消・回復」勘定は経常計算書の構成要素となるが、それぞれ価値の減少と増加という客観的事実を表すものであり、その減少と増加を企業会計においてすでに固有の意味を有する「費用」および「収益」の概念をもって性格づけるかどうかは別の問題である。また、貸借対照表の構成要素たる資産も負債もその本質を「財産」概念で一貫させることによって、それぞれ「積極財産」と「消極財産」として理解され得る。そうであればこそその両者の差額が「純財産」と

---

(13) 亀井前掲書（2004年）、p.304, p.307 参照。
(14) 亀井前掲書（2004年）、p.9, pp.295-303 参照。

して算定され得るが，それは特定の主体からの拠出ではなく，それには何らかの主体に帰属する持分概念も法律上の請求権概念も当てはまらない。このことから，「純財産」の増減は生じ得るとしても追加および引き出しが行われることはなく，企業会計における「資本」のように，それ自体が取引要素となることはない。

　公会計に関するモデル構築でとくに関心がもたれるのは，企業会計においても多くの検討が重ねられてきた「資金計算書」，「現金収支計算書」等の資金収支に関する計算書の作成方法に関する問題である。いいかえれば，これらの計算書を複式簿記システムにおいて勘定間の整合性を保ちながらどのように導出するかという問題である。とくにこの計算書に注目すれば，これに関する学説は，すでに別の機会にその内容を検討したように[15]，大きく2つに分けることができる。そのひとつは資金計算領域を勘定組織と計算書体系との両者のなかに位置づける考え方であり，他のひとつは，資金計算領域を勘定組織には設定せず計算書体系のなかにのみ位置づける考え方である。ここでは前者の考え方を基本とし，一取引二仕訳によって簿記処理を行う方法を採用している。その理由はこうである。3種類の計算書を簿記システムにおいて並列的に導くためには，3種類の決算集合勘定を必要とし，その各決算集合勘定は，当然のことながら，それぞれに対応する3種類の系統の元帳勘定群を必要とするはずである。また，ここでは，ひとつの決算集合勘定が他のそれの前提勘定または内訳勘定となる考え方は基本的にはとらない。別の表現をすれば，3種類の決算集合勘定を，順次振り替えて連繋させる「直列型システム」ではなく，それぞれ同等の意味をもった「並列型システム」として構築するということである。こうした前提においては，一取引一仕訳からは3種類の並列的な勘定群の開設は不可能であることとなる。このような計算構造の具体的な考え方については第8章で改めて詳述する。

---

(15) 亀井前掲書（2004年），pp.295-303参照。

第2章　公会計における簿記の考え方

　公会計においてどのような簿記法をとるかの議論は，つまるところ「複式簿記を導入するか否か」に集約される。複式簿記を導入する説にしろ否定する説にしろそれぞれの根拠は明快であると同時に，多種多様である。それらをまとめれば，導入論においては，①企業会計化による情報提供機能を強化しようとするもの，および，②後世代への情報提供を重視するもの，また，否定論においては，①行政の組織目的に基づくもの，②簿記の本質論に基づくもの，および，③実務簡便性に基づくものに分けることができる。しかし，単に技術論の観点に限定すれば，複式簿記導入を否定する説はない。

　これらの諸説に対し，本書では複式簿記を導入する考え方に立ち，その論拠をNPMのような行革論ではなくもっぱら計算構造論に求めている。しかも，その計算構造を規定する要因は，金銭計算に加えて価値計算を行うさいの記帳システムと計算書との関係であるとする理解をとっている。

　公会計制度改革の議論は，国際的にみると，研究者による問題提起や理論的検討のみの時期，行政当局を含む諸機関による制度モデル提案の時期や試行を経て，いまやその実施の時期にさしかかってきている。今ではそれらの見解表明も数多く行われるようになり，議論の内容も制度的運用を志向して一段と深みを増してきている。しかし，わが国における制度改革の議論は，ここで展開するような簿記法と計算構造に関する理論的検討が十分であるとはいいがたいのが現状である。新しい制度を構築しようとする場合，まず理論的基盤を確固たるものにする必要があり，実務上の簡便化を考えるのはその次の段階でなければならない。現在，制度モデルをめぐる理論と実務の交流は必ずしも十分ではないままに，実務化の議論のみが先行しているのが現状である。

　ただ，制度改革は現在提唱されているモデルの法制化によって終了する訳では決してなく，研究者からは制度の精緻化のための理論的提言が継続して明らかにされる必要がある。

　こうした事情を念頭におきつつ，本章では公会計における簿記法に焦点を定め，それをめぐる研究者の諸説と各種の制度モデルにおける考え方を整理検討している。

第1節　公会計の簿記法をめぐる諸説

公会計における簿記法についての研究者の説を検討すると，複式簿記導入論にしろ否定論にしろ，いかなる簿記法を採用するかについての考え方は当然ながら千差万別である。ここではそうしたさまざまな説を紹介し，それぞれの根拠の基本的思考を整理検討する。

(1) 複式簿記の導入を否定する説
① 「公会計の企業会計化」否定論からの考え方
まず，多くの地方自治体が貸借対照表を作成するようになった時期にあって，その会計について計算構造の観点から批判的に問題提起をしている齋藤の見解を見てみたい[1]。論理展開はきわめて明解であり，その論点は次の2点にまとめることができる。地方自治体の会計に企業会計的手法が取り入れられているが，まず第1に，そこでは減価償却についてその目的や意味が明確にされていないこと，第2に貸借対照表も同様に何を示すのかが明確にされていないことである。

第1の論点の減価償却については次のような問題が提起されている。すなわち，減価償却が効率性の測定を目的として実施されているが，地方自治体の成果ないし業績の内容は貨幣額によって測定することは不可能であり，地方自治体という組織目的ないし機能から見て減価償却は合目的とはいえないとする。第2の論点の貸借対照表については次のような考え方が表明されている。まず，貸借対照表については，資本等式に立脚した考え方と貸借対照表等式に立脚した考え方から論理展開する。前者にあって貸借対照表はプラスの財産とマイナスの財産の差額たる正味資産の計算表としての性格をもつという。また，後者にあっては，正味資産は負債と同様に資産を獲得するための資金源泉を表

---

(1) 齋藤真哉稿「地方自治体の計算構造」(杉山　学・鈴木　豊編著『非営利組織体の会計』，中央経済社　2002年所収)，pp.213-227参照。

わすものであり、結果として、貸借対照表は資産と負債の差額を表示するものではないとする。つまり、この考え方によれば貸借対照表は借方と貸方の均衡を示す計算表として理解されるとする。

　上記のような理解を前提としつつ、齋藤は貸借対照表についてはさらにヨーンスの作成するそれに言及する。ヨーンスの提唱する貸借対照表については、すでに筆者も「補償過程表示手段としての公的貸借対照表」として取り上げていることから、ここでは詳述は避け概要のみの言及にとどめる[2]。そのヨーンスの説における貸借対照表とはカメラル簿記からストック計算書を作成することができることを論理的に証明したものである。しかも、固定資産を取得するための資金の源泉となった借入金の償還によってその過程を貸借対照表において表示するとともに、当該固定資産についての正味財産価値を表示するという機能もあわせもつものである。従って、そこでは借入金の償還によってそれが減少するとともに固定資産の帳簿価値も減少することから減価償却は必要とされないとする考え方がとられている。このようなヨーンス説に立脚して齋藤は、地方自治体が取り入れつつある企業会計方式を基礎とした減価償却の実施に対する疑問と貸借対照表の意味についての不明確さを問題とするのである。ただ、固定資産とその資金の源泉となった債務との関係を考えると、例えばそれが地方債である場合、その償還年数と当該固定資産の耐用年数との間には本質的な因果的関係は存在しない。つまり、償還年数イコール耐用年数という前提を置くことはできず、債務償還処理をそのまま減価償却に代替することはできないこととなる。齋藤説ではこの点に関する言及がなされておらずその考え方は明らかではない。また、地方自治体における複式簿記の導入の是非について直接言及していないものの、否定的な考え方をもつものと理解されるのである。

（2）　亀井孝文著『公会計改革論―ドイツ公会計研究と資金理論的公会計の構築―』、白桃書房2004年、pp.255-263参照。

②　公会計決算書の特性と簿記の本質論を中心とする考え方

次に，地方自治体の会計責任論から説き起こし，そこでの複式簿記導入を実質的には否定する原の説を見てみたい[3]。

まず，原は会計責任についてその発生を収入として，また，その解除を支出として規定し，地方自治体の財務報告の重要な目的はそうした意味における会計責任を果たすことであるとする。さらに，伝統的な会計責任を財産の委託受託関係に基づく物量計算次元の顛末報告責任と金額計算次元の状況報告責任に分け，地方自治体の作成する歳入歳出決算書がそうした両方の責任を果たしているとする。その意味はこうである。歳入歳出決算書は形式的には金額表示によって作成されているが，物量計算の尺度としての意味をもっており，それが顛末報告責任から理解される側面であると考える。他方，地方自治法第208条第2項に規定される会計年度独立の原則に基づいて財政運営が行われているかどうかについては金額計算次元の報告として作成されているのであり，これが状況報告責任から理解される側面であると考える。

ところで，原説によれば，もともと単式簿記とは測定対象の増減を物量によって記録する簿記であるとする。このような理解に立てば，顛末報告責任を解除するための公会計における歳入歳出決算書の作成は物量計算としてのそれであり，単式簿記で何ら問題はなく十分であるとする。また，状況報告責任を解除するという観点から考えても，金額計算としての歳入歳出決算書の作成は同様に単式簿記で全く問題なく可能であるとする。従って，単式簿記によって歳入歳出決算書が作成できるにもかかわらず複式簿記を導入しようとする主張は，上記の考え方（原説）には反駁できないであろうと述べる。

原説と同様，筆者も金銭計算は「貨幣の物量計算」の本質をあわせもつとの考え方をもっている。これは貸借対照表における現金を未解決項目の観点のみ

---

(3) 原　俊雄稿「地方自治体の簿記」（杉山　学・鈴木　豊編著『非営利組織体の会計』，中央経済社2002年所収），pp.202-212参照。また，同稿「公会計における企業会計化に関する再検討」（会計検査院『会計検査研究』第32号〈2005.9〉），pp.11-22参照。

からは説明できないという事実もそのひとつの証左であるが，ここではその問題にこれ以上言及することはしない[4]。ともあれ，そうした考え方をもって，これまで筆者は，現行の公会計制度を資源の価値計算のための認識基準に基づく「現金主義会計」とすることは正確ではなく，現金の収納および支払に基づく「現金収支計算」として理解すべきであることを繰り返し表明してきた。原もこれについては同趣旨の考え方を表明していることを付記しておきたい。

　ただ，原は，歳入歳出決算書を複式簿記に基づいて作成することが可能であることは簿記の技術的な観点から否定しない。しかし，それが不可欠の決算書であり，また単式簿記によって作成できる以上，そこに敢えて複式簿記を導入する意味はないと考えるのである。

③　実務適用の簡便性を基礎とする考え方

　これは決算統計を利用して貸借対照表，行政コスト計算書等を作成する考え方に代表されるものであり，1987年（昭和62年）に公表された地方自治協会による貸借対照表作成（図表2-3参照），さらに2000年（平成12年）および2001年（平成13年）における旧自治省および総務省のバランスシートおよび行政コスト計算書（図表2-6参照），2006年（平成18年）の新地方公会計制度研究会報告書における「総務省方式改訂モデル」（図表2-11参照）が典型的な事例である。

　例えば，2000年の旧自治省から公表されたバランスシート作成の方法について，取得原価主義を採用する根拠に関連し，決算統計のデータを利用することが表明されているが，すべての地方自治体を通じて統一的にデータを把握できること，および，データの操作が比較的容易で小規模な団体でも容易に実行可能であることが強調されている。つまり，外形的には会計の様式をとっているものの，実務的簡便性を根拠に統計としてのデータを使用しているのである。このことは，地方財政状況調査表で分類される項目が各項目の会計的本質論に立って勘定組織として分類されたものではなく，本質的には，単に収納と

（4）　貸借対照表における現金の解釈については第6章の注（21）で詳しく取り上げた。

支払の原因を付した現金の量を計算したものに過ぎないものであることを意味している。いいかえれば，貨幣の物量計算の側面を強くもつものであるということなのである。

このように便宜的方法として決算統計データの組み替えによるバランスシート作成を提案しているが，だからといって複式簿記を公会計の本質論から否定したものであるとは必ずしもいい切れない。実際に，新地方公会計制度研究会報告書は「段階的な複式簿記の考え方の導入」を明記しており，複式簿記を適用しない各種の財務書類の作成は過渡的方法であるとして考えているとも理解できる。

(2) 複式簿記の導入に懐疑的な考え方

この考え方を主張する論者として泉の説を取り上げてみたい[5]。この説は，まず，複式簿記における取引の「二面的な把握」こそが「複式」と呼称されるゆえんであるとして，その意味を記述するところから出発する。それによれば，複式簿記記録の基本形は仕訳形式で表現すれば次の3通りであるという。

　　基本形①　純財産の増加　－　増加の原因
　　基本形②　減少の原因　－　純財産の減少
　　基本形③　財産の増加　－　財産の減少

複式簿記は一般に「財産（事実）の増減変動とその原因」を同時に記録する体系であるとされるが，財産の増加と他の財産の減少を記録することもあることを指摘する。従って，この場合には「事実と原因」の記録ではなく「事実と事実」の記録であるとする。そうした組み合わせが基本形③であるという。さらに，ある原因の結果たる事実は最終的には純財産に帰結すると理解して，複式簿記をより正確に定義づければ「純財産の増減変動」と「その原因」の二面的記録の体系であるとする。

---

(5) 泉　宏之稿「非営利組織体の簿記」(杉山　学・鈴木　豊編著『非営利組織体の会計』，中央経済社 2002 年所収)，pp.3-12 参照．また，同稿「公会計と簿記」(日本簿記学会『日本簿記学会年報』第 22 号〈2007 年〉)，pp.32-35 も参照．

上記3通りの基本形は仕訳形式で表されているのであるが，「純財産の増加」を借方概念として理解するということは，その背後に具体的な「財産」を見ていることとなる。また，「純財産の減少」を貸方概念として理解する場合も同様に，そこに具体的な「財産」を見ることとなる。基本形①は「財産の増加 − 増加の原因」，基本形②は「減少の原因 − 財産の減少」とされるべきであり，「財産」は実体勘定として，また，「原因」は名目勘定として理解されることとなる。「純財産」それ自体は積極財産と消極財産との差額であって実体概念ではない。従って，基本形①および基本形②は貸借とも名目勘定から構成されることとなる。

　さらに泉はいう。上記のように複式簿記が定義づけられるのであるが，非営利組織体においては，収入・支出概念が純化されておらず，それが収益・費用とも異なり，また，現金の増減そのものとも異なることから，収支計算書を作成するために一取引二仕訳（または，切返し仕訳）が行われる。つまり，これは組織の特性からもたらされる個別概念の不明確さに起因する簿記法であり，このような単なる形式的複式記入は複式簿記とは認めがたいとするのである。

　しかし，ここでは，非営利組織体において一取引二仕訳が行われる理由は「収支計算書を作成するため」であり，上記のような「収入・支出概念が純化されていないこと」や「それが収益・費用とも異なること」によるものではないという考え方をとる。旧公益法人会計基準における一取引二仕訳がまさに典型例であり，後述するように，筆者が提唱する一取引二仕訳も資金計算書を作成することが根拠となる。いいかえれば，複式簿記の「2」の概念から第3の計算書である収支計算書または資金計算書という「3」の概念を導き出すための工夫によるものなのである。

　また，公会計においては，受託した貨幣およびその支出により取得した財産の管理責任が重要とされることを念頭におけば，貨幣計算としての貸借対照表よりも物量計算をも含む財産目録の方が必要度は高いとする。また，貸借対照表が必要であるというのであれば，複式簿記の記録からではなく，財産目録から作成することが可能であるともいう。結局，公会計にあっては収支計算書と

財産目録を不可欠な計算書であるという前提のもとに，公会計における複式簿記導入論には懐疑的であるとの結論に至ることとなる。

(3) 公会計と複式簿記との必然的な結合を否定する考え方

この考え方を提起する柴の説を取り上げてみよう[6]。まず，複式簿記理解についての一般的理解を根底的に全否定するところから論を起こしている。いわく，複式簿記を定義づけるのにその「二面的記録」を指摘するのが一般的であるが，複式簿記に二面性の基礎となる取引にもともと二面性はなく，それは一方的な価値移転が2つ存在するだけであるとする。従って，仕訳は取引を記録する別々の単式記入が2つ集まったものに過ぎないという。この考え方によれば，因果関係を主張するために単式記入を2つ行うのが複式簿記であり，1つしか行わないのが単式簿記であると理解することとなる。つまり，価値移転の双方向性やその因果関係を否定するところから簿記法を理解しようとするのである。結論的には，企業会計であれ公会計であれいずれの簿記法を適用してもよく，組織目的または会計主体の特性と簿記法は無関係であると考える。単一財を取り扱うのが単式簿記であるとする説があるが，単式簿記によって複数財を取り扱うことも，単式簿記で負債の増減を記録することも，利益計算を行うことも可能であるとする。従って，複式簿記の単式簿記に対する優位性は存在せず，両者の相違を指摘するとすれば，それは正味財産勘定の有無のみであるという。すなわち，複式簿記は資産，負債の増減の相手勘定をすべて「正味財産の増加」または「正味財産の減少」と捉える簿記であり，そうした対応関係をもたない簿記が単式簿記であるとする。この部分の考え方に関する限り上に取り上げた泉説と本質的に同じものである。

また，公会計の改革を論ずるのに「現金主義に基づく単式簿記から発生主義に基づく複式簿記への移行」が主張されることがあるが，簿記法は本来無関係であり，「現金主義から発生主義への移行」の主張でこと足りるという。柴は

---

(6) 柴　健次／宗岡　徹／鵜飼康東著『公会計と政策情報システム』，多賀出版　2007年，pp.19-20, pp.31-38, pp.39-40, pp.46-51，また，柴　健次稿「公会計と複式簿記の関係に関する一考察」（日本簿記学会『日本簿記学会年報』第22号〈2007年〉），pp.25-31も参照。

こうした発想に基いて公会計に複式簿記を導入することが不可欠であるとする見解に疑問を呈する。しかしながら，もし，柴のいうように，複式簿記が単なる「単式記入×2」で価値移転の双方向性がないとすれば，「借方」と「貸方」あるいは「積極」と「消極」という2つの分類概念による「対照表示」は不要となる。いいかえれば，両者の区別は関係なく，ただ単式記入を2つ書き並べればよいことになる。柴説にはこの分類概念の存在理由が捨象されてしまっているのである。なお，ここでは公会計と簿記法との関係を論ずるのが目的であり，複式簿記の本質を問うのが目的ではないためこれ以上の議論はしないが，上記の見解に賛意を表するのはきわめて困難であるといわざるを得ない[7]。いま，この説を積極的に評価するとすれば，公会計に複式簿記を導入することを無条件に否定するのではなく，簿記の本質を理解しないまま盲目的に簿記法を選択することに警鐘を鳴らしていると解釈することになるのであろう。

(4) 複式簿記とともに単式簿記の適用も肯定する説

この説は，公会計においても計算構造を明確にするためには複式簿記の導入が必要であるとする。しかし，同時に，複式簿記の単式簿記に対する優位性を認めつつ，コンピュータの利用により単式簿記の存続を積極的に容認するとするものである。こうした考え方を表明している宮本の説を検討してみたい[8]。

---

(7) 簿記上の取引のなかで，損益取引は資産，負債または資本が一方的に増減する場合であり，確かにそこでは価値移転の双方向性はない。このような価値の一方的な増減による取引の双方向性を簿記システムのうえで技術的に成立させるための工夫が名目勘定の開設である。他方，交換取引は，資産，負債または資本相互でまさにひとつの価値変動が反対の方向性をもってもうひとつの価値変動として現れるものであり，そこではその双方向性とともにその因果関係が存在する。つまり，実体勘定相互間の価値移転に関する記帳は，単に別々の単式記入が2つ集まったものではない。このように交換取引が「本来的双方向性」をもつのに対し，損益取引は形式的な双方向性を記帳の上で意識的に作り出した「擬制的双方向性」ということができる。ここにこそ複式簿記を成立させる最大の工夫がある。いいかえれば，こうした2種類の双方向性に基づいてすべての取引の「二面的記録」を可能にした簿記法を複式簿記と呼称しているのである。

複式簿記のこうした理解には次のものが参考となる。安平昭二著『簿記要論（六訂版）』，同文舘2007年（初版1978年），p.31

(8) 宮本幸平著『公会計複式簿記の計算構造』，中央経済社 2007年，pp.13-28, pp.31-47参照。

まず，地方自治体による取引と会計の特性を分析することによって，そこでは複式簿記は不要であることを確認するところから論を起こしている。その特性と複式簿記不要とする理解については次のような指摘を行っている。すなわち，①行政による購入活動を除けば財・サービスの提供は非等価交換であり，非等価交換の記録に必須の複式簿記は要請されないこと，②予算との比較においてその執行結果を表示するための記録に複式簿記は必要とされないこと，および，③仮に複式簿記によって仕訳したとしても，仕訳の一方の勘定科目は常に「現金」であることから，複式簿記よりも簡易な計算システムによって記録可能であることである。こうした指摘に対して，ここでは以下のような考え方をとっている。すなわち，等価交換であれ非等価交換であれ価値の増減は発生するのであり，また，例えば災害による財の滅失は交換ではないが価値減少として会計上の取引となる。つまり，交換か否か，あるいはそれが等価か否かということは簿記法選択の決定要因にはなり得ない。

　さらに，宮本は次のような見解も表明している。現行の公会計では，①発生主義項目の欠落により期間衡平性の査定に影響を与えるとともに，②固定資産を売却したさいの非等価交換による損益が計算できないことから期間衡平性の査定に影響を与えるという。さらに，総務省による「基準モデル」については，③帳簿組織を含めた複式簿記システム上の計算構造が明確ではないこと，および，「総務省方式改訂モデル」については，④決算統計を利用するため，作成プロセスにおける記録の誤謬を検証する機能がないという問題点を指摘している。宮本はこうした諸問題を克服するためにはやはり複式簿記の導入が必要であるとも説くのである。

　ところが，同時に，①開始貸借対諸表を作成する，②現金収支の原因を項目ごとに集計する，③これを貸借対照表および行政コスト計算書作成に利用する，④決算時に発生主義項目を複式で追加するという手続きをコンピュータを利用することによって実行すれば，単式簿記適用の可能性も排除すべきではないとも主張する。

(5) 複式簿記の導入を肯定する説

　複式簿記を導入する考え方にあっても，その根拠や目的についての細部にわたる考え方はさまざまである。とりわけ，公会計のNPM論を底流に意識しつつ企業会計化を積極的に推進する考え方と，逆に，行政機能および公会計機能から見てそうした考え方をむしろ強く批判しつつ，複式簿記導入論を展開する考え方があり，その導入論の根拠となると互いに相容れない説も存在する。ここではそうしたさまざまな考え方を整理してみたい。

① 「公会計の企業会計化」を積極的に推進する考え方

　この考え方は，いまその表現の是非は措くとして，「単式簿記・現金主義に基づく公会計を複式簿記・発生主義に転換する」という会計に関する基本的思考が基礎となっている。また，伝統的なパブリック・ガバナンス論における行政と住民との間を取り結ぶ「統治」概念の根本的変更の考え方を底流にもっている。これはNPM（New Public Management）論に他ならない。こうした考え方に立って展開される公会計システムが日本公認会計士協会による「公会計原則（試案）」（1997年，2003年改訂）であり，また東京都会計基準である。現行の公会計が「単式簿記・現金主義」であるとする「一般化されてしまった理解」に筆者は常々疑問を呈してきたが，「公会計原則（試案）」の体系的な内容それ自体に限れば評価し得るものとなっている。その詳細については改めて後述する。ただ，本書でとる複式簿記導入論の立場は「公会計の企業会計化」ではないことをあらかじめ確認しておきたい。

② 後世代への情報提供機能を重視する考え方

　この考え方は国民主権または住民主権という法的概念から公会計を構築しようとするものであり，「国家は誰のものか」または「自治体は誰のものか」という発想を根本にもっている。このような考え方からすれば，政府をサービス提供者とし，国民・住民をその顧客と位置づけるNPM論は，国民・住民を国家・自治体の外部者として位置づけることになり肯定できないとする。ここからNPM論が採用する「税収収益説」を否定して「税収持分説」を採用するという考え方につながるのである。しかも，このことが公会計システムにおいて

計算書作成とそのための簿記的処理に決定的な影響を及ぼすこととなる。この考え方に基づく公会計システムの提案が，日本公認会計士協会による「公会計概念フレームワーク」(2003年)，第8章でも改めて取り上げる桜内説（2004年）および総務省による「基準モデル」(2007年) である。

また，国民主権論または住民主権論は後世代負担部分の測定を重視する考え方を前面に打ち出し，ストック情報の提供を重視することから複式簿記の導入は必須のものとなるのである。

その詳細については後述の内容に譲ることとし，ここではそれらの最も基本的な理念とそこから主張される複式簿記の導入についての指摘にとどめる。

第2節　各種公会計モデルにおける計算書間の連関

公会計をめぐる簿記法選択についても，その基本的な考え方となると千差万別といってよい。要するに，単純な単式簿記維持論や複式簿記導入論に止まるものではないのである。ここまではそうしたさまざまな考え方を概観してきた。

会計システムにどのような簿記法を適用するかの詳細については後述するとして，結論からいえば，簿記法の選択は，計算書を作成するにさいしてそこにどのように計算構造上の論理性を付与するかによって決定されると考えるべきである。いいかえれば，複数の計算書を作成する場合，それら計算書間の有機的関連性を確保し得るような簿記法を選択することが求められることとなる。このように考えれば，作成される計算書とその計算構造の論理性を担保することが簿記法を決定する最大の要因であることとなる。

そこで，公会計における簿記法に重点を置いて検討するために，まずそれぞれのシステムの構造を作成される計算書間の関連という観点から注目してみたい。これらの主要なものについては別の機会[9]に内容紹介をしたが，それとは

---

(9)　亀井前掲書，pp.577-599参照。

異なりここでは計算構造に焦点をあてることとする。

　わが国にあってもこれまで新しい公会計制度の提案が官民さまざまな機関から公表されてきた。それらのすべてが少なくとも貸借対照表の作成を提案しているが，そのための簿記法となると必ずしも複式簿記を適用するものばかりではない。単に決算統計等のデータを用いて貸借対照表形式に組み替える方法をとるものも少なくない。他方，複式簿記を適用するものの，収支計算書および純資産計算書については複式簿記システムとは別に作成する提案もある。つまり，複式簿記を全く用いないもの，複式簿記を部分的に適用するもの，全面的に複式簿記を適用しようとするもの等さまざまである。こうしたさまざまな公会計制度の提案に関しては，勘定形式を用いて計算書の関連を検討することにより，視覚的にシステムの本質を理解することが可能となる。なお，以下に示す計算書の関連は図表2-7，図表2-10および図表2-11を除き，それ以外は筆者の解釈に基づいて表示したものである。さらに，図中，勘定形式と報告形式との区別はそれぞれの制度提案の様式に従ったものである。また，計算書間を結ぶ実線は簿記システムにおける振替関係を表し，点線によるものは簿記システムにおける金額の一致関係を表している。

(1) 大蔵省主計局法規課「官庁会計複式簿記試案（未定稿）」（1963年）

　この試案は旧大蔵省内部の研究として作成されたものであるが，内容の検討

図表2-1　「官庁会計複式簿記試案」における計算書の関係

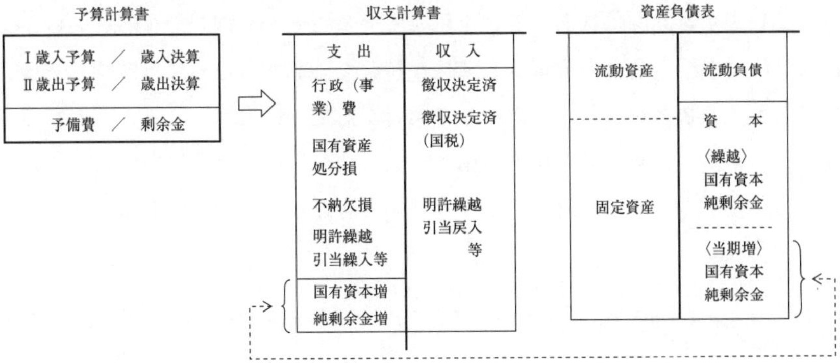

は緻密で用意周到な資料の参照のもとに行われており高く評価できるものである。しかし，結論としては，一般的行政については，予算の現金収支計算を貸借仕訳するなど部分的な複式簿記の適用を行うか，発生主義に若干接近した権利確定主義を基礎にして現金収支計算を貸借仕訳する複式簿記の適用を提案しており，また，測定の焦点については現金収支に限定している。この提案のシステムによれば，各計算書の関係は図表2-1のように表すことができる。

(2) 日本公認会計士協会近畿会・社会会計委員会「地方自治体財務会計制度に関する研究」(1982年)

この研究報告書は公会計に複式簿記を適用し，各種の計算書を整合的に導いて作成しようとする試みとしてはわが国では最も早い段階に属するものである。ただ，収支計算書は，その貸借記入関係から見て，資金増減の原因表示計算書として性格づけられているが，それが貸借対照表の資金勘定にどのようにつながるのかについては不明のままである。

何よりも，この計算書の体系は市民持分計算書と行政持分計算書とを別立てで作成するところに最大の特徴がある。これは，地方自治体においては「住民の直接民主主義が機能すべきである」[10]とする住民主権を会計的に表現したものである。しかし，「行政財産取得費」は市民持分計算書においては市民持分の減少項目となり，同時に行政持分計算書では当然ながらその増加項目となって，両者の持分は対立関係となっている。このことは，貸借対照表を見ても持分全体が市民持分と行政持分とに分けられる以上，一方の増加は他方の減少となって利害が対立関係にあることを示していることから理解できる。いいかえれば，住民主権の会計的表現として住民持分を強調するために行政持分を区分して表示する必要があり，結果として両者が対立的に表示されることとなったものといい得る。同時に，住民主権を主張しつつ，それが及ばない行政持分が成立し存在することを容認してしまう結果ともなっているのである。

---

(10) 日本公認会計士協会近畿会・社会会計委員会「地方自治体財務会計制度に関する研究」(1982年〈昭和57年〉)，p.4

第 2 節　各種公会計モデルにおける計算書間の連関　43

　さらに興味深いのは，ここに示されている基礎的思考は，後述する総務省の「基準モデル」が持っている国民主権，住民主権の考え方と基本的に同じものと理解されることである。それは，税収が市民持分の増加項目として取り扱われているところから看取されるのであり，「持分説」による税の理解を基礎としているものと考えられる。また，それを計算構造から見ると，市民持分計算書と行政持分計算書とを統合すれば，「基準モデル」の行政コスト計算書と純資産変動計算書とを統合したものと等しくなる。つまり，近畿会の研究にあっては，純財産変動をフローとストックの両面から計算するとともに，その内容を市民持分部分と行政持分部分との2つの持分部分のそれぞれ変動額に分割したものであり，「基準モデル」は同様の純財産変動を経常的な損益と市民持分たる1つの持分としての変動額に分割したものである。

　こうした計算構造は図表 2-2 の計算書の関連図から理解され得る。後述の

図表 2-2　「地方自治体財務会計制度に関する研究」における計算書の関係

貸借対照表		市民持分計算書	
普通財産	一般債務	諸費用	市税収入
	特定債務	行政財産取得費	地方交付税
行政財産	行政持分		国等支出金
	市民持分	市民持分増加	営業収入 等

収支計算書		行政持分計算書	
支出	収入（返済不要）	除却・売却・借入金等収入による取得	行政財産取得費
資金増加	収入（要返済）	減価償却費	借入金返済等によるもの
		普通財産への振替	普通財産からの振替
		行政持分増加	

基準モデルの計算書関連図と比較すると興味深い。

(3) 地方自治協会（財団法人）「地方公共団体のストックの分析評価手法に関する調査研究報告書」（1987年）

この報告書の内容と意味についてはすでに別に取り上げたため，ここでは重複を避けるためその詳述はしないが，振り返って見るとこの報告書が公会計情報の改善に与えた影響は決して小さいものではなかったことを改めて指摘しておきたい。というのは，この報告書の方法に従っていくつかの自治体が実際に貸借対照表を作成し，2000年に旧自治省から公表されたバランスシートの作成にも，さらに2006年の「新地方公会計制度研究会報告書」における総務省方式改訂モデルの基礎的思考にも取り入れられていると考えられるからである。実際に，この方法によれば，複式簿記の方法によらず従来の決算統計によって「貸借対照表」を作成することができることから，実務の観点からは計算書作成の心理的負担が大いに軽減されることとなる。このシステムにおける計算書の関連について図示すれば，図表2-3のようにきわめて簡素な関係としてまとめることができ，まさにこのことが後に至るまで大きな影響を与え続けた理由のひとつであるといえる。

図表2-3　地方自治協会・調査研究報告書における計算書の関係

各種データ・計算書		貸借対照表
決算統計　等	⇒	資　産 / 負　債／前期末正味財産／正味財産増加

(4) 社会経済生産性本部（財団法人）「決算統計に基づいた企業会計的分析手法研究報告」（1997年）

この研究報告は，前記の地方自治協会による調査研究報告書の方法を改良したもので，決算統計からは得られない減価償却費，退職給与引当金，市税未済

額，不納欠損額等については個別に逐一拾い上げる方法をとる。従って，複式簿記を適用せずにそれを適用した場合の貸借対照表に近いものが作成できるが，決算統計以外の取引事象を漏れなく拾い上げる煩雑さは，複式簿記を適用しない心理的負担の軽減との交換となる。また，計算構造的に見れば，ストック計算書が作成されたとしても，価値にかかわるフロー計算が相変わらず欠落したままであることは変わらない。

いまこの研究報告における計算書の関係は図表2-4のようになる。

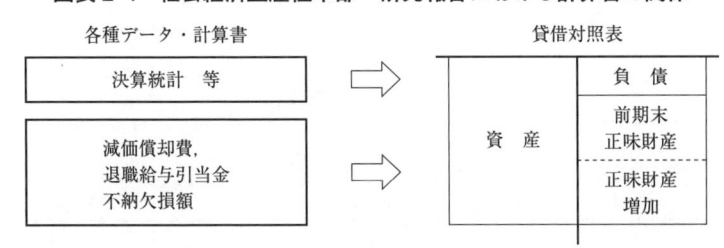

図表2-4　社会経済生産性本部・研究報告における計算書の関係

各種データ・計算書		貸借対照表
決算統計　等	⇒	資　産／負　債／前期末正味財産／正味財産増加
減価償却費，退職給与引当金，不納欠損額	⇒	

(5) 日本公認会計士協会「公会計原則（試案）」(1997年，2003年改訂)

この「試案」は，企業会計における基本的思考およびその計算書体系，さらには諸外国における公会計制度の議論および制度改革の先行事例の研究も踏まえたものとなっており，こうしたシステムにそのまま賛意を示すかどうかは別として評価に値するものといい得る。

この「試案」では会計主体を「ガバメントタイプ」と「ビジネスタイプ」とに分け，それぞれ財務報告書も異なる構成内容を提案している。まず，それぞれのタイプにおける財務報告書の構成は次の通りである。

《ガバメントタイプ》
　貸借対照表，成果報告（成果報告書，正味財産増減計算書），資金収支計算書
《ビジネスタイプ》
　貸借対照表，成果報告（成果報告書，損益計算書），資金収支計算書
　なお，これらのうち資金収支計算書の作成法については間接法を排除しない

ものの直接法の方が望ましいとしている。従って，この計算書におけるそれぞれの収入総額と支出総額は，次のいずれかによって得られるとする[11]。

図表2-5 「公会計原則（試案）」における計算書の関係

《ガバメントタイプ／ビジネスタイプのうち行政代行型》

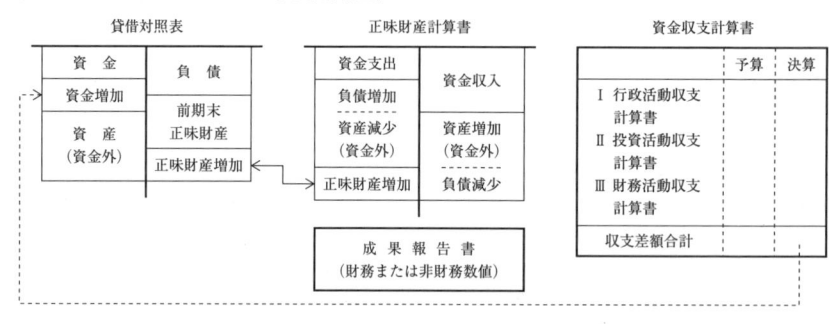

貸借対照表	正味財産計算書	資金収支計算書
資金 / 負債	資金支出 / 資金収入	予算 / 決算
資金増加 / 前期末正味財産	負債増加	Ⅰ 行政活動収支計算書
資産（資金外）/ 正味財産増加	資産減少（資金外）/ 資産増加（資金外）	Ⅱ 投資活動収支計算書
	正味財産増加 / 負債減少	Ⅲ 財務活動収支計算書
	成果報告書（財務または非財務数値）	収支差額合計

《ビジネスタイプ》

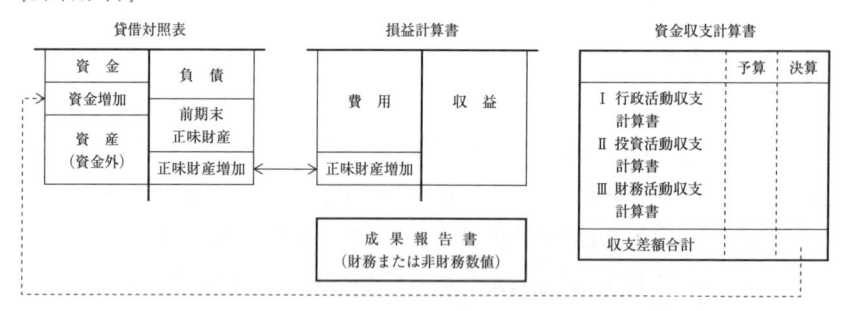

貸借対照表	損益計算書	資金収支計算書
資金 / 負債	費用 / 収益	予算 / 決算
資金増加 / 前期末正味財産		Ⅰ 行政活動収支計算書
資産（資金外）/ 正味財産増加	正味財産増加	Ⅱ 投資活動収支計算書
		Ⅲ 財務活動収支計算書
	成果報告書（財務または非財務数値）	収支差額合計

① 当該報告主体の現金または現金同等物に関する会計記録，

② 報告主体がビジネスタイプである場合には，売上，売上原価および損益計算書に含まれるその他の項目から得られる以下の項目，

・ 棚卸資産および行政活動上の債権・債務の期中変動額，

・ その他の非資金的項目，

・ 現金に与える影響が投資または財務活動による資金収支とされるそ

---

[11] 筆谷 勇著『公会計原則の解説』，中央経済社 1998年，p.239参照。

の他のすべての項目。

しかし，この作成方法によれば，資金収支計算書における各種の金額と貸借対照表または損益計算書における金額との関係は示されるが，計算書を作成するための複式簿記システムにおける勘定科目の具体的な記入プロセスは示されないこととなる。このことは，資金収支計算書を資金フローの結果表示計算書として性格づけるのか，それとも資金フローの原因表示計算書として性格づけるのかが明確にされていないということでもある。いいかえれば，資金収支計算書の基礎となる決算集合勘定は「資金勘定」すなわちストック勘定なのか，それとも「収支勘定」すなわちフロー勘定なのかの性格づけが明確ではないということである。そのためにそれぞれの計算書を複式簿記システムのなかで明確に関連づけることができないのである。

以上を意識しながら，「試案」の内容に関して，それぞれの計算書の関係を会計主体のタイプ別に図示すれば図表2-5のようになる。

(6) 自治省「地方公共団体の総合的な財政分析に関する調査研究会報告書」
(2000年)
総務省「地方公共団体の総合的な財政分析に関する調査研究会報告書
―「行政コスト計算書」と「各地方公共団体全体のバランスシート」
―」(2001年)

この2つの調査研究報告はひと組のものとして考えてよいであろう。この報告書によるバランスシートおよび行政コスト計算書の作成は当初から作成実務における簡便性に主眼が置かれているため，複式簿記を適用した考え方ではない。従って，複式簿記システムにおける計算書の関連を示すことはできない。あえて貸借対照表と行政コストを関連づけるためには，決算統計からは把握できない費用等について次のような計算を付加しなければならない。

行政コスト－収入＝当期純行政コスト
純資産減少（または増加）額＝当期純行政コスト＋（国庫支出金および
　　　　　　　　　　　都道府県支出金の自治体正味財産化額）
　　　　　　　　　　－減価償却費

つまり，上記の計算のように行政コスト計算書の計算結果に純資産の増減項目を加減しなければ貸借対照表における純資産額につながらないのである。上記のような付加的計算調整を必要とするが，いま，この報告書における計算書の関連を仮に複式簿記の見方に立って概観的に示すとすれば図表2-6のようになるであろう。

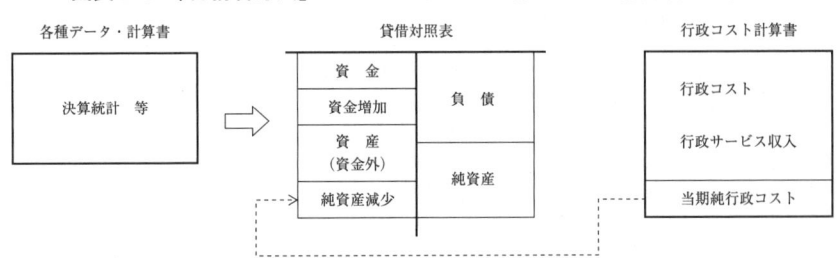

図表2-6　「総務省方式」・バランスシートと行政コスト計算書との関係

各種データ・計算書	貸借対照表		行政コスト計算書
決算統計　等	資　金	負　債	行政コスト
	資金増加		行政サービス収入
	資　産（資金外）	純資産	
	純資産減少		当期純行政コスト

(7) 日本公認会計士協会「公会計概念フレームワーク」(2003年)

この「公会計概念フレームワーク」は1997年に公表された日本公認会計士協会による「公会計原則（試案）」とはかなり様相を異にしている。ここでは税収を「収益」とは見なさず，国民主権または住民主権の基本的思考に基づき国民または住民の「持分」として理解している。いわゆる「税収持分説」である。こうした基本的理解がこのフレームワークのすべてであるといっても過言ではなく，これを公会計の計算構造に移し替えたものがここでの「損益計算書（行政コスト計算書）」と「損益外純資産変動計算書」である。この考え方に立てば，税収は収益ではないことから損益計算書（行政コスト計算書）に計上しないのは当然の帰結である。つまり，そうした税収を公会計システムのなかで受け入れ，それがどのように公的な資産形成に用いられたのかを表示する計算書が必要となり，そのために用意されたのが「損益外純資産変動計算書」である。もちろん，この計算書には税収のみならず，資産形成に用いられるその他の財源も計上される。このように，税収の本質的理解についての違いから，同

じ複式簿記を適用する場合でも作成する計算書の相違によって簿記的処理は全く異なった様相となる。

なお，法的概念としての国民主権または住民主権の学説や定義についてここでは言及しない。ただ少々付言するとすれば，一般論としてそうした基本的権利を否定する見解はないと想定して差し支えないが，それを直ちに国民または住民の財産権に置き換えることができるかという点は問題となる。税を国民または住民の拠出と理解したとしても，それに対する財産権の譲渡は保障されるのかどうか，行政主体に対する返還請求権は保障されるのかどうか，という問題は看過されるべきではない。このフレームワークではこうした権利は当然ながらすべて否定されているが，これらの権利をすべて否定するような「財産権」概念が成立するのかどうかという疑問は解消されないままである。また，行政に対する国民または住民の財産的請求権の承認は，実際に現在の国の貸借対照表がそうであるように，貸借対照表上債務超過となった場合のマイナスの純財産も国民または住民に帰属するとの論理が成立する。しかも，それを解消するための増税等の政策をすべて受け入れることを予定するものでもある。

このモデルの複式簿記システムにおける計算構造に関する分析は改めて第8

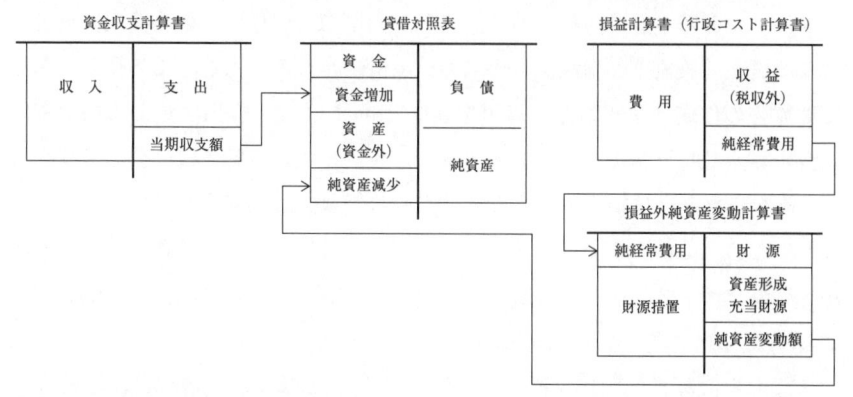

図表2-7 「公会計概念フレームワーク」における計算書の関係

(注) 桜内文城著『公会計―国家の意思決定とガバナンス―』，NTT出版2004年における「公会計における勘定連絡図」を一部修正している。

章で詳述することとし，ここでは各計算書間の関係を図表2-7に示しておこう。

(8) 財政制度等審議会「省庁別財務書類の作成について」(2003年)

　財務大臣の諮問委員会である財政制度等審議会は，法制・公会計部会，さらにその小委員会を設置して2001年10月以来国の新たな公会計制度について検討を重ねてきた。その議論を踏まえて2003年6月に同審議会から公表された「公会計に関する基本的考え方」で，行政府のアカウンタビリティを高め，財政の効率化・適正化を促すために，「予算執行の単位であるとともに行政評価の主体である省庁に着目し，省庁別のフローとストックの財務書類を作成し，説明責任の履行及び行政効率化を進めること」を目的としてまとめられた結論が「省庁別財務書類の作成について」(2004年6月17日)である。その内容は，「省庁別財務書類の作成基準」，「一般会計省庁別財務書類の作成基準」，「特別会計財務書類の作成基準」および「補論」から構成されており，2003年度決算から同基準に則して作成すべきことが求められている。それによれば，一般会計も特別会計も財務書類として，貸借対照表，業務費用計算書，資産・負債差額増減計算書，区分別収支計算書および附属明細書の作成が要請されており，こうした計算書の体系はアメリカ連邦政府向け会計基準にほぼ準ずるものとなっている。

　これら計算書の構成自体は，前述の日本公認会計士協会「公会計概念フレームワーク」と基本的に同様であり，税収等の財源も同様に，業務費用計算書ではなく資産・負債差額増減計算書において計上される。また，この体系にあって計算書の作成は複式簿記の適用を前提とせず，「歳入歳出決算および国有財産台帳等の計数を基礎として作成する」とされる点においては「公会計概念フレームワーク」とは根本的に異なる。さらに，歳入の大部分が財務省に一元化されるため，そのままでは財務省以外の省庁では結果として業務費用との差額がすべてマイナスとなってしまうことから，「主管の財源」以外に「配賦財源」として歳入が計算上配分されることとなっている。

　ここでの計算書の関係は図表2-8のように表されるが，複式簿記を前提としていないことから，各計算書間に簿記システムにおける計算構造上の有機的

図表 2-8 「省庁別財務書類」における計算書の関係

```
                     歳 入 歳 出 決 算 の 計 数
          ↓                    ↓                    ↓
    区分収支計算書           貸借対照表          業務費用計算書
  ┌─────────────┐    ┌──────┬──────┐    ┌─────────────┐
  │ I 業務収支       │    │ 資 金 │      │    │             │
  │   1 財源        │    ├──────┤ 負 債│    │  業務費用    │
  │   2 業務支出    │    │資金増加│      │    │             │
  │   (1) 業務支出  │    ├──────┼──────┤    │             │
  │   (2) 施設整備支出│   │ 資 産 │      │    ├─────────────┤
  │ II 財務収支     │    │(資金外)│資産・負債│    │業務費用合計  │
  ├─────────────┤    ├──────┤ 差 額 │    └─────────────┘
  │本年度末         │    │資産・負債│      │
  │現金・預金残高    │    │差額減少 │      │
  └─────────────┘    └──────┴──────┘

              資産・負債差額増減計算書
          ┌─────────────────────────┐
          │ I   前年度末資産・負債差額    │
          ├─────────────────────────┤
          │ II  本年度業務費用合計        │
          │ III 財源                     │
          │ IV  無償所管換等             │
          │ V   資産評価差額             │
          │ VI  その他資産・負債差額の増減 │
          ├─────────────────────────┤
          │ VII 本年度末資産・負債差額    │
          └─────────────────────────┘
```

関係は存在しない。

(9) 東京都「東京都会計基準」(2005年)

　この会計基準は，当時の都知事が2002年に表明した東京都の会計の改革に関する方針に基づいて作成された会計基準であり，いわゆる"複式簿記・発生主義"が基本的思考となっている。2006年度よりこの基準が実務に適用され，そこでは財務諸表の体系は，貸借対照表，行政コスト計算書，キャッシュ・フロー計算書および附属明細書とされたが，早くも同年度中に改正され，正味財産変動計算書が付け加えられた。これは企業会計において株主資本等変動計算書を作成することが近年における制度改革の大きな変更点のひとつとなっており，また，国内の公会計制度改革の諸提案からも，その国際的な動向からも，東京都が会計基準の改正を行ったものと理解できる。

52　第2章　公会計における簿記の考え方

　東京都会計基準（以下,「東京都モデル」）では税収について「収益」でも「持分」でもなく，単に「収入」として取り扱っている。そのため，行政コスト計算書は「費用と収益との対応」でも「支出と収入との対応」でもなく，「費用とその財源としての収入との対応」の関係によって作成されている。これによって計算書で表示される結果は「当期収支差額」とされ，キャッシュ・フロー計算書の計算結果である「収支差額合計」との用語上の重複が問題となる。また，キャッシュ・フロー計算書は直接法によって作成され，活動内容の相違によって区分表示されるが，記帳方法については示されていない。さらに，正味財産変動計算書は，貸借対照表における正味財産を構成する項目ごとの変動原因とその金額を表示する様式によって作成される。従って，キャッシュ・フロー計算書についても正味財産変動計算書についても，複式簿記システムにおいて勘定の有機的関連を維持しながらどのように作成するのかは明確にされていない。

　これらの計算書の関係は図表2-9に示す通りである。

図表2-9　「東京都会計基準」における計算書の関係

キャッシュ・フロー計算書
Ⅰ　行政サービス活動
Ⅱ　社会資本整備等投資活動
Ⅲ　財務活動
収支差額合計

貸借対照表	
資　金	負　債
資金増加	前期末正味財産
資　産（資金外）	正味財産増加

行政コスト計算書	
費　用	収　入（含：税収）
	収支差額

正味財産変動計算書（構成と変動原因のマトリクス）

	開始残高	国庫支出金	負担金及繰入金等	受贈財産	‥
前期末残高					
当期変動額					
固定資産等の増減					
当期末残高					

さらに，東京都モデルに関連して大阪府および愛知県の制度モデルについても言及しなければならないだろう。大阪府は2009年6月に新公会計制度プロジェクトチームを発足させ，東京都の協力を得て2010年8月に「大阪府の新公会計制度（案）」（以下，「大阪府モデル」）を公表している。その後，2011年度における試験運用を経て2012年度より本格運用が開始されている。その内容は計算書の構成を含めて東京都モデルとほとんど同じものとなっているが，東京都モデルが正味財産変動計算書と呼ぶ計算書は大阪府モデルでは純資産変動計算書となっている。また，東京都モデルでは正味財産変動計算書において正味財産の増加として取り扱われる社会資本整備のための国庫支出金等が，大阪府モデルではいったん行政コスト計算書に特別収入として計上され，その結果として純資産が増加するという考え方をとっている。それによって純資産変動計算書には国庫からの支出であることが明示されなくなることから，「純資産変動分析表」と称する附属明細表を作成し，そこで補足することとしている。さらに，また，興味深いのは，大阪府モデルでは附属明細表のひとつとして「行政コスト計算書の当期収支差額とキャッシュ・フロー計算書の行政サービス活動収支差額との調整表」を含めている点である。これは，企業会計では損益計算書における利益額とキャッシュ・フロー計算書における収支差額との関係を明示するものであり，それを行政サービス活動部分に限定して示そうとするものである。東京都モデルとその後の大阪府モデルを受けて，愛知県でも，2010年4月に新公会計整備検討会議が設置され，東京都および大阪府の協力のもとに新しい制度モデルが検討されてきた。その結果が，2013年3月，「愛知県の新たな公会計制度～公会計とマネジメントプロセスの一体改革～」（以下，「愛知県モデル」）として公表された。同年4月から試行運用を行い，2014年4月より本格運用が行われることとなっている。この愛知県モデルでは，行政コスト計算書については東京都モデルおよび大阪府モデルとは異なり，「費用と収入の対応」ではなく「費用と収益の対応」としている。また，国庫補助金を行政コスト計算書の経常収益に分類するとともに，災害復旧のための国庫支出金についてはその特別収益に分類するものとしている。附属明細

表に「行政コスト計算書の当期収支差額とキャッシュ・フロー計算書の行政サービス活動収支差額との調整表」が含められており，この点は大阪府モデルと同様となっている。このようにごく一部にそれぞれの自治体の独自性を示すための工夫が見られるものの，実質的にこれらのモデルはほとんど東京都モデルと同じといって過言ではない。こうした制度改革の方法が他の自治体にも影響を与え，それらが連携を図ってこのモデルの拡大と制度改革の促進を目指すという動向も見られる。

（10）　新地方公会計制度研究会「新地方公会計制度研究会報告書」（2006年）

総務省「新地方公会計制度実務研究会報告書」（2007 年）

まず，2006 年 5 月に新地方公会計制度研究会報告書が公表され，新地方公会計制度実務研究会報告書は一部自治体における制度研究会報告書のパイロット・テストの結果を踏まえて 2007 年 10 月に公表されたものである。これについては，法律上はともかく実質的な導入をできるだけ円滑に進行させるため，当初，公会計改革について取り組みが進んでいる団体，都道府県，人口 3 万人以上の都市は 3 年後までに，取り組みが進んでいない団体，町村，人口 3 万人未満の都市は 5 年後までにこの制度研究会報告書に従って財務書類を作成すべきこととされた。

さて，その基本的な考え方は次のようにまとめられている。

1)　発生主義を活用した基準設定とともに，複式簿記の考え方の導入を図る，
2)　地方公共団体単体と関連団体等も含む連結ベースでの基準モデルの設定，
3)　貸借対照表，行政コスト計算書，資金収支計算書，純資産変動計算書の 4 表の整備を標準形とする，および，
4)　現行総務省方式の改訂にも配慮した基準モデルの設定を行う。

この「報告書」によれば，複式簿記を用いて発生主義会計を実施するいわゆる「基準モデル」と，それとは別に「総務省方式の簡便性を活かしつつ，決算

統計やその他の補助資料から比較的容易に作成可能な」方法としていわゆる「総務省方式改訂モデル」との両方を提示している。つまり，この「報告書」全体としては複式簿記の導入は必ずしも前提としていないことがわかる。ただ，「総務省方式改訂モデル」にあっても，複式簿記の導入を必ずしも否定しているわけではなく，それは公会計にとっても有効な手段であるという認識に立ちつつも，その導入には会計基準等の整備が必要であるため，段階的な複式簿記の導入を図ることを意図しているとする。

① 基準モデル

制度研究会報告書において「基準モデル」といわれる第2部の内容は，2003年の日本公認会計士協会「公会計概念フレームワーク」と対照してみると，国民または住民と行政との権利義務関係の理解および計算構造の観点から考察する限り，実質的に同一のものといい得る。一部計算書の名称に違いがあるものの，とりわけ税収を「持分説」によって理解するという基本的思考を念頭に置くとほぼ同様の内容であることがわかる。つまり，これに関しては「公会計概念フレームワーク」に関する既述の説明がほとんどすべて当てはまるため，ここでは繰り返すことは避ける。そこでの計算書の関係は図表2-10の通りである。

図表2-10 「基準モデル」における4つの計算書の関係

貸借対照表	行政コスト計算書	純資産変動計算書	資金収支計算書
借方 / 貸方	借方 / 貸方	借方 / 貸方	借方 / 貸方
資産（うち資金） / 負債	費用 / 収益	財源の使途（うち純行政コスト） / （期首残高）財源の調達	（期首残高）経常収入 / 経常支出
	/ 純行政コスト	資産の減少 / 資産の増加	資本的収入 / 資本的支出
/ 純資産		期末残高(+)	財務的収入 / 財務的支出
			/ 期末残高

（出所）総務省「新地方公会計制度実務研究会報告書」(2007年〈平成19年〉)，p.19

② 総務省方式改訂モデル

　次に，上記制度研究会報告書の第3部のいわゆる「総務省方式改訂モデル」について言及しなければならない。これはその名称が示す通り，基本的には2000年および2001年に公表された旧自治省および総務省のバランスシートと行政コスト計算書の作成方法に基づくが，複式簿記を適用し発生主義に基づくとした第2部の「基準モデル」との関係を調整したところに「改訂」の意味がある。こうした調整を行うと同時に，この「総務省方式改訂モデル」は「その目指す方向性は基準モデルと同様であるが，財務書類作成事務の負荷を考慮して，公有財産の状況や発生主義による取引情報を，当面の間，公有財産台帳や個々の複式記帳によらず既存の決算統計情報等を活用して作成することを認めているモデル」[12]であるとしている。さらに，資産の評価については，土地を例に挙げて，「基準モデルにおける公正価値評価との間に重要な差が生じることが想定される」[13]懸念についても言及している。基準モデルとのこのような差異を解消するために，固定資産台帳の整備を前提に，年次進行とともに段階的に固定資産情報を整備すべきであるとの見解を示している。その段階的整備案によれば，売却可能資産を新たに認識し，「貸借対照表と売却可能価額とに差異が発生した場合には，売却可能価額を貸借対照表価額にするとともに，差額を資産評価差額に計上する」[14]としている。

　一般に会計を論ずるさいの大きなテーマのひとつに資産評価問題があるが，この問題に関して総務省は，「地方公会計の整備促進に関するワーキンググループ」の検討によって，2008年12月，「新地方公会計モデルにおける資産評価実務手引」を公表した。そこでは改訂モデルに関しては基本的に2007年の新地方公会計制度実務研究会報告書の考え方がその表現も含めほとんどそのまま踏襲されている。しかし，2010年3月，総務省より「総務省方式改訂モデ

---

(12) 総務省「新地方公会計制度実務研究会報告書」(2007年)，「第3部　総務省方式改訂モデルに基づく財務書類作成要領」，パラグラフ209
(13) 総務省 (2007年)，パラグラフ210
(14) 総務省 (2007年)，パラグラフ218

ル 財務書類の記載要領（改訂版）」が公表され，そこでは，「改訂モデルの基本的考え方」として「複式簿記に基づいて記帳された帳簿によることなく，従来の決算データ（決算統計等）を活用する方法も認めています。したがって，改訂モデルは発生主義，複式簿記の基本的考え方をその基礎としつつ，財務書類の作成における実務にも配慮したモデルといえます」[15]と述べ，基準モデルによりいっそう接近する方向での微妙な変化が見られる。しかも，その上で，資産の評価については，「取得原価主義を柱とする企業会計とは異なり，「公正価値」による評価を採用」[16]すると述べ，総務省方式改訂モデルの資産評価に関して「公正価値」の概念を用いることをはじめて明言している。しかも，そ

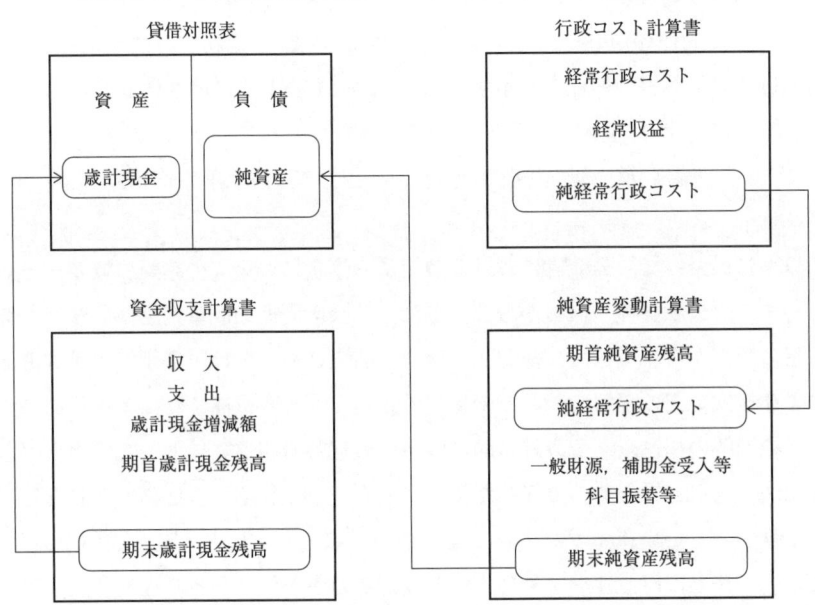

図表 2-11 「総務省方式改訂モデル」における 4 つの計算書の関係

貸借対照表	行政コスト計算書
資産／負債 歳計現金／純資産	経常行政コスト 経常収益 純経常行政コスト
資金収支計算書	純資産変動計算書
収　入 支　出 歳計現金増減額 期首歳計現金残高 期末歳計現金残高	期首純資産残高 純経常行政コスト 一般財源，補助金受入等 科目振替等 期末純資産残高

（出所）「総務省方式改訂モデル　財務書類の記載要領」（改訂版），2010 年（平成 22 年 3 月），p.14

---

(15)　総務省「総務省方式改訂モデル　財務書類の記載要領（改訂版）」（2010 年 3 月），p.6
(16)　総務省（2010 年），p.10

の「公正価値」の具体的内容は「再調達価額を基本とする」としている。

このモデルが一方では従来通り決算統計等のデータすなわち取得原価を用いることを容認し，他方では公正価値評価を原則とすることの意味は，いずれの評価額を採用するにしても，複式簿記システムで行われるような継続的記録法も，それによって保証されるべき計算書間の計算構造上の関連も結局は不明確となってしまうということなのである。

このように，総務省方式改訂モデルが基準モデルに合わせる方向で本質的に変化してきているが，このことが最終的には両者を一本化することを意味しているのかどうかは必ずしも明かではない。あるいは，最終的には基準モデルを適用するが，総務省方式改訂モデルは実務的な負荷の軽減のための過渡的なモデルに過ぎないとの位置づけなのであろうか。

こうした問題の所在を念頭においた上で，いま，「総務省方式改訂モデル」における各計算書の関係を図示すれば図表2-11のように示される。

第3節　簿記法の決定要因としての計算書作成

以上にわたって，公会計における簿記法の選択についての諸説の概要を分類し，また，公私各種の機関から公表された公会計制度の改革案を簿記法と計算構造の観点から見てきた。簿記法に関する諸説にあっては，まず，①単式簿記および複式簿記の理解についての見解の相違，②行政機能または組織目的についての理解の相違，③公会計目的についての理解の相違等によって適用すべき簿記法の選択も異なる。こうした相違に加えて，それぞれの見解の基礎を形成する哲学ともいい得るガバナンス論についての考え方にも大きな違いがあり，また，実務上の簡便性やコンピュータ技術とのかかわりをどの程度認識するかの相違も，簿記法選択の重要な影響要因となっていることが明らかとなる。こうした多様な決定要因または影響要因によって，最終的に選択される簿記法についての考え方はまさに百家争鳴の状況を呈しているのである。

上記のようなさまざまな説に対しては，これまでいくつかの機会に批判的観

点から表明してきた筆者の考えを以下再確認しておきたい。

　第1に，伝統的な公会計についての理解を最初に述べなければならない。そこでは原則的に現金の収納と支払にかかわる「金銭計算」のみが行われてきており，同時に，現金の収納および支払というのは「貨幣」の物量計算という側面をもっている。その意味も含め伝統的な公会計は「現金収支計算」であるといい得る。従って，そこには記録の過程で例えば「現金主義」のような認識基準も必要なければ複式簿記も必要ではなかったのである。また，ひとつの計算書における予算と実際額を表示し予算執行のプロセスを示すのは実はカメラル簿記の発想である。にもかかわらず，それは「複式簿記ではないから単式簿記である」という二項対立法による理解はここではとらない。こうした種々の理由を念頭におけば，現行の公会計を「単式簿記・現金主義」と規定して論を起こすこと自体疑問であるとの見解をたびたび表明してきた。

　第2に，こうした簿記法を決定するにさいして，ここで取り上げてきた諸説で全く言及されていなかった重要な問題に「価値計算」の概念があることを指摘しておきたい。新たに構築されるべき公会計制度においては，伝統的な「金銭計算」のみならず，すべての財を物量ではなく価値の側面で測定する「価値計算」が行われなければならない。しかも，その「価値計算」はフロー計算だけではなく，ストック計算をも実施することによって財政運営の多面的な評価が可能となる。そうした財政運営の結果についての多面的報告は複数の計算書によって行われてはじめて可能となる。しかも，そこで作成される複数の計算書は単独の計算書の集合体ではなく，計算書間の論理的関連性を保有したものでなければならない。簿記法の選択に求められるのは，こうした複数の計算書における計算構造上の有機的関連性を簿記システムにおいて確保できるかどうかという問題である。これらの条件にこたえられる簿記法は現在のところ複式簿記以外には見あたらない。すでに明らかなように，公会計に複式簿記を導入する意味は，単に「公会計の企業会計化」に基づくものでは決してなく，「金銭計算」に加えて「価値計算」概念導入の必然的帰結として展開されるという最も重要な本質的理解に立つものなのである。

第3に，複式簿記を導入し，そのシステムにおいて具体的にどのように計算書を作成するかの問題がある。「価値計算」のためにフロー計算書およびストック計算書の2つの計算書のみであれば，企業会計にいう損益計算書と貸借対照表を複式簿記システムにおいて作成するのと全く同様に考えればよい。しかしながら，行政における財政運営の特徴からすれば，「金銭計算」の物量的側面ではなく貨幣価値的側面としての資金計算こそ最も重要な会計情報であると考えれば，これに関する計算書すなわち資金計算書を作成しなければならない。その計算書と「価値計算」のための計算書との間にどのように簿記システムにおける有機的関連性を付与するのかを考える必要があるのである。そのための原則的解決法が一取引二仕訳ということになる。

　さて，ここでは「計算書の3本化」を前提として考えるが，作成される計算書はすべて複式簿記システムにおいてそれぞれ対応する決算集合勘定から作成されなければならない。いいかえれば，これこそが決算集合勘定の並列型システムであり，「基準モデル」のようにひとつの計算書の"収支尻"を振り替えることによって次の計算書が作成される「直列型システム」ではないことに注意しなければならない。複式簿記システムにおける資金計算書の作成問題は，公会計特有の問題ではなく企業会計においても共通の問題である。ただ，本来採用されるべき一取引二仕訳が障害要因になって複式簿記システムによる作成が回避されるのであれば，一取引一仕訳の方法によることも次善の方法として容認することもやむを得ない。しかし，一取引一仕訳によって記帳するために資金計算書関連勘定をサブ・システム化することは容認されるとしても，それを複式簿記システムのなかで行うことは避けられない。結局，複式簿記を導入したあとの問題は，企業会計であれ公会計であれ，資金計算書（または，キャッシュ・フロー計算書）をこうしたシステムにおいてどのように作成するかの問題に尽きる。なお，こうした記帳関係については，さらに第9章で述べることとする。

第4節　公会計簿記法の検討に求められるもの

　研究者による公会計の簿記法についての議論は，単に簿記技術としてのみの問題ではなく，簿記の本質論や公会計の本質論についての考え方が異なる以上，さまざまな結論となることは当然である。われわれに課せられた課題は，それぞれの論者が自らの考え方を明らかにし，それを検討し欠落した部分を補うことによって公会計論を精緻化する以外にない。

　他方，日本公認会計士協会，総務省，東京都等の各機関から公表されている制度モデルは，純粋に学術的な考察ではなく具体的なシステムの提示であることから，まず実務適用の可能性を意識したものとなっている。こうした制度モデルという性格から，簿記の詳細な本質論の検討よりも，特定の簿記法の選択という結論が優先されている。従ってというべきか，公会計における基礎的な概念の検討，複式簿記導入の基礎的な検討については十分であるとはいえない。つまり，やや誇張していえば，複式簿記の導入が技術的に可能であることを示したに過ぎないのである。別の観点からいえば，個別の勘定科目の本質を検討し，それを系統的に分類して決算書を作成すればどのような計算書が必要となるのかという必然性が解き明かされていないのである。そうしたいくつかの計算書を作成するためには，計算構造上の論理的連関が必要であり，そこに研究者が果たす役割は小さくない。同時に，制度形成の任務を直接に負う行政は研究者の理論的提言に対し真摯に向き合う必要がある。

第3章　多段階簿記の構造

　ドイツ語圏の国といってもオーストリアの予算および会計制度についてはわが国ではほとんど紹介されることがない。そのオーストリアでは，国際的な制度改革の動向からの影響のもとに，2007年12月から予算関連法の改正に向けて議論が開始され，それまで約20年にわたって適用された諸規定が大きく変更された。

　この変更は2つの行程に分けられ，その第1行程（1.Etappe）はまず2009年1月1日から2012年12月31日までの期間について，さらに，第2行程（2.Etappe）は2013年1月1日以降が対象とされている。第1行程では，主として連邦財政の中期計画化が中心的な改革課題とされ，予算執行の弾力化という観点から4年間という期間で編成が可能になるように考えられている。また，第2行程では，成果志向（Wirkungsorientierung）の予算編成原則とそのためのの根拠となる「2013年連邦予算法」が2009年12月に公布された。公会計改革はこの第2行程における成果志向の予算制度改革との関連で行われたもので，これまでのカメラル会計（Kameralistik）を複式会計（Doppik）に転換することによって，財務計算書（Finanzierungsrechnung），運営成果計算書（Ergebnisrechnung），資産計算書（Vermögensrechnung）および純財産変動計算書（Veränderung im Nettovermögen）の作成が行われることとなった[1]。

　ひとくちにカメラル簿記といっても，その拡張型や改良型を含めるとさまざまな形態のものがあり，本章では，制度改革により適用されることはなくなったが，オーストリアにおけるこれまでの公会計制度に特徴的な「多段階簿記（Mehrphasen-Buchführung, Mehrphasenbuchführung）」という簿記法を概観するとともに，その意味を考えることとしたい。

（1）　Vgl., Schlihan, Christina, *Das neue Bundeshaushaltsrecht. Rechtliche Grundlagen.* (Bundesministerium für Finanzen, 2010), S.9-10, Lödl, Manfred Claus, *Stufungen im neuen Haushalts(verfassungs)recht. Bundesministerium für Finanzen*, Working Paper 1/2008, S.7，また，2013年連邦予算規則，第89条第6項参照。

第1節　2009年改革前の公会計制度

　オーストリアで 2009 年に制定された新法まで予算および会計制度の根拠法となっていたのは「1986 年連邦予算法（Bundesgesetz vom 4. April 1986 über die Führung des Bundeshaushaltes〈Bundeshaushaltsgesetz : BHG〉）」，および，それに基づき手続き規定として制定されている「1989 年連邦予算規則（Bundeshaushaltsverordnung 1989）」ならびに「1996 年予算および決算書規則（Voranschlags- und Rechnungsabschlußverordnung 1996）」である。

　まず，1986 年連邦予算法における第 6 条では簿記を実施することが明文化され，それを受けて第 7 条第 1 項では簿記の任務について規定されていた。①記帳するデータの整理，把握および記録を行うこと，ならびに，他の機関への情報提供，②予算準拠性に関する監督，③年度決算書作成の準備，④収支取引の進捗，⑤内部監査，⑥連邦の債権および債務をその満期に基づいて履行するための監督等が主要なものである。しかしながら，そこではどのような簿記法に拠るべきかは何ら規定されていない。第 75 条では記帳原則を列挙しており，事実に基づいて適切に時間的順序に従って総額記入を行うこと（第 1 項），取引の年度帰属については第 52 条に基づいて実際の現金収支が行われた年度とすること（第 5 項），予算効果をもつ収支記入，在高および成果計算に関する記入を行うこと（第 6 項）等が規定されていた。ここで最も関心をもたれるのが第 78 条の予算効果をもつ収支の記入に関する規定である。その第 1 項第 2 文で「予算査定のさいの各項目についてはひとつの勘定が設定されなければならず，当該勘定に認可（Genehmigungen），その額の変動，命令（Verfügungen），権利（Berechtigungen）および義務（Verpflichtungen），債権（Forderungen）および債務（Schulden），ならびに，収支（Zahlung）の金額が記帳されなければならない」と規定しており，この規定が予算執行における個々の段階に基づく「多段階簿記」の記帳法を意味するものとされる。

　なお，2009 年に新たに公布された 2013 年 BHG では，第 19 条において連邦

予算として運営成果予算（Ergebnishaushalt），財務予算（Finanzierungshaushalt）および資産予算（Vermögenshauhalt）の作成を求めるとともに，その予算は発生主義によるべきことが第20条で規定されており，その点が最大の変更点のひとつとなっている。また，すでに言及した通り，決算書として運営成果計算書，資産計算書および純財産変動計算書ならびに財務計算書が求められることとなると同時に（第19条，第22条，第95条，第96条），さらに，そのための帳簿記入の原則として，第89条で発生主義によるべきことが明記されていることも注目される制度変更である。

第2節　カメラル簿記と拡張カメラル簿記

(1) カメラル簿記の特徴と問題

カメラル簿記はシュマーレンバッハの言及によれば早くも16世紀頃から用いられ18世紀以降のいわゆる後期カメラリストに時期に次第に整備されていったといわれる。とりわけ，オーストリアにおける公的部門の会計の発展は，1762年にカメラル簿記の改良論（"Einleitung zu einem verbesserten Kameral-Rechnungsfuße, auf die Verwaltung einer Kameral-Herrschaft angewandt"）を発表したピュヒベルク（Johann Matthias Puechberg）に拠るところが大きい[2]。そうしたカメラル簿記における元帳の基本構造は図表3-1のように示すことができる。

この元帳では，前年度繰越額＋当年度予算額－実際額＝残高，という算式が収入についても支出についても成り立つのであるが，実はこれら4つの記入要素は複式簿記における在高勘定の記入要素と同じなのである。これは当該年度

（2）　Vgl., Schauer, Reinbert, *Rechnungswesen in öffentlichen Verwaltungen*. Wien 2007, S.19

　　　Vgl., Lichtnegel, Josef, *Geschichte der Entwicklung des österreichischen Rechnungs- und Controlwesens*. Graz 1872, S.76-78。なお，この著書はオーストリアを中心とする公会計制度について18世紀前半から19世紀後半に至る歴史的発展を詳述したものであり，きわめて価値の高い著作である。

図表3-1 カメラル簿記の元帳

収入（支出）

勘定（予算または記帳所管）	命令済予算		執行	執行未済
	前年度繰越額	当年度予算額	実際額	残　高

の収入および支出のみではなく，前年度からの繰越額も次年度への繰越額も取り扱うことを意味している。さらにこのことは，収入元帳の次年度繰越が債権を表し，支出元帳の次年度繰越が債務を表すことを意味することとなる。つまり，カメラル簿記帳簿は単にフロー計算のみならず，一部の勘定の在高を把握することも可能となるところに特徴があるが，この基本様式からわかるように，カメラル簿記では予算額と実際額をひとつの計算書に記載するとともに，予算執行のプロセスの概要を表示できることも特筆されるべき要点なのである。このカメラル簿記の歴史等についてはすでに別の機会に言及したため，ここではこれ以上の詳細については言及しない[3]。

　カメラル簿記は，「命令済予算」と「執行」が帳簿のうえでも明確に分離され，予算の命令と執行という職務権限の分離を記帳法のなかに実現した固有の特徴をもつ記帳法であるということができる。しかし，この方法によれば，基本的には予算の執行状況を金銭計算の観点から記録することが主たる目的となるため，現金の増減すなわち収支を伴わない経済的資源の価値の増減は把握できないこととなる。このようにもともと伝統的な公会計では金銭計算のみをその目的としており，価値計算を行うことは想定されていなかったのである。従って，上記のような経済的資源の価値計算にかかわる測定の焦点という観点からの記帳にはなじまないこととなるのである。

(2) 拡張カメラル簿記

　上述のような簿記法によるカメラル会計と複式簿記を適用した複式会計

---

(3)　亀井孝文著『公会計改革論―ドイツ公会計研究と資金理論的公会計の構築―』，白桃書房2004年，pp.38-39, pp.222-231参照。

(Doppik) のいずれが公会計に適しているかをめぐってドイツでも長期にわたって議論が続けられてきた，というよりも，公会計におけるカメラル簿記と複式簿記の優劣ないし適否をめぐる議論は，カメラル簿記の歴史と大部分で重なっているといった方が正しいともいえるのである。近年でもそうした議論が公会計制度の改革論のなかで改めて展開されたのである。その結果，ドイツでは1997年の予算原則法 (Haushaltsgurndsätzegesetz : HGrG) の改正によって「正規の簿記および会計の諸原則 (Grundsätze ordnungsmäßiger Buchführung und Bilanzierung)」の概念が導入され，複式簿記の適用が容認されるとともに，カメラル会計と複式会計の如何にかかわらず「原価および給付計算 (Kosten- und Leistungsrechnung : KLR)」が義務づけられることとなった。これによりカメラル会計による場合でも，実質的に発生概念を適用して価値計算が可能になると考えられ，こうしたカメラル会計の修正概念が「拡張カメラル会計」と呼ばれることとなった。さらに，公会計制度の現代化のための一連の検討の結果，2009年には予算原則現代化法 (Haushaltsgrundsätzemodernisierungsgesetz : HGrGMoG) の制定により再びHGrGが改正されて複式会計か拡張カメラル会計のいずれかの選択が法律上求められることとなった。このように伝統的なカメラル会計に「原価および給付計算」を導入することによって実質的に価値計算を可能にするという「拡張カメラル会計」の概念はオーストリアにあっても同様の意味で用いられ，制度として取り入れられることとなった。

同時に，オーストリアにおける「拡張カメラル会計」は上記の意味における拡張のみならず統合予算計算 (Integrierten Haushaltsverrechnung) という枠組みのなかでの「多段階簿記」の簿記法をも含めて制度が形成されてきた[4]。ここでは，まず，「多段階簿記」の歴史的経緯と内容について述べる。

(3) 多段階簿記の生成

この簿記法は1963年ドイツで開催された地方自治体経理課長会議の年次総会でオーストリア会計検査院の部局責任者であったF. コール (Friedrich Kohl)

---

(4) Vgl., Schauer, a.a.O., S.32

によって初めて発表されたもので，連邦および州の機関において繰り返し要望され，1968年にオーストリアにおいて試行された結果，組織的にも技術的にも経済的にも満足すべきものであることが確認された。1973年には国民議会に上程されたものの法律として制定されるには至らず，その後は行政機関における予算制度の進展と現代化の努力に委ねられることとなったという[5]。

この簿記法は本質的には伝統的に用いられてきた行政カメラル簿記を拡張したものであるが，コールによれば次のような目的設定がなされている[6]。

[多段階簿記の目的]
a) 予算効果をもつ収支計算を行うこと。これは予算の分類のなかで収入および支出の記録と証明を行うことであり，予算の比較計算に繋がるものである。
b) 予算効果をもたない収支計算を行うこと。これは資産在高および負債在高ならびにその変動計算書ないし在高計算書および成果計算書によってそれらの増減の記録と証明を行うものである。
c) 将来の債権（Vorberechtigungen）および将来の債務（Vorbelastungen）ならびに債務履行義務（Haftung）の計算を行うこと。
d) 財政運営の成果計算（finanzielle Erfolgsrechnung）において収入と支出を対照させること。

こうした目的設定のもとに多段階簿記において収支計算は，「予算効果をもつ

---

(5) Vgl., Kohl, Friedrich, Ein neues Buchführungssystem in der öffentlichen Verwaltung. in: *Journal für Betriebswirtschaft.* 25.Jahrgang (1975), S.217-218, S.219

　　上記文献の筆者F.コールは，1963年に多段階簿記について発表した本人であり，その普及に大きな貢献を果たしたといわれる。これについては次のものを参照。

　　Vgl., Schauer, Reinbert, Das System der integrierten Haushaltsverrechnung in Österreich., in: Eichhorn, Peter (hrsg.), *Betriebswirtschaftliche Erkenntnisse für Regierung, Verwaltung und öffentliche Unternehmen.* Schriften zur öffentlichen Wirtschaft.Bd.85, Baden-Baden 1985, S.217。また，次のものも参照。Merschbächer, Günter, *Öffentliche Rechnungssysteme in der Bundesrepublik Deutschland, in Österreich und in der Schweiz. Bestandaufnahme, Analyse und zweckorientierte Beurteilung.* München 1987, S.68

(6) Kohl, ebenda, S.219-220

収支計算 (Voranschlagswirksame Verrechnung)」と「予算効果をもたない収支計算 (Voranschlagsunwirksame Verrechnung)」に区別され，最終的にそれぞれ「財務計算」とともに「在高および成果計算」として計算書の作成が行われる。これらの計算書は，1986年BHGにおいて，「予算比較計算書 (Voranschlagsvergleichsrechnung)」(第94条)，「年度在高計算書 (Jahresbestandsrechnung)」(第95条)および「年度成果計算書 (Jahreserfolgsrechnung)」(第96条)として規定されるに至った。ただし，これらの計算書が簿記システムによってどのように導出されるのかについては全く言及されていない。

また，歴史的に遡ってみると，計算書間の有機的関連は認められないものの，オーストリアにおいてはすでに19世紀前半に「現金計算書 (Cassa-Bilanz)」，期首と期末の「資産計算書 (Vermögens-Bilanz)」および「収益計算書 (Erträgniß-Bilanz)」としてそれらの作成が行われていたという興味深い事実もある[7]。こうした経緯から見る限り，オーストリアでの公会計における金銭計算および価値計算の両面にわたるストック計算書およびフロー計算書の作成は国際的にみてもきわめて早い段階のものといえる。

第3節　統合予算計算の概念

オーストリアでは1986年のBHGによって，予算運営の機関を命令機関と執行機関とに分離し，執行機関が記帳を担当することが明文化された。これはカメラル会計制度に適合する基本的な統制概念（職能分離の原則）に基づくものであるとされる[8]。また，1986年BHGによってはじめて上記のような決算書の作成が明文規定化されたが，統合予算計算そのものはこの連邦予算法が制定される前から今日に至るまで30年以上にわたり連邦および大部分の州において以下のような内容により実行されてきている[9]。

---

(7) Vgl., Lichtnegel, a.a.O., S.209-217
(8) Vgl., Schauer, a.a.O., S.33

1. 予算効果をもつ収支計算
    a. 支出
    b. 収入
2. 予算効果をもたない収支の記入を含む在高および成果計算
3. 将来の債権および将来の債務の記入
4. 債務計上グループ
5. 支出／収入の配分計算（かつての原価部門計算）
6. 公企業の決算
7. 副次計算グループ
    a. 人的勘定記入グループ
    b. 業務執行勘定記入グループ

　ここで，「予算効果をもつ収支」とは，「最終的にある主体によってなされるか，または，その主体へ流入する収支」[10]であり，それ以外のすべての収支は「予算効果をもたない収支」として第三者の計算に帰属する「通過項目 (Durchlaufer-Posten)」[11]を意味する。次に，「将来の債権 (Vorberechtigungen)」とは，次年度以降にはじめて収入となる債権をいう。また，「将来の債務 (Vorbelastungen)」とはその逆に次年度以降にはじめて支出される債務をいい[12]，わが国の債務負担行為に相当する。「債務計算グループ (Haftungsverrechnungskreis)」は連邦または州から第三者への支払義務に関わる債務を意味し，例えば，これにはアウトバーンおよび高速道路金融株式会社 (Autobahnen- und Schnellstraßen- Finanzierungs-Aktiengesellschaft：ASFINAG) に対する借入債務または輸出振興借入金債務 (Exportförderungskredite) のような事例が挙げられるとする[13]。さらに，副次計算グループにおける「人的勘定計算グループ (Personenkontenverrechnungskreis)」は債権者および債務者に関して開設される人的勘定グループを意味する。これは収入または支出が行われるよりも前の時点で債権または債務を計上する方法であり，いわゆる権利義務確定

（9）　Vgl., Schauer, ebenda, S.37

原則に基づくものである。また,「業務執行勘定への記入（Gebarungs-fallkontenverrechnung）」では，通常，複数の取引を同時に記入する場合や統合予算計算システムのなかで多段階に記入する場合にはデータの把握に多くの手数がかかるが，この勘定に記入することによってこうした手数を軽減する機能をもつことが意図されている。この勘定への記入にあたって取引の番号が付され，これによってコンピュータ処理に役立てられるが，この方法によって，例えば，決算時の為替換算などが自動的に実行されることとなるという[14]。

　上記の統合予算計算システムにおける会計の方法がこの多段階簿記であるが，この簿記法はコンピュータによるデータ処理の支援が前提とされている。ここで記帳された予算効果をもつ収支はまず最初に在高記入および成果記入ならびに収入・支出部門の記入に結びつけられることとなる。以下，その多段階簿記の構造についてみてみたい。

第4節　多段階簿記の構造

(1) 多段階簿記の意味と基本的思考

　この簿記法では，まず，議会における予算の議決から始まって最終の段階に至るまでの予算執行をひとつの計算サイクル（Verrechnungskreis）として理解し，その各段階を勘定において明示するための記帳体系を構築するところに特徴がある[15]。つまり，伝統的なカメラル簿記における予算執行プロセスの概要表示機能を各段階に分けて徹底しようとするのである。この「段階（Phasen）」こそここで最も重要な意味をもつ概念として用いられ，簿記法の名称として用いられたのであるが，まず，その意味を明らかにしなければならない。

　この概念は予算編成と予算執行との間における次のような行為またはその結

---

(10)〜(14) これらの制度概念の理解については，R.Schauer, Fachlexikon Öffentliche Betriebswirtschaft が有用である。とくに，S.77, S.92, S.230-231 を参照。

(15)　Kohl, ebenda, S.220

果を意味する[16]。
　第1段階「認可」：これは議会によって議決された予算が執行について命令可能となる段階を意味するものである。
　第2段階「命令」：これは査定された予算額が各省庁およびそれに基づいて設置された官署等の執行命令の権限をもつ機関に行政の任務を遂行するための利用に供される段階を意味する。
　第3段階「義務ないし権利」：これは将来の支出または収入につながるような委託または依頼によってそれぞれの行政機関が保有する義務または権利を意味する。
　第4段階「債務ないし債権」：これは行政に給付がもたらされればその時点で義務からは債務が生じ，権利からは債権が生じることを意味する。
　第5段階「収支」：これは債務ないし債権の履行によって最終的に収納や支払いが行われることを意味している。

　上記の段階の内容からわかるように，それぞれの段階は支出にも収入にも全く同様にあてはまり，これまでのカメラル簿記における「予算額」欄が多段階簿記の第3段階および第4段階に分割されると同時に，第5段階は「実際額」を表すのである。これら5つの段階に加えて，当初予算の修正記入のために連邦ではさらに第9段階として「細分化段階（Verzweigungsphase）」が設定される。なお，この段階は大部分の州では第6段階として設定されている。

　多段階簿記における記帳では，まず，支出でも収入でも予算の認可（G）と執行（V）とが図表3-2のように全体として一致することが前提とされる[17]。

　こうした多段階簿記の考え方を「収入」，「支出」等の計算グループごとに行えば予算執行の監視をよりわかりやすく行うことができることとなる。コールはこの予算執行の各プロセスをひとつのサイクルのなかで図表3-3のような

---
(16) Vgl., Schauer (2007), a.a.O., S.38-39
(17) Schauer (2007), a.a.O., S.40

図表3-2　予算の認可と執行の関係

収入			支出	
命　令 ②				命令 ②
権利 ③	認可 ①	認可 ①		義務 ③
債権 ④				債務 ④
収納 ⑤				支払い ⑤

　　　V ＝ G　　　　　　　　G ＝ V

「段階構成（Phasengliederung）」として概念的に呈示することによって，この簿記法の特徴を表している[18]。

　さらに，多段階簿記の大きな特徴のひとつとして，個々の段階におけるそれぞれが複式記入の手法による振り替え関係として表されていることを挙げなければならない。具体的には，支出においても収入においてもそれぞれ①から⑤までの過程が借方と貸方とに複式記入されることとなる。これらの勘定記入の概念は図表3-4のように表される[19]。

　このようにまず第1段階と第2段階から第5段階（必要に応じて第9段階または第6段階も含む）とで全体的に一致することが前提とされている（図表3-2参照）が，この構造は予算額が次年度繰越を含めて実際額と一致するというまさにカメラル簿記における元帳の原理そのものである。その上で，各段階相互の関係が複式簿記の原理を応用して帳簿記入されることとなる。計算グループごとにこの段階別勘定記入を行う方法は概念的に図表3-5のような「記入および反対記入（Buchung und Gegenbuchung）」[20]として表される。

---

(18)　Kohl, ebenda, S.220
(19)　Schauer (2007), a.a.O., S.41

図表 3-3　段階の構成

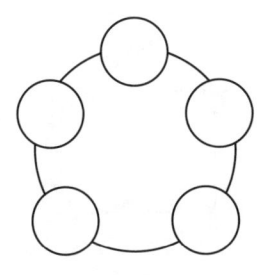

図表 3-4　勘定記入

日　付	資料No.	事　項	第1段階		第2段階		第3段階		第4段階		第5段階		第9段階	
			借方	貸方	借方	貸方	借方	貸方	借方	貸方	借方	貸方	借方	貸方

図表 3-5　記入および反対記入

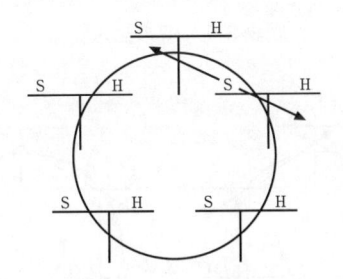

　図表3-5のように貸借の反対記入を行った後，次に，貸借の差し引き計算を行うのであるが，これは単に貸借差額の計算を行うだけではなく，残高を計算することでもある。いま，計算グループごとに勘定記入を重ねると図表3-6の「残高記入（Saldierungsbuchung）」[21]のような概念図として表すことができる。

---

(20)　Kohl, ebenda, S.221
(21)　Kohl, ebenda, S.222

図表3-6 残高記入

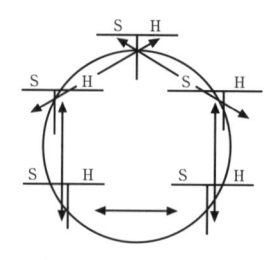

(2) 多段階簿記の記帳原則

まず，この記入関係を収入と支出とを別々に表示すれば，収入および支出の修正については矢印のように若い番号の段階から順に記入され，他方，支出および収入の修正については全く逆方向の大きい番号の段階から順に記入されることとなる。その関係の全体概念は図表3-7の「逆の記入関係（Buchungsumkehr）」[22]に示す通りである。

図表3-7 逆の記入関係

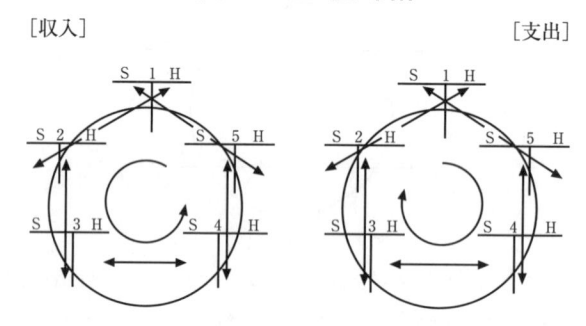

この記帳はその最も基本的な部分で伝統的な現金収支計算を中心とするカメラル簿記に複式簿記の特徴を取り入れたものであるが，原則的な記帳を理解するためにコールは次のような例を示している。

この原則的な記帳法によれば，例えば上記①では議決された支出予算額が支

---

(22) Kohl, ebenda, S.222

第4節　多段階簿記の構造　75

		段階の番号 ［借方］	段階の番号 ［貸方］
①	支出認可	1	2
②	収入認可	2	1
③	支出封鎖（Ausgabensperren）の命令，計上項目および勘定清算（Ansatz- und Kontenausgleichen）による負担（Belastungen），支出認可額の繰越	2	9
④	支出封鎖の解除，計上項目および勘定清算による流用（Begünstigungen），繰越支出負担行為（Ausgabenermächtigung）の修正	9	2
⑤	発注（Gegebene Bestellungen），貸付の承認，および，消滅したその他の義務	2	3
⑥	受注（Angenommene Bestellung），受け取られた権利	3	2
⑦	将来の義務を伴わない債務	2	4
⑧	将来の権利を伴わない債権	4	2
⑨	将来の義務を伴わない支払い，例：そうした条件でなされた支払いまたは前渡金	2	5
⑩	将来の権利を伴わない支払いまたは債権，例：そうした条件で受け取られた支払い	5	2
⑪	将来の義務を伴う債務	3	4
⑫	将来の権利を伴う債権	4	3
⑬	債務の清算	4	5
⑭	債権の清算	5	4

出勘定の第1段階の借方に記入されるとともに，第2段階の貸方に記入される。また，②では同収入予算額が収入勘定の第2段階の借方に記入されるとともに，第1段階の貸方に記入される。他の場合も同様に，支出勘定または収入

勘定のそれぞれの段階に貸借記入され，最終的に，第5段階と第1段階のそれぞれ貸借に記入されることによって，このサイクルが一巡することとなる。なお，この記入は上記③および④のように段階を飛び越して記入される場合があり，そのために第9段階の細分化された記入の場が準備される。ここでの事例では，支出の執行が凍結された場合，またはそれが解除された場合，支出の繰り越し，流用等の修正記入を要する場合が挙げられている。

(3) 多段階簿記の基本的な記帳事例

① ［多段階簿記の目的］a)

多段階簿記は上記の概念図のようにそれぞれの段階における複式記入のサイクルとして行われるのであるが，ここでその具体的な記入例を実際の帳簿様式に即して示してみよう[23]。

〈支出〉

① 予算で特定の支出項目に関して1,000が計上されている。
② 発注が100行われた。
③ 注文品の一部が納入された。インボイスの金額は60である。
④ 上記インボイスの金額60が支払われた。
⑤ 注文品の残り部分が納入された。インボイスの金額40が直ちに支払われた。
⑥ その他物品（50）が発注されて納入されると同時に，インボイスの金額が直ちに支払われた。
⑦ 財務大臣は財政逼迫を理由に10％の支出授権停止を命令した（「借入れ停止」も関係する）。

〈収入〉

① 予算で特定の収入項目に関して150が計上されている。
② 100の大口注文が成立することとなった（＝権利）。
③ 上記の注文に基づいて納入した（インボイスの金額100）。
④ 購入者から95が支払われた（5は未収となっている）。

---

(23) Vgl., Schauer (2007), a.a.O., S.45. ただし，金額は小さくしてある。

⑤　現金販売による収入が60あった。
⑥　官庁企業において超過収入によって超過支出を補塡できる可能性がある（＝予算軽減）。超過収入5は超過支出が生じれば超過支出を補塡するために留保されなければならない。

　上記の設例に基づけば多段階簿記帳簿の記入は図表3-8および図表3-9のようになる[24]。

　図表3-8および図表3-9からもわかるように多段階簿記では複式記入が行われているが，それは予算執行の手続きにおける各段階を個別に表示するのではなく各段階相互の関連として表示するための記帳上の工夫である。もともと複式簿記における複式記入は，その発展過程のなかで勘定系統の概念が形成され，それが作成される計算書の有機的関係を担保するための基礎となったものであるが，多段階簿記で複式記入が行われているからといって，「予算効果をもつ計算（Voranschlagswirksame Verrechnung）」に関してはそうした複式簿記の本質が生かされているわけではない。簡単にいえば，多段階簿記によって予算執行のプロセス，現金収支の状況および債権と債務の増減は把握できるが，これによって直ちに在高計算書および成果計算書の作成が可能になるわけではない。つまり，この段階における多段階簿記の本質は「予算執行記録」としてのカメラル簿記と同様のものであるということになる。ただ，多段階簿記の提唱者であるコールの構想はこれにとどまらない。

(4) 多段階簿記の発展的な記帳事例
①　[多段階簿記の目的]のb)
　これまで述べてきた多段階簿記の記帳は，先に列挙したコールによる[多段階簿記の目的]のうちの最も基本的なa)に関するものであった。この簿記法は，カメラル簿記を改良することによって予算執行手続きの透明性を帳簿記入においても実現しようとしたものであるが，その限りにおいては複式簿記の特徴である貸借記入を取り入れる必然性があるものとはいえなかった。しかし，

---

(24)　Schauer (2007), a.a.O., S.46-47

図表3-8　VWV勘定　支出

段階	No.	1		2		3		4		5		9	
	段階の表示	認可		命令		義務		債務		支払い		細分化	
記帳内容	段階	借	貸	借	貸	借	貸	借	貸	借	貸	借	貸
予算	12	1,000		1,000									
発注または委託	23			100		100							
委託の履行，納入	34					60		60					
支払い	45 35 25				40 50			60		60 40 50			
10％借入停止	29			100									100
記帳の意味		支出予算		命令による減少	与えられた最大金額	義務の消滅	義務の発生	支払いによる債務の減少	債務の増加		支払い		繰越し承認	支出拘束
残高		予算		使用可能な支出額（貸方残高）繰越残高		未解決の義務		満期債務および指図未済債務		金庫支出		借方残高：増加；貸方残高：予算額の減少	

(注) VWV：Voranschlagswirksame Verrechnung「予算効果をもつ計算」

図表3-9　VWV勘定　収入

段階	No.	1		2		3		4		5		9	
	段階の表示	認可		命令		義務		債権		支払い		細分化	
記帳内容	段階	借	貸	借	貸	借	貸	借	貸	借	貸	借	貸
予算	21		150	150									
受注(その他受託)	32				100	100							
納入，受託の履行	43						100	100					
収納	54 52				60					95	95 60		
超過支出の補填	29			5									5
記帳の意味		収入予算		達成されるべき見積収入	調定済収入	権利の発生	権利の消滅	債権の増加(納入等による)	債権の減少(収納による)	請求書金額の収納		超過支出補填のための超過収入の利用	
残高		予算		借方残高：未達成収入　貸方残高：超過収入		未解決の権利		満期債権借方残高：未済収入		金庫収入			

コールは，在高変動に関する計算グループを設定することによって債権と債務とを複式記入のなかで表示し，さらに，成果計算への発展を試みるのである。ただ，こうした発展形としての多段階簿記において，官庁企業（Regiebetriebe）の場合には成果に関連する取引とそれに関連しない取引が区別される必要がある。官庁企業以外の行政に関する会計では，予算が執行され，図表3-7で示した計算グループの記入が一巡することによって，第2，第3および第4で予算の執行残高が計算され次年度に引き継がれていくこととなる。さらに，成果には関連しない財の在高変動に関する取引が記録される。

こうした関係を計算グループのなかで表示するのが［多段階簿記の目的］のb）であり，その記帳関係は「在高および成果計算グループにおける並行的な計算（parallele Verrechnung im Bestands- und Erfolgsverrechnungskreis）」として概念的に図表3-10のように表される[25]。つまり，これは第4段階の債権または債務，および，第5段階の収納または支払いによって成果計算，在高計算および収支計算が行われることを表しているのである。

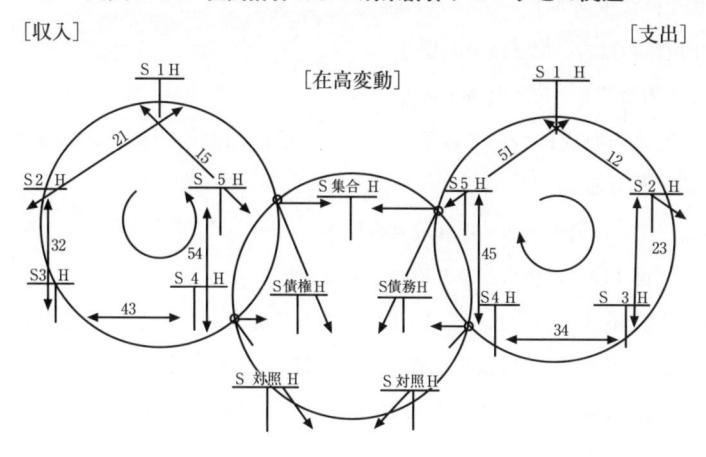

図表3-10　在高計算および成果計算グループとの関連

---

(25)　Kohl, ebenda, S.224

② ［多段階簿記の目的］の c)

多段階簿記の発展形はさらに［多段階簿記の目的］の c) に進む。基本的な多段階簿記では単に予算執行の記録が行われるのみであった。しかし，将来年度における支払い資金の調達と利用に関する計画のための支援ツールが必要となる。そこで，将来年度における現金の流入と流出となる「将来の債権」および「将来の債務」の把握が行われることとなる。こうした記帳は実務では最大40年までの期間で行われるという[26]。

ここでは次のような記帳が行われる。まず，期首の時点で当年度に期限が到来する債権または債務が「将来の債権ないし将来の債務計算サイクル（Vorberechtigungs- bzw. Vorbelastungsverrechnungskreis）」からその年度の収入ないし支出計算サイクルに移記される。さらに，当年度の予算計上額は次のように記入される。

［収入計算サイクル］
　　第 2 段階の借方／第 1 段階の貸方
　　第 4 段階の借方／第 2 段階・貸方
［支出計算サイクル］
　　第 1 段階の借方／第 2 段階の貸方
　　第 2 段階の借方／第 4 段階・貸方

さらに，現金の収支については第 4 段階と第 5 段階との関係で次のように記入されることとなる。

［収入］　第 5 段階の借方／第 4 段階の貸方
［支出］　第 4 段階の借方／第 5 段階の貸方

この記入関係はそれぞれ図表 3-12-1 および図表 3-12-2 に示される[27]。

次に，第三者への支払義務に関わる債務は「債務計算サイクル（Haftungsverrechnungskreis）」において記入されるのであるが，その方法は将来の債務

---

(26)　Vgl., Schauer (2007), a.a.O., S.54

(27)　Kohl, ebenda, S.225

第 5 節　多段階簿記の歴史的意味　*81*

図表 3-12-1　将来の債権計算サイクルおよび収入計算サイクル

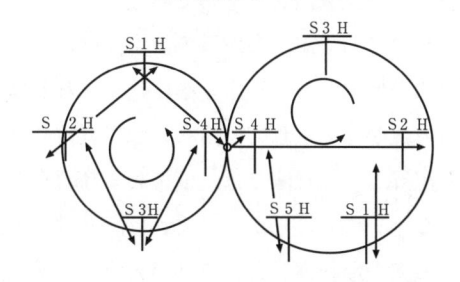

図表 3-12-2　将来の債務計算サイクルおよび支出計算サイクル

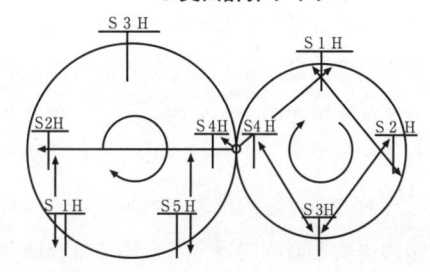

計算サイクルの場合と類似している。すなわち，期日が到来する年度の初めに債務計算サイクルから支出計算サイクルに移記される。

さて，最終的に多段階簿記は［多段階簿記の目的］の d) に進む。そこでは，第 5 段階の記入から収入および支出のそれぞれの結果が対照表示されることとなる。

第 5 節　多段階簿記の歴史的意味

多段階簿記は，現金収支のフローだけではなく，最終的にその結果であるストックとしての債権および債務の記録を行うことを目的としたカメラル簿記改良案であるが，このように伝統的簿記法としてのカメラル簿記を改良しようと

する試みはこれまで何度も提唱されてきた。後の章でも述べるように，カメラル簿記の改良案の多くは収支概念からすべての経済的資源の変動をいかに取り出すかに腐心してきたのであるが，多段階簿記も同様の考え方をもった簿記法である。多段階簿記の発展形として官庁企業に適用される場合には，実際，在高計算と成果計算の方法が考えられているものの，行政の最も中心部分としての予算執行に関わる記録という意味では，債権および債務以外の経済的資源への関心が払われていない。このことから考えれば，多段階簿記の提案は「金銭計算から価値計算への完全な転換」とまではいえない。多段階簿記は「権利義務確定原則に基づく現金収支計算プロセス別記帳法」とでもいうべきもので，予算執行手続きの透明性を帳簿記入においても実現しようとしたところはこれまでのカメラル簿記改良案には見られなかった提案である。つまり，カメラル簿記改良案としての多段階簿記は，主として財務的資源を測定の焦点とし，予算執行のプロセスをカメラル簿記のなかで明らかにしようとしたところにこそその特徴が見い出されることとなる。ただ，予算執行手続きの透明性を高めるための簿記法の工夫は行政における内部志向の本質をもつものであり，国民または住民への会計情報の提供と直接関連するものではないという事実も確認しておく必要があろう。多段階簿記が公会計制度を本質的に転換したものとは考えられないとしても，こうした簿記法が単に理論的提案として取り上げられるのではなく，制度として実務に適用されたという点に限定すれば，完全発生主義に至る過渡的な改革であるとはいえ，スイスやドイツにおける公会計の改革に比して10年以上も早いという評価も可能である[28]。

　オーストリアでは2009年の公会計制度の抜本的な改革により，2013年度からは全面的に複式簿記に移行している。つまり，多段階簿記という特有の発想をもった簿記法は提唱されてからそれほどの歴史を経ることなく2013年には

---

(28) Vgl., Schauer, Reinbert, Kameralistik und Doppik — kein Gegensatz ? (Zur Neuorganisation des Öffentlichen Rechnungswesens in Österreich). in: Budäus, Dietrich/Küpper, Will/Streitfert, Lothar, *Neues öffentliches Rechnungswesen. Stand und Perspektiven*. Wiesbaden 2000., S.89

消え去ろうとしており，その当初における提案から考えても約数十年の命脈を保ったに過ぎない。こうした事実は，かつて19世紀後半にベルンの会計に35年間実務適用されたのち公会計制度から姿を消したコンスタント簿記（Die konstante Buchhaltung）[29]を想起させる。この簿記法はカメラル簿記の形式に拠りながらも勘定系統別に記帳するという複式簿記における価値計算思考を大きく取り入れたものであるのに対し，多段階簿記が複式記入を取り入れつつも金銭計算思考に基づいて予算執行の段階を帳簿記入において明らかにしようとしていることからすれば，両者はその本質を大きく異にするものであるといわなければならない。

ヨーロッパ，とくにドイツ語圏の諸国にあって，カメラル簿記に基づく制度を根本的に転換して複式簿記を導入すべきとする考え方もさることながら，カメラル簿記にさまざまの改良を加え，かつそれを存続させるとする発想もきわめて強固なものがある。いいかえれば，ヨーロッパ大陸のいくつかの国々におけるカメラル簿記は，単にひとつの簿記法というにとどまらず制度的文化ともいうべきものにまで昇華されているということなのである。上記のコンスタント簿記も多段階簿記もその典型的事例のひとつと理解することができるのである。

2009年のオーストリア公会計の根本的な改革によって，この多段階簿記は価値計算を行うには必ずしも適したものではないとして消え去ろうとしているが，実際に公会計制度において適用されたカメラル簿記のひとつとして，今後は制度的遺産のなかで後世に伝えられるものとなろう。

---

(29) 亀井，前掲書，pp. 230-240 参照。

第4章　グループ簿記論

　この簿記法は1930年代にドイツで提案されたカメラル簿記の改良型記帳法であり，伝統的なカメラル簿記が金銭計算を志向することにより把握できなかった価値計算を取り扱おうとする。これによってカメラル簿記は現金収支計算のみならず，成果計算や在高計算も可能になるとする。このような発想は以前にも提起されており，カメラル簿記のような簡便な簿記法によって複式簿記と同等の計算書をいかに作成するかがどの改良提案にも共通した課題であった。

　ここでこれまでほとんど紹介されたことのないカメラル簿記の改良型としてのグループ簿記の仕組みを明らかにするとともに，ドイツ語圏の国々における公会計制度の議論が実にカメラル簿記を改良するための検討の歴史であったことを示すことは，ドイツ公会計の本質を理解するうえできわめて重要であると思われる。同時に，カメラル簿記に対してさまざまな改良提案がなされてきた努力とはうらはらに，それらが成功したとは必ずしもいえないという事実も指摘しておかなければならない。

　本章での目的は，まず，このグループ簿記の本質を知り，この簿記法のもつ意味をドイツ公会計史のなかに見い出すことであるが，さらにもうひとつ，次のような事実に対する問題提起である。多くの場合，簿記法を単式簿記と複式簿記との二項対立の構図のなかで捉え，「公会計の簿記は複式簿記ではないから単式簿記である」と理解する。しかしながら，とくにドイツ語圏の国々では，単式簿記にも複式簿記にもない特徴をもつカメラル簿記が伝統的に公会計制度のなかで用いられてきており，さまざまな改良が行われることによってその命脈を保ってきたのである。わが国における公会計制度で用いられる帳簿も明治の制度創設時にこの簿記法の影響を受けており，現行の帳簿様式にその名残を見ることができる。そうしたカメラル簿記のひとつの改良型として簿記法がグループ簿記である。このようなカメラル簿記とその改良の歴史をドイツ公会計史に見ることによって，一般に流布された簿記法についての理解に一石を投ずるものである。

　筆者はこれまでもカメラル簿記改革論に関して論述してきたが，本章はその続編ともいい得るものである[1]。

第1節　カメラル簿記の発展とその改良案

　ヨーロッパ大陸とりわけドイツ語圏の諸国における公会計では伝統的にカメラル簿記が利用されてきた。しかもこれは決して過去の事実ではなく，ドイツではカメラル簿記を拡張することによって2013年現在でも制度として適用が容認されている。

　こうしたカメラル簿記は以下のようないくつかの段階を経て発展してきており，ヴァルプ（Ernst Walb）によれば，それは4つの時期に分類されるという。17世紀の前期カメラリストの時代（第一期），18世紀前半以降19世紀中葉に至る後期カメラリストの時代（第二期），第二期の体系化を基礎に「高度なカメラル簿記」の導入に至る時代（第三期），および，カメラル簿記から出発して自ずから導き出されるべき成果計算書および貸借対照表を重要視するという意味におけるさらなる「高度なカメラル簿記」が現れる時期（第四期）がそれである。

　カメラル簿記を適用する会計システムはカメラル会計（Kameralistik）とも呼ばれるが，上記分類の第二期以降，常に問題となってきたのは，カメラル簿記による現金収支会計のなかで積極財産と消極財産，さらに費用と収益をどのように取り出し，それぞれの計算書をどのように作成するかということであった。つまり，商人の用いる複式簿記は行政にとっては手間がかかり過ぎるとの理由で，複式簿記によらずにそれと同様の情報提供をカメラル簿記システムのなかでどのように実現するかということなのである。とくに第四期には，ピュヒベルク（Puechberg）の改良案（18C），ユンクの改良案（1786年），ヒュークリ（F.Hügli）のコンスタント簿記（1896年）等さまざまなものが現れた。ここで取り上げるフリーデル（Robert Friedel）のグループ簿記（Gruppik），また，

（1）　亀井孝文著『公会計改革論—ドイツ公会計研究と資金理論的公会計の構築—』，白桃書房2004年，とくに第8章「カメラル簿記と公会計改革の系譜」参照。

それと関係の深いヨーンス (Rudolf Johns) の市町村における包括計算書作成もそうした一種のカメラル簿記改良案であり，カメラル簿記の発展のなかに置いてみるとこれらは第四期に位置づけることができる[2]。

第2節　グループ簿記提唱の背景

(1) 収支学説とグループ簿記

　端的にいえば，グループ簿記は，カメラル簿記における中心概念である収入および支出のみではなく，そのなかから資産および負債ならびに収益および費用を抽出することによってそれぞれの計算書の作成を可能にしようとするものである。この考え方は，1937年，当時ライプツィヒ市の会計検査局長であったR. フリーデルによって提唱されたものであり，ここではフリーデルの著作のうち『要約「グループ簿記」(Kurzer Unterricht in der "Gruppik")』(1937年6月) と『統合形態による予算計算書および予算書 (Haushaltsrechnung und -plan in verbundener Form)』(1940年) を取り上げることとする。ついでながら，ここで取り扱うフリーデルの2つの著作は，ユンク等18世紀の多くの文献と同様Frakturというドイツ語の古い字体で印刷されたものであり，この種の文字による印刷が比較的少なくなってきたフリーデルの時代にあって，わざわざこの文字を用いたところに彼の性格と考え方の一端が表れているともいえる。

　1937年秋，ヴァルプを中心とするドイツ経済学会のスタディ・グループ「公会計制度 (Öffentliches Rechnungswesen)」の初会合が開かれ，とくに「市町村の成果計算書」がテーマとして議論されたという。そこでは7つの論点が示されているが[3]，そのなかでも，とくに「収入および支出において，成果効

---

(2)　カメラル簿記改良案のうちとくにユンク説，さらにヒュークリのコンスタント簿記については亀井前掲書で詳しく取り上げた。
　　また，カメラル簿記の歴史的発展については，以下のものも参考になる。
　　Vgl., Manfred Fuchs, "Betriebskameralistik", in : Chimielewicz, K./Eichhorn,P.(Hrsg.), Handwörterbuch der öffentlichen Betriebswirtschaft, Stuttgart 1989, S.133
(3)　亀井前掲書，pp. 250-251 参照。

果をもつ場合ともたない場合との関係」,「市町村の資産概念と成果計算との関係」がわれわれの関心を惹く。また,同年,ヨーンスによる『カメラル会計 (Kameralistik)』が公刊され,さらに,翌1938年にはヨーンスによって「市町村の包括計算書 (Vollrechnung der Gemeinde)」と題する52ページという論文としてはかなり大きなものが発表されている。とくに後者では,通常予算と特別予算とを統合することにより,カメラル簿記を基礎にした公的貸借対照表の作成が可能であることを証明するという画期的な考え方が表明されている。フリーデルのグループ簿記はまさにこれと同時期に提唱されたのであるが,ヨーンスは『カメラル会計』のなかでフリーデルのグループ簿記 (1937年) に言及し,他方,フリーデルは『統合形態による予算計算書および予算書』のなかでヨーンスの「市町村の包括計算書」における収支概念を肯定的に取り上げている。また,ヨーンスはその指導教授であったヴァルプの説に基づいて自らの説を理論構成し,逆に,ヴァルプはその後の自らの収支学説にヨーンスの考え方を取り入れたといわれる。グループ簿記の発想は,このような当時のドイツにおける収支学説との相互の影響から構想されたものなのである。

　ドイツにおける会計理論は,シュマーレンバッハ (Eugen Schmalenbach) による『動的貸借対照表論』以降,貸借対照表の重点が伝統的な貨幣面から給付面に移行したといわれるが,ヴァルプの収支学説はこうした考え方に対するひとつの批判として提起されたものとされる[4]。当時のドイツの状況は第一次世界大戦での敗戦から極度なインフレーション,その終熄と世界的な経済恐慌,さらには第二次世界大戦に向かう戦時経済下にあって,貨幣の信用が失われることによる反動として給付面が強調されつつあった。もちろん,シュマーレンバッハ説においても収支概念が基礎に置かれていることはいうまでもないが,この学説にあっては,期末現在において収益および費用として解決されなかった収入および支出,あるいは,最終的な収入および支出とならなかった項目を

---

(4) Vgl., E. Walb, *Finanzwirtschaftliche Bilanz*. 1926, Vorwort. 吉田 寛著『近代会計の構造』,中央経済社　1968年 (初版1963年), p.100 参照。

構成内容として貸借対照表を説明することに主眼が置かれたものである。同時に，そこでの期首と期末の純財産の差額が収益および費用から計算された利益と一致する計算が可能となることを証明するものである。こうしたシュマーレンバッハ説に対してヴァルプ説はより強く収支概念を前面に出したところに両者の違いがある。

　このような理論的背景のなかで，収支面のみが中心として取り扱われる公的財政運営とその会計の不完全性に着目したのがヨーンスであり，またフリーデルであった。つまり，ヴァルプ説が商人の会計に収支的側面の重要性を強調しようとしたのとはむしろ反対に，彼らは公会計における財産の増減の重要性を強調しようとしたのである。方向性は逆であったが，ヴァルプ説はその後のコジオール説とともに企業会計におけるドイツ資金論の基礎を形成するのに貢献し，他方，ヨーンス説およびフリーデル説は，現金収支に基づくフロー計算のみが強調される公会計において，財産の増減によるストック計算を収支計算システムから可能にする考え方を生み出したのである。

(2) 当時の市町村会計の状況

　公会計において収入および支出との関係で資産および負債を表示する必要があるとの指摘は，すでにラウ (Rau) の1864年『財政学の原理 (*Grundsätzen der Finanzwissenschaft*)』(第5版) においてなされていることをフリーデルが紹介している[5]。しかしながら，ドイツにおける国レベルの近代的公会計制度の確立にはさらに時間を要しており，1898年の国家予算法を経て1922年のドイツ国予算規則に至ってようやく実現している。このように，20世紀初め頃までの法令によって近代的公会計制度が整備されたとはいっても，記録の対象は基本的にはなお収入と支出のみであった。さらに地方に関する制度は，1935年のプロイセン市町村規則，同年のドイツ市町村規則，1936年の積立金規則，1937年の市町村予算令 (Gemeindhaushaltsverordnung : GemHVO) および1938

---

(5)　Vgl., Robert Friedel, [2] *Haushaltsrechnung und -plan in verbundener Form*, Leipzig 1940, S.2. 本書についてここでは九州大学図書館所蔵のものを使用している。

年11月2日の市町村金庫会計令（Verordnung über das Kassen- und Rechnungswesen der Gemeinden：KuRVO）に至ってようやく改善されることとなった[6]。このように資産の表示が求められるようになったのは1938年KuRVO制定から後のことで，それまでのカメラル会計がいかに不満足な状態であったかということをフリーデルがザクセン州で目の当たりにしたとヨーンスが紹介している[7]。それに先だって1936年には収支と財産との関係を意識した結合予算（Verbundshaushaltsplan）がザクセン州・ブルクシュテット市で初めて作成されているが，これは当時の制度について改善の必要性を訴えたフリーデルの協力によるものであったという[8]。

　こうした制度のもと，記帳法として複式簿記を利用することなく，従来のカメラル簿記法のなかで取引内容をグループ化することによって，収入および支出，ならびに，資産，負債および純財産の関係を表示する方法を考案し，しかも，それを会計だけではなく予算にも導入する「グループ簿記」の考え方がフリーデルによって提唱されたのである。

第3節　グループ簿記の構造

(1) 計算の基本的構想

　「グループ簿記」という名称の知名度は，公会計における簿記法という観点からすれば，おそらくスイスのベルンで1873年以降35年間にわたって実際に適用された「コンスタント簿記（konstante Buchhaltung）」よりも低いであろう。その意味では，オーストリア公会計で用いられ2009年の制度改正によって2013年からその適用が停止された「多段階簿記（Mehrphasenbuchführung）」

---

(6)　Vgl., ebenda, S.1
(7)　Vgl., Rudolf Johns, [1] *Kameralistik*, 1937, S.68. 戸田博之訳『カメラール簿記／地方自治体の包括計算』，私家版（2010年），p.87 参照。ヨーンスの著書の国内所蔵はほとんどなく，ここでは神戸大学図書館所蔵のものを使用している。
(8)　Vgl., Friedel, ebenda, S.4

にも通ずるのかも知れない。

さて，グループ簿記の基本的な意味についてみておきたい。フリーデルによれば，グループ簿記は，「自治体における計算と不変かつ究極の財政報告をより精緻化するため，さらに，現行の会計によって財産（Lager）の確実な把握を実行するために構築されたもの」[9]であるとする。また，シェーンヴァント（Joachim Schönwandt）によれば，「グループ簿記は，すべての記帳が時順帳簿（Zeitbuch）および事項帳簿（Sachbuch）において所有（Besitz）（筆者注―資産），負債および自己資本別に行われ，それらへの効果に基づいてグループ分けされるカメラル簿記の一種である」[10]とされる。このような基本的思考のもとでフリーデルによるグループ簿記ではその構造は次のように組み立てられる。

フリーデルは，まず，財産を資産，負債および自己請求権すなわち純財産の3つに分割するところから出発する。そのうえで当年度の収入を1. 収益, 2. 資産の減少, 3. 負債の増加, 4. 自己請求権の増加, また，支出を1. 費用, 2. 資産の増加, 3. 負債の減少および4. 自己請求権の減少に分類する。さらに，行政の各部門間で生ずる内部取引で同一年度内に生起し解消される債権および債務，あるいは，成果効果も財産効果ももたない保管金，前渡金等は収入または支出の5番目の分類として「人および責任（Personen und in Verantwortung）」の概念のもとで表示される。この5番目の分類は，先に言及した多段階簿記でも，債権者および債務者に関して開設される人的勘定グループとして用いられており，いわゆる権利義務確定原則によって債権と債務を計上する考え方として，これら両者の意味は同じであると理解される[11]。

（9）　Robert Friedel, [1] *Kurzer Unterricht in der "Gruppik"*, Berlin = Mariendorf 1937, S.3 本書の国内所蔵は容易に検索できず，ここではGöttingen大学所蔵のものを使用している。
（10）　Joachim Schönwandt, "Die Doppik", in: *Zeitschrift für öffentliche Wirtschaft*, Januar 1938, S.29
（11）　亀井孝文稿「オーストリア公会計における多段階簿記」，『産業経理』第71巻第1号（2011年）pp.4-12参照。取引相手を勘定システムのなかで明示するのはフランスのプラン・コンタブルでも見られ，「対人勘定（第三者勘定）」として開設されている。これについては，安平昭二著『標準勘定組織の展開』，千倉書房　1977年，p.157, p.168参照。

以上のような概念分類が記入できるように伝統的なカメラル簿記の帳簿を改良することによって，フロー計算だけではなく最終的にストック計算として財産計算が可能となるように構想されている。そこでの計算は次のような3つの基本的な観点から行われるとする。

1. 時順（Zeit）に基づいて
2. 事項（Sache）に基づいて
3. 財産（Lager）に基づいて

(2) 時 順 計 算 書

通常，カメラル簿記における時順帳簿は取引をその発生順に記録するものである。複式簿記の仕訳帳では取引を発生順に記録するとともにその内容を借方要素と貸方要素に分解するという役割をもつのに対し，カメラル簿記には貸借概念が存在しないことから，時順帳簿では仕訳のような取引の本質に基づく分解は行われず，単にその発生順に記帳されるのみということになる。しかも，期首の現金在高と期中の現金収支の動きのみが取り扱われるため，結果として最終的には現金の期末在高が示されることとなる。この時順帳簿の他にカメラル簿記では複式簿記の元帳にあたる事項帳簿が用いられ，そこでは現金収支の原因が個別勘定として記帳される。さらに重要なのは，この事項帳簿には事業および資産ごとに「予算額」，「実際額」および「残高」が示されることであり，まさにこれこそカメラル簿記の特徴を示す最大の帳簿構造なのである。

これに対してフリーデルの提唱するグループ簿記では，この時順帳簿を単に取引の発生順記録簿とするだけではなく，まず，「財産効果の有無」の観点から収入および支出をグループ分けするための手段として用いている。こうした計算を時順計算書（Zeitrechnung）としての時順帳簿で行うことによって，これまでは作成されることのなかった財産計算書の作成を容易にすることを構想するのである。つまり，フリーデルはグループ簿記の時順帳簿に伝統的なカメラル簿記のそれよりも重要な役割を付与することにより，その決定的な改良を意識しているのである。こうした考え方に基づき収入欄および支出欄を基本的に「財産効果の有無」の観点から図表4-1のように分割する。これによって，

時順帳簿のなかで毎年度の収入および支出から成果計算および資産計算を表示できると考える。

図表4-1 時順帳簿の構成

A 収入				
収入欄1	収入欄2	収入欄3	収入欄4	収入欄5
収　益	資産の減少	負債の増加	自己請求権の増加	人・責任
B 支出				
支出欄1	支出欄2	支出欄3	支出欄4	支出欄5
費　用	資産の増加	負債の減少	自己請求権の減少	人・責任
成果計算	資産計算			補助計算

（出所）Friedel [1], S.3

　さらに，フリーデルは時順帳簿に収入および支出における「財産効果の有無」のみではなく，収入および支出における「現金性の有無」の観点からも分類をするのである。このように収入および支出の概念を単に現金の授受を伴う取引のみならず，経済主体の活動が現金から出発して最終的に現金に帰着するまでの途中経過の状況もすべて収入および支出との関連において捉えようとする。この考え方は図表4-2のようなヨーンス説につながっていると考えてよい[12]。

　こうしてフリーデルは現金収支を伴う取引かどうかを時順帳簿の段階で識別し，そこから事項計算を項目別に行うことによって財産計算書の作成を構想するのである。そのために，伝統的なカメラル簿記の時順帳簿を次のように分割

---

(12) 亀井前掲書，pp. 252-253. Rudolf Johns, [2] "Die Vollrechnung der Gemeinden", in: *Zeitschrift für Handelswissenschaftliche Forschung*, 32.Jg.,4.Heft (1938), u. 5. Heft (1938), S.149
　なお，筆者前掲書ではヨーンスの論述における"Geld"を先行研究に従って「貨幣」と訳してきたが，取引の対象および単位の表示を「物量」との関係で考察しているわけではなく，支払い手段としての収入および支出の形態を表現しようとしているとの理解に基づいて，本章ではすべて「現金」という訳語を用いている。

第 3 節　グループ簿記の構造　93

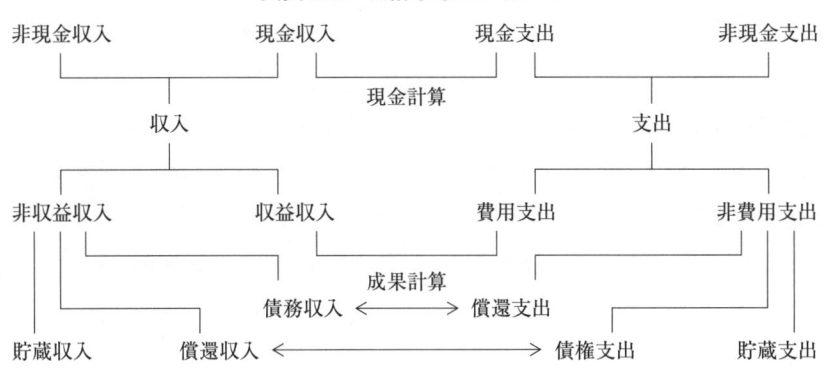

図表 4-2　会計事象のシェーマ

```
非現金収入      現金収入         現金支出        非現金支出
    └────┬────┘         └────┬────┘
         │          現金計算     │
         収入                    支出
    ┌────┴────┐         ┌────┴────┐
非収益収入    収益収入      費用支出       非費用支出
    │         └────┬──────┬──┘            │
    │         成果計算                     │
    │      債務収入 ←──→ 償還支出          │
    │                                     │
貯蔵収入    償還収入 ←──────→ 債権支出   貯蔵支出
```

する。

　まず，時順帳簿では現金によって行われる収支取引のために［時順帳簿・現金］が用意され，現金を伴わない収支取引のために［時順帳簿・非現金］が用意される。これをまとめれば次のようになる。

a)　時順帳簿・現金（Zeitbuch Geld）
b)　時順帳簿・非現金（Zeitbuch Nichtgeld）
c)　時順帳簿・清算（Zeitbuch Verrechnung）[13]

　このことからわかるように，フリーデルによる収入および支出概念には現金のフロー以外に非現金のフローも含まれるのである。こうした考え方はまさに後述するヨーンス説の収入および支出概念と強い関連をもつものであるが，ヨーンスの概念よりもさらに広範な意味をもつ。そこでフリーデルのグループ簿記におけるこれらの概念を見ると，次のように説明されている。

a)　［時順帳簿・現金］

　この帳簿には，時間経過に従い，かつ，成果，資産および補助計算の区別に

---

(13)　「時順帳簿・清算」は，これが用いられた3年後の1940年，Friedel［2］では「主要簿（時順帳簿）・補完（Hauptbuch〈Zeitbuch〉Erstattungen）」に変更されている。ただし，いずれにあっても，それは行政の各部門間で生ずる取引，および，その清算を人名勘定（相手先部門）によって記帳するための帳簿の意味で用いられており，内容的な変更はない。

従って収入および支出が記入される。現金収支は，まず基本的には，現金在高または前渡金，および，銀行預金または借越残高を変動させるようなものをいう。また，決済後現金在高（Umsatzabgleich Geldbestand）とともに，前年度の支出分が本来は決算日を超えて次年度の資金で支払われるべき場合の前渡金（Geldvorschuß）も含まれるとする[14]。しかし，これら決済後非現金在高または前渡金は当該年度中には実際の収支とはなり得ず，［時順帳簿・現金］で計算上の差し引きが行われ，決算にさいしてはじめてその決算数値のなかに現れるとする。

　従って，フリーデルは，
・継続中または未解決の収益債権または前渡金と，
・最終的または実現した収益債権または前渡金
の両者を区別しなければならないという。

b) ［時順帳簿・非現金］

　この帳簿にも時間経過に従い，かつ，成果，資産および補助計算が区別されて収入および支出が記入されることについては［時順帳簿・現金］と同様であるが，非現金収支は現金在高または前渡金，および，銀行預金または借越残高を変動させない点で異なる。こうした非現金収支によって決算および資産に関連する金額が，

・成果計算と資産計算との間で，
・資産計算の内部で，
・人名勘定による補助計算と資産計算との間で

確定されることとなる。また，年度中には清算されず未解決のままになっている執行未済収入および執行未済支出（人名勘定で表される），さらに，利益または損失の非現金収支決済額（Nichtgeld＝Umsatzabgleiche）は，決算にさいしてはじめて記載される。

c) ［時順帳簿・清算］

---

(14) Friedel [1], S.4

この帳簿には上記2種類以外の清算収支 (Verrechnungseinnahmen und -ausgaben) が記帳されるのであるが，これらの収支は，年度中に生起する現金収支または非現金収支ではなく，すでに計上された会計事象に関する後発事象 (Nachgänge) である。従って，それらは収益収入や財産の在高に全く効果を及ぼさない。つまり，すでに記帳された内容の修正をする役割をもっており，フリーデルはこうした事例として，給料・賃金，福利厚生費，事務用品費等に関する振替記帳を掲げている。

(3) 事項計算書

　事項計算書 (予算計算書 Haushaltsrechnung) は，収支として計上された左右それぞれの側の財産増加・減少が最終的には財産計算に引き継がれていくという意味で，時順計算書と同様，一年のサイクルのなかでのみ記帳される計算書である。ついでながら，このような計算書のあり方を「計算書解消の原則 (Grundsätze der Rechnungsauflösung)」と呼ぶとも紹介されている。すでに述べたように，カメラル簿記では取引の発生順記録簿としての時順帳簿とならんで，予算の執行状況が記録される事項帳簿があり，ここでの計算を行うのがこの帳簿である。とくに資産に関していえば，期首の状態から始まり期末の状態に終わる過程が事項帳簿においてすべて記録されることとなり，両時点の間のフロー計算を表すこととなる。

　ここで重要なことは，これまで述べてきた時順帳簿 ([時順帳簿・非現金]，[時順帳簿・非現金] および [時順帳簿・清算]) には収入および支出が一面的に記入されるのであるが，事項計算書では財産の種類に応じてそれぞれの増加または減少が「左側」と「右側」に二面的に記入されることである。要するに，これらは複式簿記における「借方」(または「積極」) と「貸方」(または「消極」) という用語こそ用いないものの，内容的には同じものを指すと考えられ，ここに複式簿記の発想が取り入れられていることが明確に看取されるのである。また，この事項計算書に記入された合計金額は時順帳簿のそれと一致することとなる。

(4) 財産計算書

財産計算書（Lagerrechnung）の内容はその予算分類に従って3つの主要グループ（Lagerhauptgruppen）に分類され，さらにそれらが上述した「左側」と「右側」に区別される。左側には資産，右側には外部請求権（fremde Ansprüche）すなわち負債，および，自己請求権すなわち純財産が記載される。要するにこの財産計算書は貸借対照表を作成するための計算書に他ならない。このように，グループ簿記はカメラル簿記形式とりわけ時順帳簿に大きな改造を加えるとともに，複式簿記の発想を取り入れているのである。

従って，成果に関するもの以外に財産の増減に関する記入は基本的に次のように行われることとなる。

［財産の増加］
　　支出欄2：資産の増加にかかわる支出
　　収入欄3：負債の増加にかかわる収入
　　収入欄4：自己請求権の増加にかかわる収入

［財産の減少］
　　収入欄2：資産の減少にかかわる収入
　　支出欄3：負債の減少にかかわる支出
　　支出欄4：自己請求権の減少にかかわる支出

(5) 収入および支出のグルーピング

以上のようなグループ簿記の構想に基づく収入および支出のグルーピングをフリーデルは成果効果および財産効果の有無によって実行する。いま，その方法と内容をフリーデルの示す事例に従って考えてみたい。

まず，現金取引に関する記帳は，［時順帳簿・現金］における収入欄の1から5までのどこかに記入すればよく簡単に実行できる。つまり，取引内容の帰結は必ず現金収入であることから，その原因を収入欄の1～5にあたかも単式簿記のように記帳すれば済むこととなる。支出の場合も同様である。しかし，非現金取引の場合には，それを［時順帳簿・現金］ではなく［時順帳簿・非現金］に記入することとなる。そこで注目されるべきことは，最終的には収入ま

たは支出となるが，それらは途中のプロセスでは収入欄の1～5のいずれかに"複式記入"されることである。

フリーデルはいくつかの記帳例を掲げているが，ここでは，予算計算書（Haushaltsrechnung）とともに資産計算書の作成を提唱した前掲著書（『統合形態による予算計算書および予算書』，1940年）において示されている取引例について見ることとする[15]。なお，ここで「補償」[16]という概念が用いられるが，これは「収入を支払いに充てる」という意味であり，いいかえれば，収入と支出とをいつ，どのように対応させるかを決定する役割をもつものである。その対応関係が，それ以前の収支の結果でも，また，事後的な収支でもないものと

---

(15) Vgl., Friedel [2], ebenda, S.29-35
(16) フリーデルは補償資金の源泉としての収入をその特徴に応じて分類したうえで，補償を以下のような6つの類型に分類している。Vgl., Friedel [2], ebenda, S.42-46.
　① 最終的補償（Die endgültige Deckung）：最終的収入（Die endgültigen Einnahmen）（収益収入，成果効果をもつ収入）による支払い
　② 最終的でない補償（Die nichtendgültige Deckung）：最終的でない収入（Die nichtendgültigen Einnahmen）（負債の増加による収入，負債効果をもつ収入）による支払い
　③ 戻し補償（Die Rückgriffsdeckung）：戻し収入（Die Rückgriffseinnahmen）（資産の減少による収入，資産効果をもつ収入）による支払い
　④ 積立金補償（Die Rücklagendeckung）：積立金収入（Rücklageneinahmen）（積立金＝封鎖現金〈Rücklage = Sperrgeld〉の取り崩しによるもので，資産効果をもつ収入）による支払い
　⑤ 資金不足補償（Die Fehlbetragsdeckung）：資金不足収入（Fehlbetragseinnahme）（次年度以降の収入によって支払われるべき欠損で負債効果をもつ）による支払い
　⑥ 剰余補償（Die Überschußdeckung）：剰余収入（Überschußeinnahme）（次年度に繰り越される当年度の収入超過で資産効果をもつ）による支払い
　なお，一般的に「補償（Deckung）」という概念には次のような用法がある。
　「総体補償の原則」：ドイツ公会計における財政運営に関する基本原則で，収入と支出の特定の対応関係を認めないという考え方である。つまり，すべての支出をすべての収入でまかなうとする考え方である。
　「事前補償（Vordeckung）」・「直接補償（Direktdeckung）」・「事後補償（Nachdeckung）」：スイス・カントンの1977年公会計制度改革で明示された概念で，資産を取得するために，事前にその資金を準備するのか，その時点での資金によるのか，あるいは，借入金によって資金調達を行い，資産取得後の収益収入によって当該借入金を返済するのかという考え方を意味するものである。
　さらに，スイスのものについては，亀井前掲書，p.6, p.34, p. 236参照。

して，その時点で完結する場合には「最終的」と理解されるのであるが，この用語の使用法はヨーンスにつながっていくこととなる。

① 収益として，また，補償という意味で最終的収入として表示される成果効果をもつ収入

この収入は資産または負債を変動させずに現金または非現金を増加させるもので，収入欄1に記入される。まず，現金を増加させる収入の例としては税収，手数料，罰金，資産収益（家賃，地代，利息，公営企業からの利益）がある。

また，非現金収入の例として，資産の評価増または負債の評価減による収益計上の場合が示されている。

② 資産の減少を伴い，また，補償という意味では戻し収入（Rückgriffseinnahme）として表示される資産効果をもつ収入

この収入は収入欄2に記入され，例として土地の売却，銀行預金の引き出し，貸付金の回収と抵当権の抹消，有価証券の売却，収入未済額の収納，現金の前年度繰越が考えられている。

これ以外にも，資産価値が増加した場合には，非現金取引としてその記入とそれにかかわる特別利益の計上，さらには，固定資産の減価償却費と考えられる事例も挙げられており，この場合には費用支出の記入と資産の減少に伴う収入増加すなわち戻し収入の記入も必要になるという。

③ 負債の増加にかかわり，また，補償という意味では非最終的収入として表示される負債効果をもつ収入

この収入は一種の繰延項目（Vorgriff）である。つまり，フリーデルが明言しているわけではないが，別の表現を用いれば一種の「未解決項目」に相当することとなる。これは収入欄3に記入され，抵当権の設定や借用書による借入金，金庫支出未済金，予算支出未済金，金庫前受金のような例がある。

さらに，これ以外にも負債の評価替えに伴う非現金取引としての記帳が必要となることにも言及されている。

④ 自己請求権からの収入すなわち増加として表示される持分効果をもつ収入（eigenwirksame Einnahme）

　収入はもともと外部から流入すべきもので，フリーデルはそれを「本源的収入」と呼ぶ。しかし，ここでの収入はそうした本源的収入ではなく，内部の差し引き計算による計算上の収入として収入欄4に記入される。主として次のような事例が挙げられている。ただし，企業の資本取引に当たる現金の払い込みは除かれる。

1. 形式的には成果計算として費用の側で算定される利益
2. 固定資産などを購入するために即時に現金を支払うために利用される法定積立金
3. 積立金＝封鎖現金（Rücklage＝Sperrgelder）の利用による財産効果をもつ純財産の増加（特定目的をもつ自己請求権部分からそれをもたない部分への移し替え）

⑤ 費用として，かつ，最終的支出として表示される成果効果をもつ支出この支出は支出欄1に記入され，資産の修繕費，支払利息（償還は含まない），給料，賃金，事務所費，管理費，逸失補助金（Verlorene Zuschüsse），分担金・会費等が取引例として挙げられる。

⑥ 資産の増加として表示される資産効果をもつ支出

　この支出は費用支出とは異なり，やがて戻し収入というかたちで循環する。いいかえれば，この支出は将来資産効果をもつ収入に結びつくものであり，負債の償還のための支出ではない。

　この支出は支出欄2に記入され，土地の購入，居住用建物の建築，貯蓄金庫への預け入れ，有価証券の購入，車両の購入，次年度繰越の金庫在高，収入未済（これには非現金費用支出が対照表示される）等の例が考えられる。

⑦ 負債の減少として（「最終的ではない支出」としても）表示される負債効果をもつ支出この支出は支出欄3に記入され，抵当権・土地債務（Grundschulden）

・借用書による借入金の償還，過年度の支出未済にかかわる支出がその例として考えられる。
⑧ 自己請求権の減少として表示される持分効果をもつ支出

収入の場合とは逆に支出はもともと外部に流出するものであり，費用，資産の増加，負債の減少によるものがあるが，フリーデルはそれを「本源的支出」と呼ぶ。ここでの支出はそうした性格をもつものではなく，単に内部的な差し引き計算による支出であるとする。それらの支出は支出欄4に記入され，ここでは次のような事例が示されている。
 1. 形式的には成果計算で収益の側に計算される損失
 2. 封鎖現金を取り崩すことによる法定積立金の減少
 3. 法定積立金の移し替え等の目的による純財産の減少
⑨ 保管責任（in Verwaltung）にかかわる収入および支出ここでは保管金（Verwahrgelder），前渡金（Vorschüsse），通過現金（durchlaufende Gelder）等が問題となるが，これらの経常的な発生とその処理のために帳簿を追加する必要があるという。これらは成果にも資産にも全く効果を及ぼさない。

この処理によって，日々の勘定締め切りを行うさいに，自己の現金（欄1～4）および他者の現金（欄5）の状態が明確になるとする。

第4節　グループ簿記に基づく統合計算書および統合予算書

(1) 統 合 計 算 書

フリーデルの構想は上記のようなグループ簿記による公会計制度の改革に止まらず，さらに予算への適用にも及ぶ。彼によれば，1938年 KuRVO では予算計算書（Haushaltsrechnung）および資産計算書（Vermögensrechnung）を作成することになっているが，そこでは資産および負債にもたらされた影響に基づいて収入および支出を分類することまでは要請されていないという。何らかの方法で収入および支出を分類し，次年度の期首にそれぞれの項目に従って増

加または減少させることで十分であるとされているに過ぎないと述べる[17]。従って，純財産（自己請求権）の増加または減少が計算されるとしても，この方法による限り企業会計のように2つの計算書によってその一致を確認することはできないという。いいかえれば，本来，収入および支出のなかから資産効果，負債効果および純財産効果をもつものとならんで，成果効果をもつものを取り出し，それらの結果が計算構造的に一致することが意識されなければならないにもかかわらず，当時の公会計制度によれば，単に，現金収入および現金支出の区別が行われるのみであったという問題が厳しく指摘されているのである。

実際に，フリーデルは次のようなGemHVOの条文を取り上げてその事実を明らかにしている。

第4章第1条
　同種の資産取得または基本財産の増加にかかわる資産売却による収益および資産運用としての利用は，通常予算においても特別予算においても計上されるべきではない。このことは基本財産にのみかかわる増加収入および支出にも当てはまる。

フリーデルは，これらの取引から成果効果をもつ非現金収入または支出が現れてくるのであるが，その点に考慮が払われていないことを批判している。

このような制度的思考に対して，法律的な要請とは別にグループ簿記を適用することにより問題はすべて解消されるとする。要するに，グループ簿記の特徴は現金取引から資産および負債の在高にもたらされる効果が，その種類ごとに特定の方法で把握されるところにあるとする。つまり，グループ簿記は，伝統的なカメラル簿記のシステムを改良することによって，現金取引のみならず非現金取引も含む広義の収入および支出というフロー計算と資産，負債および純財産というストック計算とを有機的に結合する手段となるというのである。この考え方は簿記法こそ形式的にはカメラル簿記であるが，実質的には完全に

---

(17) Johns [1], S.147, 戸田前掲訳, p.98

複式簿記の発想を用いたものであるということができる。こうした会計思考によって作成される計算書をフリーデルは統合計算書（Verbundsrechnung）と呼ぶ。さらに，この考え方が会計事象を処理するうえでも，あるいは計算書の理解可能性をよりよいものにし，制度的な簿記法よりも比較可能性を向上させるものであるとして，私企業や地方公営企業で適用されている会計の利点が公会計にも反映されるべきであるとする。また，財政運営や資産管理における節約性（Sparsamkeit）および経済性（Wirtschaftlichkeit）を考慮することが義務づけられることは，統合計算書の考え方を導入することに大きな影響を与えることになるとも述べる。

さて，このような考え方に立って，フリーデルは予算計算書における収入および支出と資産計算書との有機的な関連を示す簡単な設例（図表4-3）を示している[18]。

(2) 統 合 予 算 書

フリーデルは上述のような統合計算書とならんで，さらに統合予算書（Verbundshaushaltsplan）の作成もあわせて提唱し，その基本的意味をいわば「統合計算書の下絵（Vorzeichnung der Verbundsrechnung）」とも性格づけている[19]。彼はこれについて図表4-4のような簡単な例示をしている[20]。

このように，フリーデルは収入および支出のなかから財産の変動を読み取って，しかも，財産計算書というストック計算書をフロー計算書との有機的な関係において作成しようとする。それを複式簿記ではなく，カメラル簿記の改良によって実現しようとするのであるが，フリーデルの構想はこれにとどまらない。つまり，この関係を予算計算書にまで拡大しようとするのである。

こうした計算書を作成することは，法的規定に抵触するものではないとして，彼は，例えば次のようなGemHVO第50条の条文を掲げている。

　第50条

---

(18) Vgl., Friedel [2], ebenda, S.9
(19) Friedel [2], ebenda, S.9
(20) Vgl., Friedel [2], ebenda, S.66-67

図表4-3　予算計算書と資産計算書の関係

	資産 1	負債 (他人請求権) 2	自己請求権 (純財産等) 3	
I　期首財産 （期首貸借対照表）	1,000.—	800.— 1,000.—	200.—	1) 収入繰り返し 支出繰り返し
II　予算計算書	－100.— ＋300.—	＋150.— －250.—	＋300.— －　—.—	
III　期末財産 （決算貸借対照表）	1,200.—	700.— 1,200.—	500.—	

［図表4-3に関する原注］
1) 自己請求権の増加300.—は予算計算書では次のように計算されている。

　　　　収益　　　5,000.—
　　　－費用　　　4,700.—
　　　　────────
　　　　従って　　 300.—　　増加　＝　自己請求権の増加（利益）

さらに，次のような計算からも算定できる。

　　　資産増加　＝　300.—　－100.—　＝　200.—
　　　および
　　　負債減少　＝　250.—　－150.—　＝　100.—
　　　　　　　　　　　　　　　　　　　────────
　　　　　　　　　　　　　　　　　　　　　300.—

　より規模の大きな市町村は予算の編成と執行のための法令によってより進んだ規定を置くことができ，これは本規則の規定に矛盾するものではない。
　もともと法的規定に基づく予算はあまり好感をもって受け止められておらず，従って，グループ簿記に基づいて作成された予算に対してはこれまで取り立てて異議は出されていないという。フリーデルが提唱する統合予算書は，通常予算および特別予算における収入および支出の新しい分類方法を意味するものであり，添付すべき「決算案（Abschlußplan）」のなかですべての収入およ

図表 4-4　統合予算書

	資産	負債	自己請求権
財産期首在高	1,000.—	600.—	400.—
＋増加予算	（支出欄2）300.—	（収入欄3）200.—	（収入欄4）50.—
－減少予算	（収入欄2）100.—	（支出欄3）50.—	（支出欄4）—.—
予想決算財産在高	1,200.—	750.—	450.—
		1,200.—	

び支出を適合的に評価分析するものであるという[21]。

　さらに，フリーデルは，この「決算案」のなかで，現金取引以外にも資産または負債効果をもつ項目が対照される非現金取引も重要になることを強調し，その典型例として減価償却費を挙げている。つまり，この「決算案」で費用としての減価償却費と対照させて「資産の減少による収入」が計上されることによってはじめて，予算における減価償却額，資産および負債の増減額，積立金への繰入額と取崩額，資産および負債の評価の増減額などを見通すことが可能になるというのである[22]。

　いま，より具体的な例示をみてみよう。まず，図表4-5は制度上の法的要

図表 4-5　現金収入および現金支出

	RM		RM
収　益	1,253,635.—	費　用	1,227,474.—
資産売却収入	49,639.—	資産購入支出	13,805.—
借入金収入	50,000.—	借入金償還	186,550.—
	1,353,274.—		1,427,829.—
資金不足	74,555.—		
	1,427,829.—		1,427,829.—

図表 4-6　資金の源泉と資金の使途

[資金の源泉]

	RM
最終的補償資金（収益）	1,253,635.—
費用の補償	1,227,474.—
超過した最終補償資金	26,161.—
戻し補償資金	49,639.—
非最終補償資金	50,000.—
補償資金不足	74,555.—
	200,355.—

[資金の使途]

	RM
1. 資産増加に関して	
a) 戻し補償から	13,805.—
2. 負債の償還に関して	
a) 最終的補償資金	26,161.—
b) 戻し補償から	35,834.—
c) 非最終的補償	50,000.—
d) 補償資金不足	74,555.—
	200,355.—

請に基づく計算内容である[23]。

これによれば，収入と支出の差額はそのまま利益額または損失額として理解される可能性があるが，資金不足（Fehlbedarf, Fehlbedarfdeckung）は損失と同じものではない。フリーデルによれば，こうした法的要請に基づく計算のみで

---

(21)　Vgl., Friedel [2], ebenda, S.66
(22)　Vgl., Friedel [2], ebenda, S.67
(23)　Vgl., Friedel [2], ebenda, S.68

は補償（Deckung）の観点が抜け落ちてしまうという問題が考えられている。いまその意味を彼が示す図表4-6の計算例[24]に依拠しながら考えてみたい。

図表4-6の前半部分は何も表示されていないがその内容から［資金の源泉］を理解され，また，後半部分はVerwendungと表示されていることから［資金の使途］であると解することができる。フリーデルの説明によれば，ここから補償資金（Decknungsmittel）の内容が読み取れるとする。つまり，資金不足は単に費用の支払いによるものだけでも資産が増加によるものだけでもなく，負債の償還によるものでもあるというのである。同時に，最終的および非最終的補償資金とならんで戻し補償資金（Rückgriffsdeckungsmittel）も負債の償還に充てられることになるが，その結果，74,555RMの資金不足額は次年度の収益収入による補償の問題となるとする[25]。

ヨーンスが自らの考え方を最終的に「包括計算書」の作成に結びつけるのに対し，このようにフリーデルはグループ簿記をもって最終的に「統合計算書」と「統合予算書」の作成に結実させようとするのである。

第5節　グループ簿記の意味と目的

以上にわたってグループ簿記の構造を見てきたのであるが，最後にその本質についてまとめておきたい。まず，フリーデルの提唱したグループ簿記の考え方は，収入および支出の特性を分析し，そこから単に金銭計算のみならず価値計算におけるフローとストックをカメラル簿記システムのなかで把握しようとするもので，これはヨーンスとの研究交流のなかでヴァルプ説をより発展させたものである。同時に，ヴァルプがこうした考え方をさらに検討しながら，カメラル簿記を営利経済主体に適用することを提唱したのに対し，ヨーンスはこれをさらに行政に適用することによって支払いがどのように「補償」されるか

---

(24)　Friedel [2], ebenda, S.70
(25)　Friedel [2], ebenda, S.70-71

を明らかにしようとした。いいかえれば，公会計において資産または負債の増減を基礎とする資金計算の発想を明確にしたものといえる。そのために，単に現金取引だけではなく，資産効果または負債効果を有する非現金取引をも含めて収支概念を理解する。他方，フリーデルにあっても，ヨーンスと同様に収支概念を非現金にまで拡大し，収入および支出の特性を分類することによって，カメラル簿記システムのなかでも公的部門の価値計算にかかわる成果計算および財産計算が可能となることを明らかにしようとした。そうした簿記システムがカメラル簿記の改良型としてのグループ簿記なのである。

　しかし，グループ簿記には重大な問題点もある。フリーデルの提唱するグループ簿記では，現金取引については収入および支出に関する原因別記録簿である時順帳簿に容易に"単式記入"され得るが，非現金取引については収入および支出に関する原因が時順帳簿に"複式記入"されなければならない。カメラル簿記の体系を維持したままそこに複式簿記の発想を取り入れるための工夫であるが，結局これがグループ簿記を計算構造的に複雑化することとなった。加えて，資産および負債にかかわる評価替えによる価値変動も記帳対象となっており，収入概念がヨーンスよりもさらに広く捉えられている。また，定義づけが必ずしも十分に行われないままにグループ簿記を説明するためのフリーデル特有の概念が多用されていることもこの簿記法全体の理解を困難にする要因となっている。ヨーンスの場合には，具体的な取引例について，「現金」と「非現金」との区別とともに，「債務収入」・「償還支出」，「貯蔵支出」・「貯蔵収入」，「債権支出」・「償還収入」，「収益収入」，「費用支出」という取引の最初と最後の特性が一覧表に作成され，収支概念が俯瞰的に理解できるよう工夫されているが，フリーデルにはそれがなく理解可能性についての配慮が十分ではない。こうしたいくつかの点でフリーデルの方がヨーンスよりも問題は大きいといわざるを得ない。ヨーンスの論文でもグループ簿記に関する種々の問題点が取り上げられており，それを評価しつつも，1937年の著作における表現上の多くの改善すべき問題があること，同時に，その後の著作でも問題点が未解決のままとなっていることを指摘している[26]。

収入および支出を「財産効果の有無」に従って分類し，資産計算に用いるというグループ簿記の基本思考は「連邦の資産に関する簿記および計算書作成規則（Buchführungs- und Rechnungslegungsordnung für das Vermögen des Bundes : VBRO)」によって取り入れられている。また，この規則は1953年3月16日に公布されたものの，公式に用いられることがなかったというものである。にもかかわらず，この規則には今日に至るまで実質的に連邦の資産計算書作成の方法に用いられているという興味深い経緯がある。また，1969年の財政改革のさいに制定されたHGrGによって，それまでの「通常予算」および「特別予算」という予算区分が「行政予算」および「財務予算」というフローとストックに分類されたのであるが，その両者を区別する基準として用いられたのが「財産効果の有無」であった。こうしたところにグループ簿記の影響が見られるが，公会計制度のなかの簿記法として取り入れられるところまでには至っていない。

---

(26)　Vgl., Friedel [2], ebenda, S71

第5章　公会計収支学説の基礎

　前章で取り上げたフリーデルのグループ簿記は，制度改革案として成功したとはいえないものの，ドイツ公会計を考えるとき重要な位置を占めるものとなっている。
　もともと収入および支出というフローから財産というストック計算を把握しようとするこのような試みは，すでに18世紀のピュヒベルクやユンクの説にも見られる。また，19世紀の終盤にはカメラル簿記に複式簿記の要素を取り入れたコンスタント簿記も登場している。従って，金銭計算の体系から価値計算を取り出すという発想はフリーデルだけのものではないが，グループ簿記の場合には，収入と支出をカメラル帳簿のなかで「成果効果をもつもの」と「財産効果をもつもの」とに分類し，さらに財産の内容を資産，負債および純財産に分類しようとしたところに特徴がある。
　また，こうした考え方が，20世紀前半に登場した近代会計理論形成の基礎となったドイツ動的会計論のなかから生まれてきたことにも注意を向けなければならない。フリーデルのグループ簿記に関する著書が1935年に出版され，その後1937年にはその解説書，さらに，1940年にグループ簿記の発展形態に関する著書が出版されている。それと並行して1937年，ヴァルプの門下生であったヨーンスによってカメラル簿記改良の基礎的な概念論を展開した著書が出版され，また，1938年には公会計へのその具体的な適用についての論文が出されている。これらはすべてシュマーレンバッハ説とその後の学説に流れる収支理論に基づくものである。とくに，フリーデルとヨーンスとはその学説に相互の影響が見られ，これらがやがてコジオールにも大きな影響を与えることとなったのである。
　つまり，ドイツ動的会計論を企業会計の側面から見るとフリーデルやヨーンスの学説はそれほど目立たないが，実は収支学説という観点からするとこれら両者の学説は，その後の動的会計論にもさらには公会計にも影響を及ぼしていることがわかる。そこで，ここではフリーデル説とヨーンス説がどのような関係にあるのか，その異同はどのようなところにあるのかについて検討することとする。

第1節　フリーデル説とヨーンス説

(1) 収入および支出の分類の相違

　フリーデルとヨーンスはいずれも伝統的なカメラル簿記に改良を加えて金銭計算のみならず価値計算をも可能にすることを試みているが，そこで作成される貸借対照表ないし財産計算書についての本質的理解には大きな相違点がある。ヨーンス自身の記述によれば，フリーデルとの間には研究上の交流があったといわれる通り[1]，ともに「現金」・「非現金」，「成果」・「非成果」という2つの観点から取引を分類するという点については共通の思考が見られる。しかしながら，フリーデルは主として財産計算書の作成を意識し，「非成果取引」を「財産効果をもつ（lagerwirksam）」かどうかから考察し，その内容を「資産効果をもつ（vermögenswirksam）」か，「負債効果をもつ（schuldenwirksam）」か，または，「自己請求権効果をもつ（eigenwirksam）（＝純財産効果をもつ）」かの観点で分類する。これに対し，ヨーンスは「非成果取引」を「貯蔵」，「償還」，「債権」および「債務」に分類し，「補償関係」を明らかにすることを主眼としているのであるが，これはまさに資金運動を表現しようとするものに他ならない。

　フリーデルにしろヨーンスにしろ，収入および支出から成果および財産の変動を算定することは，経済活動が現金の元入れから始まって最終的に現金の形態に戻るまでの時間のなかで，収入または支出というフローのなかから一定期間の成果とともに中間形態としての財産を取り出すことでもある。いいかえれば，シュマーレンバッハ説にいうところの「未解決項目」を収入および支出のなかから識別することでもあるのである。こうした理解のしかたは，要する

---

(1) Rudolf Johns [2], "Die Vollrechnung der Gemeinden", in: *Zeitschrift für Handelswissenschaftliche Forschung*, 32.Jg., 4.Heft（1938），S.146. 戸田博之訳『カメラール簿記／地方自治体の包括計算』，私家版（2010年）p.97 参照

に，会計の対象として金銭計算と価値計算の2つの側面が存在することに着目し，価値の変動を金銭の変動の側から把握しようとするものといえる。

　グループ簿記ではその価値計算を金銭計算の側面から把握しようとするのであるが，収入も支出もすべて価値変動が原因となっていることから，収入または支出という結果を見ることによって逆にその原因たる価値変動の把握が可能になると考えるのである。その関係をまとめれば次のようになる。

　　　［収入の原因］　　　　　　［支出の原因］
　　　　収益の発生　　　　　　　　費用の発生
　　　　資産の減少　　　　　　　　資産の増加
　　　　負債の増加　　　　　　　　負債の減少
　　　　自己請求権の増加　　　　　自己請求権の減少
　　　　成果にも財産にも影響なし(補助)　成果にも財産にも影響なし(補助)

　他方，ヨーンスにおいても価値変動は収入または支出となって表れると考えるところはフリーデルと同じであるが，価値変動の形態を次のように分類して理解する[2]。

　　　　［収入の原因］　　　［支出の原因］
　　　　　　収益　　　　　　　　費用
　　　　　　貯蔵　　　　　　　　貯蔵
　　　　　　償還　　　　　　　　償還
　　　　　　債務　　　　　　　　債権
　　　　　　資本　　　　　　　　資本

　上記の意味を理解するため，ヨーンス自身の図解[3]を参考にしながら，彼による第4章図表4-2のシェーマをフリーデルによる同図表4-1に当てはめてみると両者の関係は図表5-1のように理解されることとなる。

（2）　R. Johns [1], *Kameralistik*. 1937, S.69. 戸田前掲訳，p.89 参照。
（3）　Johns [1], ebenda, SS.68-69. 戸田前掲訳，pp.88-89 参照。

図表 5-1 フリーデル説とヨーンス説の関連図

	収入欄1	収入欄2	収入欄3	収入欄4	収入欄5
(F)	収　益	資産の減少	負債の増加	自己請求権の増加	債務者・責任

成果収入：収入欄1／財産収入：収入欄2〜5（省略）

	収入欄1	収入欄2	収入欄3	収入欄4	収入欄5
(J)	収益＝収入	貯蔵＝収入	償還＝収入	債務＝収入	資本＝収入

	支出欄1	支出欄2	支出欄3	支出欄4	支出欄5
(F)	費　用	資産の増加	負債の減少	自己請求権の減少	債権者・責任

成果支出：支出欄1／財産支出：支出欄2〜5（省略）

	支出欄1	支出欄2	支出欄3	支出欄4	支出欄5
(J)	費用＝支出	貯蔵＝支出	債権＝支出	償還＝支出	資本＝支出

(F)：フリーデル　　　(J)：ヨーンス

(出所) 亀井作成

(2) 概念の異同

　両者が用いている「現金」および「成果」の他，フリーデルでは「資産の増減」，「負債の増減」，「自己請求権の増減」および「債権者・債務者責任」，また，ヨーンスでは「貯蔵収支」，「債権・債務収支」，「償還収支」および「資本収支」の諸概念とともに，さらに，補償の態様によっても区分されていることについてはすでに言及した。両者が用いる諸概念は類似するものもあれば，ま

た似て非なるものもある。ここではその異同についてまとめておこう。
① 「現金（Geld）」
　フリーデルは「現金」の意味を改めて定義していないが，財産状態を示した計算例からわかるように，「手許現金（Bargeld）」とともに「預金（Bankkonto）」を含めている[4]。ヨーンスも「手許現金（Bargeld）」，「振替預金（Giralgeld）［ドイツ国銀行預金残高，郵便振替口座残高，その他類似の残高（Reichsbank-, Postscheck- und andere ähnliche Bestände）］」を列挙しており，両者は全く同様の意味で用いている[5]。
② 「成果（Erfolg）」
　フリーデルは「収益収入（Ertragseinnahmen）」と「費用支出（Aufwandsausgaben）」の概念のもとで，その差額として「成果」を理解している[6]。ヨーンスも同じ意味において「成果」を使用している[7]。
③ 「資産の増加（Vermögensvermehrung）・資産の減少（Vermögensverminderung）」これらはフリーデルが財産計算書を作成するために用いる概念であり，評価替えによる増減も非現金取引として記帳対象とされる。
④ 「負債の増加（Schuldenvermehrung）・負債の減少（Schuldenverminderung）」これらは上記の「資産の増加」および「資産の減少」に対する負債の場合であり，財産計算書を作成するために用いられる。評価替えによる増減も非現金取引として記帳対象とされる。
⑤ 「自己請求権（Eigene Ansprüche）の増減」
　「自己請求権」はフリーデルが用いる概念で，そのまま「純財産」に置き換えることが可能である。ヨーンスではカメラル簿記を営利企業に適用する場合の記帳が展開されているため，この概念は「資本」として記述さ

（4） Robert Friedel [1], *Kurzer Unterricht in der "Gruppik"*, Berlin = Mariendorf 1937, S.7
（5） Johns [1], ebenda, S.4. u. S.7. 戸田前掲訳，p.5., p.8 参照。Johns [2], ebenda, S.148. 戸田前掲訳，p.100 参照。
（6） Vgl., R.Friedel [2], Haushaltsrechnung und -plan in verbundener Form, Leipzig 1940, S.29–30
（7） Vgl., Johns [2], ebenda, S.149. 戸田前掲訳，pp.100–101 参照。

れている。
⑥ 「貯蔵支出」,「貯蔵収入」

　これはヨーンス説における中心的な概念のひとつであり，債権以外の経済的資源の購入はすべて「貯蔵支出」となり，それらを売却することによって得られる収入はすべて「貯蔵収入」となる[8]。これに対してフリーデル説では，このような支出は「資産の増加」，当該資産の売却による収入は単に「資産の減少」として表現される。こうした違いは，ヨーンス説では財産計算書の作成よりも資金計算目的が中心におかれていることにより，収入および支出が主要な関心の対象となっていることによるものである。つまり，資産の増減はその内容の区別とともに収入および支出の原因としてのみ理解されているのである。

⑦ 「債務収入」,「償還支出」

　これもヨーンス説における中心的な概念のひとつであり，これらは対をなす取引となる。具体的な取引例については後に掲げる。また，資本の払戻しも「償還支出」となる。グループ簿記では「債務の増加」,「債務の減少」として表現される。

⑧ 「債権支出」,「償還収入」

　この概念も前述の⑦と同様ヨーンス説における中心的なもののひとつであり，これらは対をなす取引となる。具体的な取引例については後に述べることとする。グループ簿記では財産計算書作成に焦点があてられるため，これらは「資産の増加」,「資産の減少」として表現される。

⑨ 「本源的収入（ursprüngliche Einnahmen）」・「本源的支出（ursprüngliche Ausgaben）」「本源的ではない収入（nicht ursprüngliche Einnahmen）」・「本源的ではない支出（nicht ursprüngliche Ausgaben）：これらの用語はフリーデルによるものであるが，ヨーンスでは「本来的収入（eigentliche Einnahmen）」・「本来的支出（eigentliche Ausgaben）」が用いられている。

---

(8)　Vgl. Johns [1], ebenda, S.6. 戸田前掲訳，p.7 参照。

意味は両者とも同じである。
⑩ 「最終的収入 (endgültige Einnahmen)」・「最終的支出 (endgültige Ausgaben)」「最終的ではない収入 (nicht endgültige Einnahmen)」・「最終的ではない支出 (nicht endgültige Ausgaben)」：これらはフリーデルの用語であるが，ヨーンスでは「最終的」については同じ用語を用い，また，後者については「非最終的収入 (unendgültige Einnahmen)」・「非最終的支出 (unendgültige Ausgaben)」を用いている。こうした「最終的」は，未解決の状態が解決されるような取引を意味するもので，いいかえれば現金収支に帰着するような取引をいう。

　上記の「本来的」と「最終的」の意味について，ヨーンスは両者を必ずしも明確に区別していない。彼によれば，物財の提供や労働給付に対する対価が支払われ，それらの価値が費消されてはじめて貨幣資本の利用が終了すると考え，そこでもたらされる収入および支出を「本来的ないし最終的」な収入および支出と捉える[9]。その意味は「その収入または支出がそれ以前の結果ではなく，また事後的な収入も支出も伴わないもの」との理解となる[10]。従って，最も基本的かつ本来的な補償は，費用支出が同一年度の収益収入によって支払われる形態であり，ヨーンスはそれを「最終的補償 (endgültige Deckung)」と呼ぶ。こうした「最終的」に対して逆に「非最終的」である状態というのは，上記のような意味では未だ完結していない状態として理解すれば，そこにはシュマーレンバッハにいう「未解決項目」の考え方が基礎に置かれているとの理解も可能である。
⑪ 「戻し収入 (Rückgriffseinnahmen)」，「戻し補償 (Rückgriffsdeckung)」：フリーデルでは，「戻し収入」の例として，例えば「収入欄2」に記入さ

---

(9) Johns [1], ebenda, S.5. 戸田前掲訳, p.6 参照。
(10) Johns [2], ebenda, S.149, 以下, [2] "Die Vollrechnung der Gemeinden", in: *Zeitschrift für Handelswissenschaftliche Forschung.*, 32.Jg.,4.Heft (1938), S.149. これについては, 亀井孝文著『公会計改革論―ドイツ公会計研究と資金理論的公会計の構築―』, 白桃書房　2004年, p. 252 参照。

れる固定資産の売却による収入が掲げられているが，これはもともと現金が固定資産として「貯蔵」されていた状態から売却によって再び環流してきたものであり，ヨーンスでは「貯蔵収入」となる。ヨーンスにいう「戻し計算」は，減価償却費の計上のための「振替記帳（Umbuchung）」，費用および収益の見越し・繰り延べの決算整理のさいの調整計算として行われる「追加計算（Nachverrechnung）」とならぶ「戻し計算（Rückverrechnung）」の意味をもって使用される。また，フリーデルは「戻し補償」の用語を用いて，固定資産の取得のための積立金を「封鎖現金（Sperrgeld）」（この用語の使用と意味はヨーンスも同じ）と呼び，その取り崩しによる固定資産取得の支払い方法を指している。

　また，両者の相違は次のようなところにも表れている。ヨーンスでは，まず，原則的に現金収支を伴う取引として，収益収入および費用支出のような最終的収支が取り上げられる。同様に現金収支を伴う取引として，貯蔵支出（非最終的支出）と将来時点での貯蔵収入（最終的収入），債権支出（非最終的支出）と将来時点での償還収入（最終的収入），さらに，債務収入（非最終的収入）と将来時点での償還支出（最終的支出）という定型的な分類とその定義が明確に行われている。これに加えて非現金取引が説明される。こうしたヨーンスの体系化に対してフリーデルの場合には帳簿記入の分類から説明が行われているため，個別の場合の事例が列挙されるものの，それぞれの取引の定型的分類も定義づけも明確に行われないままとなっている。フリーデル説についてはヨーンスが自らの概念を用いて解説を加えており，その意味でグループ簿記理解にはヨーンスの支援が不可欠といってもよい。

（3）貸借対照表観と会計目的の相違

　フリーデルとヨーンスにおける収入および支出の分類の違いは，それによってそれぞれが最終的に何を把握しようとするかに基づく。まず，フリーデルにいうグループ簿記の基本的目的はといえば，「財産の確実な把握を実行すること」であり，そのために収入および支出における「財産効果の有無」の判別が最初の重要な任務となる。そうした財産効果性の対極に成果効果性があり，結

局，グループ簿記の本質は現金収支計算のみに貫徹される伝統的なカメラル会計では把握されない成果および財産の変動を取り出すことにある。これに対して，ヨーンスはとりわけ市町村のような公的機関においては財産計算書のようなストック計算書を作成することそれ自体を目的とするのでなく，成果計算と財産計算との関係のなかで「現金在高（Geldbestand）」を把握し，それらの「現金在高への効果（Wirkung auf den Geldbestand）」を知ることを目的としている[11]。しかし，取引を「補償」の観点から「本来的」ないし「本源的」または「非本来的」ないし「非本源的」として分類するとともに，それを「最終的」と「非最終的」に分類して同じ意味で使用する点では共通しているといえる。そこでの相違点は，ヨーンスがどのような収入によってどのように支払いが行われるかの「補償」のあり方，とくに市町村の会計における補償計算に強い関心をもつのに対し，フリーデルは「補償」について言及しているものの，ヨーンスほど強い関心を示していない点である。このことは，両者の貸借対照表観および会計目的の相違によるものである。つまり，取引を収支から分類する考え方は両者において類似性が大きいが，ヨーンスは，自ら提唱する公的貸借対照表に財産貸借対照表としての本質も成果計算書としての本質も認めず，そこに資金とそれによる補償の過程の表示機能を求めるのである。こうした考え方に対し，フリーデルは逆にその両者を積極的に見い出すための発想が基本に置かれているところに大きな違いがある。

　また，取引は現金の収支を伴うものばかりではなく，現金の移動を伴わないものも存在することから，いわゆる「非現金取引」も取り扱わなければならないが，フリーデルはこれについては［時順帳簿・非現金］に記帳すべきとしていくつかの例を示すものの，その方法については触れていない。これに対して，ヨーンスは以下のような具体的かつ体系的な例を掲げている[12]。つまり，現金そのものの収支だけではなく，資産または負債の増減によっても広義の現

---

(11) Johns [1], ebenda, S.3, S.4. 戸田前掲訳，p.5 参照。
(12) Vgl., Johns [1], ebenda, S.10-11. 戸田前掲訳，p.13 参照。

金すなわち資金が増減することを示したもので，これによってもヨーンスの計算目的が資金に置かれていることがわかる。いいかえれば，常に「収入」と「支出」に関心が向けられているのである。

[ヨーンス説における非現金取引の例]
1. 収益収入／債権支出 ： （例）すべての掛売り
　　複式簿記では　　　： （借）売掛金／（貸）収益勘定
　　〔掛売上は収益として将来の現金収入となるが，現時点では売掛金の増加は資金の減少となる。成果効果をもつ取引であることから「本来的」であるが，この取引はまだ完結していないという意味において「非最終的」である。〕
2. 費用支出／債務収入 ： （例）未払いによるすべての費用
　　　複式簿記では　　： （借）費用勘定／（貸）未払勘定
　　〔未払いの費用は将来の現金支出となるが，現時点ではその増加は資金の増加となる。成果効果をもつ取引であることから「本来的」であるが，この取引はまだ完結していないという意味において「非最終的」である。〕
3. 貯蔵支出／債務収入 ： （例）掛によるすべての場合の固定資産の調達
　　　複式簿記では　　： （借）固定資産勘定／（貸）未払勘定
　　〔この資産の調達は将来の資金の減少となるが，同時に未払金という負債の増加として現時点での資金増加要因となる。また，成果効果をもたない取引であることから「非本来的」であり，この取引はまだ完結していないという意味において「非最終的」である。〕
4. 貯蔵収入／債権支出 ： （例）使用されなくなった機械を掛で売却する場合
　　　複式簿記では　　： （借）未収金／（貸）固定資産
　　〔この資産の減少は将来の資金の増加となるが，同時に未収金という資産の増加は現時点での資金の減少要因となる。また，成果効果をもたない取引であることから「非本来的」であり，この取引はまだ完結していないという意味において「非最終的」である。〕
5. 費用支出／償還収入 ： （例）回収不能の売上債権の償却

　　　　　複式簿記では　：　（借）貸倒損失／（貸）売掛金

〔資産の減少は資金の増加要因となる。また，成果効果をもつ取引であることから「本来的」であり，この取引は完結しているという意味において「最終的」である。〕

6. 収益収入／債権支出　：　（例）仕入先値引

　　　　　複式簿記では　：　（借）買掛金／（貸）費用勘定または棚卸資産勘定

〔負債の減少は資金の減少要因となる。また，成果効果をもつ取引として処理すれば「本来的」であり「最終的」取引となるが，いったん棚卸資産を経由させる処理を行えば，「非本来的」かつ「非最終的」取引となる。〕

7. 費用支出／貯蔵収入　：　（例）消費高を財産勘定から製造計算書へ振替記帳する場合

　　　　　複式簿記では　：　（借）費用勘定／（貸）在高勘定

〔資産の減少は資金の増加要因となる。また，成果効果をもつ取引であることから「本来的」であるが，まだ完結していないという意味において「非最終的」である。〕

8. 収益収入／貯蔵支出　：　（例）費用支出の戻し計算

　　　　　複式簿記では　：　（借）減価償却費勘定／（貸）機械

〔資産の減少は資金の増加要因となる。また，成果効果をもつ取引であることから「本来的」であるが，まだ完結していないという意味において「非最終的」である。〕

9. 償還支出／債務収入　：　（例）銀行借入による仕入先支払

　　　　　複式簿記では　：　（借）買掛金／（貸）銀行勘定

〔資産の増加は資金の減少となり，資産の減少は資金増加要因となる。さらに，負債の減少は資金の減少を，負債の増加は資金の増加をもたらす。ただ，結果として，この取引によって資金変動はもたらされない。なお，成果効果をもたない取引であることから「非本来的」であるが，完結したという意味において「最終的」である。〕

10. 償還収入／債権支出 ：（例）銀行振込による債権の回収
　　　　複式簿記では ：（借）銀行勘定／（貸）債権勘定
〔前記9.の資産の増減の場合と同様であり，この取引によって資金変動はもたらされない。また，「非本来的」・「最終的」である。〕
11. 償還支出／償還収入 ：（例）得意先の支払いによって，銀行債務が預金残高に変わる場合
　　　　複式簿記では ：（借）銀行勘定／（貸）売掛金
〔これも前記10.と同様である。〕
※〔 〕内は筆者による付加的説明

(4) フリーデルの財産計算書とヨーンス説

　これまで述べてきたように，フリーデルとヨーンスは使用する概念に多く類似点が見られるが，もともと計算の目的が異なることから個別概念に対する関心の置き方は異なっている。いまそうした相違を前提にフリーデルの財産計算書にフリーデルの現金取引および上に例示した非現金取引の形態を重ねてみると図表5-2のようにまとめることができるであろう。

　まず「左側」の最上部は，期首現金在高とともに時順計算書の収入欄および支出欄のそれぞれ1〜3に記入される現金収支額から構成されるのであるが，この内容はヨーンスの概念に従えば，収益収入と費用支出，貯蔵収入と貯蔵支出，債権支出と償還収入，および，債務収入と償還支出によって構成される。これら以外に資産（現金以外）の期首在高とともに現金収支を伴う場合と伴わない場合のそれぞれの増減額が加わる。これらはヨーンスの概念では，貯蔵支出，債権支出，貯蔵収入および償還収入となる。負債についても同様に，期首の在高に現金収支を伴う場合と伴わない場合の増減が記入される。同様にヨーンスの概念によれば，これらは債務収入および償還支出である。さらに，自己請求権には期首在高に利益（成果）が加えられ，追加元入れ額および引き出し額の増減が計算されるが，これらはヨーンスの概念では債務収入および償還支出となる。フリーデルの財産計算書すなわち一般的に貸借対照表は収支概念からこのような構成内容として作成されるのであるが，他方，この財産計算書か

第 1 節　フリーデル説とヨーンス説　121

図表 5-2　フリーデルの財産計算書とヨーンス説の関連

（ヨーンス）	フリーデル財産計算書		（ヨーンス）
	期首現金在高	期首負債在高	
	＋）成果効果をもつ収入		
収益収入 ┄┄┄┄	収入欄 1	＋）負債効果をもつ収入	
	＋）財産収入	収入欄 3 ┄┄┄┄	債務収入
貯蔵収入 ┄┄┄┄	収入欄 2	－）負債効果をもつ支出	
償還収入 ┄┄┄┄	収入欄 2	支出欄 3 ┄┄┄┄	償還支出
債務収入 ┄┄┄┄	収入欄 3		
	－）成果効果をもつ支出		
費用支出 ┄┄┄┄	支出欄 1		
	－）財産支出	＋）負債効果をもつ	
貯蔵支出 ┄┄┄┄	支出欄 2	非現金収入	
債権支出 ┄┄┄┄	支出欄 2	収入欄 3 ┄┄┄┄	債務収入
償還支出 ┄┄┄┄	支出欄 3		
	期首非現金資産	－）負債効果をもつ	
	＋）資産効果をもつ支出	非現金支出	
貯蔵支出 ┄┄┄┄	支出欄 2	支出欄 3 ┄┄┄┄	償還支出
債権支出 ┄┄┄┄	支出欄 2		
	－）資産効果をもつ収入		
貯蔵収入 ┄┄┄┄	収入欄 2	自己請求権（純財産）	
償還収入 ┄┄┄┄	収入欄 2	期首在高	
	＋）資産効果をもつ		
	非現金支出	＋）利益	
貯蔵支出 ┄┄┄┄	支出欄 2		
債権支出 ┄┄┄┄	支出欄 2	＋）収入欄 4 ┄┄┄┄	債務収入
	－）資産効果をもつ	－）支出欄 4 ┄┄┄┄	償還支出
	非現金収入		
貯蔵収入 ┄┄┄┄	収入欄 2		
償還収入 ┄┄┄┄	収入欄 2		

（出所）亀井作成

ら期首在高部分を除いてヨーンスによる概念をすべてまとめればその資金計算書が完成することとなる。つまり，フリーデルの財産計算書における増減部分とヨーンスの資金計算書とは見る方向を変えたいわば表裏の関係を示すものなのである。いいかえれば，フリーデルにあってもヨーンスにあってもそれぞれ固有の収支概念に基づく金銭計算から出発して価値計算を意識するところは同じであるが，最終的に前者は財産（資産，負債および自己請求権）に焦点を当てるのに対し，後者は資金変動に焦点を当てるのである。

第2節　ドイツ収支学説とフリーデル説

　グループ簿記の発想は伝統的な公会計制度の簿記法であるカメラル簿記を単に金銭計算としての勘定別現金収支会計にとどめておくのではなく，価値計算にまで拡張することを提唱したものである。その基本的な考え方に基づいて，成果効果をもつ取引と財産効果をもつ取引を分類するとともに，さらに，取引を現金取引と非現金取引とに分類し，一会計年度の成果計算と年度末における資産，負債およびその両者の差額を表すための財産計算を構想している。このような大きく2つの観点から取引をグルーピングするところに「グループ簿記」の名称の由来があり，これはフリーデル自らによる呼称といわれる。

　第二次世界大戦後，ドイツの基本法（Grundgesetz：GG）第114条第1項は，すべての収入および支出に関する計算書の作成とならんで資産および負債に関する計算書の作成を義務づけた。さらに，1969年の財政改革の一環として制定されたHGrGに基づく連邦予算規則（Bundeshaushaltsordnung：BHO）でも，収支における資産効果性の有無を基礎として資産計算書を作成することが求められている。このような規定にもかかわらず，「資産計算書」は実際には資産および負債に関する「計算書（Rechnung）」としてではなく，単に資産および負債に関する「報告書（Bericht）」として作成されてきたに過ぎない。ようやく貸借対照表を意識した対照式の資産と負債の計算書が作成されるようになったのは，2009年の公会計制度の根本的な改革に至ってからである。それ以前

における収支の資産効果性の有無によって資産計算書を作成する考え方は，少なくとも1930年代にフリーデルが理論化を試みたものであるが，そこでグループ簿記がどのような役割を果たしたのかは必ずしも明らかとなっていない。

さて，理論的にはフリーデルはどのように評価されるべきであろうか。ヴァルプとヨーンスとの師弟関係，ヨーンスとフリーデルとの交流等の関係からも想起される通り，これらの説はいずれも会計事象を収支概念から説明しようとするところに共通点を見いだすことができる。その意味でヨーンス説とともにフリーデル説をドイツにおける収支学説の一端に位置づけることができると考えてよい。こうした収支学説のうち，ヴァルプは営利経済主体の会計理論に研究の主軸を置き，他方，ヨーンスとフリーデルは行政の会計理論研究を中心としているという相違はあるが，どのような経済主体であれその取引は収支が中心かつ基礎となるものであり，そこから財産価値の変動を見るという点においては共通するものである。その点でフリーデル説がドイツ収支学説形成の一端を担ったという役割は評価されるべきであろう。ただ，彼の提唱するグループ簿記は，カメラル簿記というドイツ公会計制度における簿記法の維持と改良を提唱して後の制度改革に影響を与えたものの，その複雑さのためにシステムとして必ずしも完成しているとはいえず，その意味では制度改革論として成功したとはいい難い。同時に，グループ簿記のようにカメラル簿記を改良しようという試みは，カメラル簿記の本質から次第に離れていく結果を生み出したこともまた事実である。

第3節 カメラル簿記の生命力

さらに，カメラル簿記の生命力の強さともいうべきその持続性にも注意を払っておく必要があろう。ヴァルプの研究によれば17世紀にカメラル簿記が形成されはじめ，すでに18世紀半ばから後半にはピュヒベルクやユンクによって具体的なカメラル簿記の改良案が提唱されている。その後，1810年のイエーガー・フォン・ヴァイデナウ（Jäger von Weidenau）による収支から成果と

非成果を区別する提案，1913年のシュナイダー (Ferdinand Schneider) および1914年のクラプドア (Karl Klapdor) によるいわゆる高度なカメラル簿記の提案，ヴァルプによる1926年の経営カメラル簿記論等，カメラル簿記を改良して成果計算と資産計算とをいかに有機的に関連づけるかの試みが断続的に行われてきた[13]。そこに共通しているのは，カメラル簿記に複式簿記の発想を取り込みながらも，さらに進んでカメラル簿記の記帳法を根本的に変更しようとする提案は全く登場してこなかったことである。このような考え方は，1997年，HGrGの改正によって連邦レベルでも州レベルでも法制度上は複式簿記の導入が容認されるようになり，さらに2009年の公会計制度の大きな改革を経過した後においてすらも「拡張カメラル会計」に姿を変えて貫かれている。公会計に価値計算を取り入れようとするとき，カメラル簿記については疑問の念を払拭し切れないが，さまざまな工夫を加えながら，カメラル会計システムを厳然と維持しようとするドイツ公会計制度の魂ともいうべき収支思考の強さを公会計簿記史から改めて読み取る必要がある。

---

(13) Manfred Fuchs, "Betriebskameralistik", in: Chimielewicz, K./ Eichhorn,P.(Hrsg.), *Handwörterbuch der öffentlichen Betriebswirtschaft*, Stuttgart 1989, S.133

第6章　公会計における収支学説の系譜

　前章で取りあげたフリーデル及びヨーンスの所説は1930年代後半に現れた学説であるが，それはシュマーレンバッハの1919年『動的貸借対照表論の基礎』が次々に版を重ね第6版（1933年）が出版された少し後の頃であり，また，ケルン大学でシュマーレンバッハの助手であったヴァルプが"Theorie zur Erfolgsrechnung" (in: *Zeitschrift für Handelswissenschaft*, 17.Jg., 1923) や *Erfolgsrechnung privater und öffentlicher Betriebe* (Berlin/Wien 1926)，さらには，*Finanzwirtschaftliche Bilanz*, 1.Aufl.（Duisburg 1943）を世に送り出した頃のことである。ヨーンスがヴァルプの門下生であったことはすでに述べた通りであるが，その後，これまたシュマーレンバッハの門下生であったコジオールによって *Bilanzreform und Einheitsbilanz. Grundlegende Studien zu den Möglichkeiten einer Rationalisierung der periodischen Erfolgsrechnung*, 1.Aufl. (Reicherberg/Leipzig/ Wien 1944) が出版されている。ヨーンスやフリーデルによって公会計の領域で収支学説に基づいた新しい考え方が提唱されたのはこのようにドイツにおける近代会計の理論が大きく開花しようとする時期だったのである。

　ドイツにおける近代会計の基礎を築いた諸学者の研究にはカメラル簿記についての深い洞察が含まれ，そのなかから生まれた考え方が収支学説といわれるものである。シュマーレンバッハの『動的貸借対照表論』にもカメラル簿記に関する詳細な記述が含められているが，その部分はわが国におけるその翻訳書ではすべて捨象されている。そうした収支学説が再びカメラル簿記に影響を与えることとなった。このように，ドイツにおける近代会計理論と公会計は「収支概念」を媒介として相互に密接な関連をもって発展してきたのである。

　こうした「ケルン学派」といわれる研究者の動態論や収支理論を受けて，わが国でもすでに第二次世界大戦前からその学説研究が行われ始めた。ただ，それはもっぱら企業会計の側面からのみの研究であった。本章では，このようなケルン学派の学説がヨーンスやフリーデルの提唱した学説または公会計論にどのような影響を与えたのかについて，収支学説の系譜を俯瞰することによって改めて考えてみることとしたい。

第1節　動的会計理論と収支学説

　シュマーレンバッハ動的貸借対照表論とそれを修正し補完しようとしたヴァルプ説、さらにそれらを発展させようとしたコジオールの収支的貸借対照表論と、まさにドイツにおける近代会計理論の基礎を確固たるものとした学説がきら星のごとく並んだのは、ドイツが第一次世界大戦の敗戦を契機とする空前のインフレーションとその克服、そこからの回復と第二次世界大戦に向かう時期であり、さらに、戦後の荒廃から回復しようとする時期であった。その激動の時代、文字通り天文学的といわれるインフレーションすなわち貨幣価値の極端な下落のなかで人々の関心が経済活動の給付面に集まったのは自然のなりゆきであった。しかし、そのなかで経済活動の貨幣の動きとりわけ現金収支に注目した会計理論が現れてきたのは実に注目すべき現象であったといえる。

　これらの学説がわが国で紹介され研究されたのは多くの場合第二次世界大戦後のことであるが、単にその紹介だけではなく学説の詳細な研究に至るまで、ドイツ近代会計に関する理論的探求は大きく進展した。しかし、同時に指摘しておかなければならないことは、わが国におけるこれら研究はすべて企業会計というフィールドのなかでのことなのである。

　いま改めてドイツの近代会計の理論的動向に目を向けると、その発展期にヴァルプ説から影響を受け、逆にヴァルプに理論的提言を行ったヨーンスが、収支的側面から給付的側面をみるという考え方を公会計に適用しようとする考え方を提唱した。さらに、そのヨーンスと交流のあったフリーデルも同様の発想で現金収支の動きから財の在高を把握する方法を公会計のなかに定着させようとしたのである。彼らについてはその名前のみわが国でも言及されたことはあるが、内容の詳細にはほとんど触れられることはなかった。ケルン学派の巨星たちへの憧憬とその学説研究の前に彼らの存在は、少なくともわが国では全く認識の対象にならなかったといってよい。

　このようにヨーンスとフリーデルがほとんど研究対象とされてこなかったの

は，企業会計をもっぱら関心の対象とするわが国の研究状況においてドイツ公会計研究は全く視野に入らず，従って，収支学説と公会計の理論的関連がほとんど理解されなかったところにあったといっても過言ではない。しかし，とくに近年になって大きな関心が持たれるようになった公会計論という観点から改めて見直すと，彼らはドイツ公会計における伝統的なカメラル簿記体系のなかに動態論と収支学説を取り込むことによって新風を吹き込もうとしたのであり，そこには重要な意味が含まれていることに注目されなければならないことがわかる。これらは，17世紀に始まるといわれる古典的なカメラル簿記の時代から度重なる改良提案を経て，ドイツにおける現行の公会計制度で用いられるカメラル簿記を中心とする考え方に重要な影響をもたらしていると考えられるのである。ドイツにおいて「公的計算制度を流れている計算は収支計算である」[1]といわれるように，ドイツ公会計を研究すればその過程で必ず行き当たるのがカメラル簿記とその改良提案であり，その基礎を形成しているのが収支学説なのである。そうした意味で，ドイツ公会計制度の本質を理解するのに，カメラル簿記とドイツ近代会計理論とりわけ収支学説との関係を考えてみることは避けて通ることができないことを確認する必要がある。

　もうひとつ関心が持たれるのは，「収入」および「支出」はそれぞれ借方項目なのか貸方項目なのかという問題である。これはドイツ近代会計論を形成してきた巨星たちにとっても共通した本質的問題であり，彼らをも悩ませてきた重要課題でもあった。ドイツにおける近年の公会計改革論をリードしてきたリューダーも当初の論文における貸借記入の方法を後に公刊した著書では全く逆の記入に修正している[2]。わが国においてもこの問題が多くの研究者を悩ませてきたという事情は同様である。こうした点に注目してその諸説を子細に見ると，「収入」および「支出」の貸借記入とその論拠はさまざまに異なるという興味深い事実が浮かび上がってくる。ひとつの同じ会計事象について借方記入

（1）　吉田　寛著『近代会計の構造』，中央経済社　1968年（1963年），p.113
（2）　亀井孝文著『公会計改革論―ドイツ公会計研究と資金理論的公会計の構築―』，白桃書房　2004年，p.293参照。

と貸方記入とが学説によって正反対となり，その理由も異なる……，このようなことがあり得るのか，また，これはどういうことなのかという素朴な疑問は決して棄却されるべきではない。同時に，その理論的解釈は決して簡単なものではない。この貸借記入法の問題についてはすでに前著で筆者の見解を披瀝したのであるが，本書全体の行論においても一貫した重要性をもっている。収支学説を公会計論を意識しながら俯瞰的に再確認することはこうした意味があることを意識している。シュマーレンバッハ，ヴァルプ，コジオールといった学説を再確認するといっても，それは決して簡単なことではないと同時に，ここではその学説それ自体を研究することを目的とするわけではない。幸いなことに，これらの諸説についてはわが国においてもいくつかの優れた先行研究があるため，諸説の内容理解についてはこうした先行研究に依拠しながら，ここでは新たに「公会計の視点」を主たる関心の対象とする。

第2節　動的会計論の諸説

(1) シュマーレンバッハからヴァルプへ

「動態論（dynamische Bilanzlehre）というコペルニクス的転回を意味する新説をひき提げて，財産計算なる伝来の貸借対照表観に挑戦した」[3]と谷端が評価するシュマーレンバッハの動的貸借対照表論については，すでに多くの機会に論じられてきている。同時に，山下は「損益法が財産法に代わりうる証明がなされたとしても，財産法の全面的な否定は引き出されない」と述べ，さらに，「期間損益計算それ自体の真実が客観的に実証されなくては，損益法が財産法に代位しうるというシュマーレンバッハ的意図は，いまだ十分に達成されているとはいえない」[4]としてその説の限界を唱えている。とはいえ，シュマーレンバッハの動的貸借対照表論が爾後の会計理論に与えた影響の大きさは計

---

(3) 谷端　長著『動的会計論（増補版）』，森山書店　1969年（1965年），p.4
(4) 山下勝治著『貸借対照表論―貸借対照表法の近代化―』，中央経済社　1969年（1967年），pp216-217

り知れず，研究者の関心のきわめて高い学説である。実際，黒沢が「シュマーレンバッハの動的貸借対照表論に関する研究を行った文献は，わが国では，枚挙にいとまがないほど非常に多い」[5]と述べると同時に，岩田が，にもかかわらず「解釈が学者により一様ではなく，いろいろ意見が分かれているのを見ても明らかなように，その核心にふれることは，なかなか容易なわざではない」[6]ともいう。また，斎藤は「動的貸借対照表論の中で，利益のもつ意味も考えないで，その構造について余りにも技術的な，未解決項目の数式による説明をしても，それが何のために必要なのかは判らない」[7]と安易な学説研究に警鐘を鳴らしている。このように，シュマーレンバッハの学説はその知名度の高さにもかかわらず，取り扱いの難しい理論体系でもある。もとよりここでは学説研究それ自体を目的とするものではなく，また，多くの先行研究を超える新たな解釈を付け加えようというものでもない。ただ，理論研究が手薄なままとなってきた公会計にあって，とりわけドイツにおける公会計制度とその基礎的思考をたどることによって，そこにさまざまなかたちで収支学説の影響が看取されるという事実を知れば，近代会計論の基礎を築いたドイツ動的会計論とさらにその底流にある収支学説との関連を看過してしまうわけにはいかない。

　まず，さしあたりここでの議論の出発点となるシュマーレンバッハの動的貸借対照表の構造はこれまでも多くの機会に紹介され検討されてきたが，その最も核心となる部分を図表6-1[8]によって確認しておこう。

　この貸借対照表からわかるように，支払い手段すなわち現金と資本金を除けばすべての項目が未だ最終的に決済されない「未解決」の状態にある。また，「収益・未費用」および「費用・未収益」は経営の内部計算に関連するものであるため，外部報告目的の貸借対照表には通常現れない。これら4種類の項目

（5）　黒沢　清著『会計学精理』，税務経理協会　1983年，p.93
（6）　岩田　巌著『利潤計算原理』，同文舘1969年（1956年），p.269
（7）　斎藤隆夫著『会計制度の基礎』，森山書店1975年，「はしがき」
（8）　シュマーレンバッハ著／土岐政蔵訳『十二版・動的貸借対照表論』，森山書店　1969年（1959年），p.52参照。なお，この貸借対照表における「収益」の原語は"Leistung"であり，「給付」と訳す研究者もある（谷端前掲書，p.85参照）。

図表6-1　シュマーレンバッハ動的貸借対照表の構造

1. 支払い手段	1. 資本金
2. 支出にして未だ費用となっていないもの（支出・未費用）	2. 費用にして未だ支出となっていないもの（費用・未支出）
3. 支出にして未だ収入となっていないもの（支出・未収入）	3. 収入にして未だ支出となっていないもの（収入・未支出）
4. 収益にして未だ費用となっていないもの（収益・未費用）	4. 費用にして未だ収益となっていないもの（費用・未収益）
5. 収益にして未だ収入となっていないもの（収益・未収入）	5. 収入にして未だ収益となっていないもの（収入・未収益）

以外は収支概念から理論構成されていることがわかる。

　さらに、シュマーレンバッハ説の特徴は次のような考え方からも看取できる。「費用支出」と「収益収入」という用語を用いたのはシュマーレンバッハが最初であるといわれるが[9]、それらはそれぞれ「費用」と「支出」、「収益」と「収入」という2つの概念の組み合わせとなっている。シュマーレンバッハ説の問題の第1はここから生ずる。まず、この概念の意味について、谷端は材料¥100,000を購入し期末に¥20,000が残高となる場合の事例を示して説明している。この場合、仕訳は次のようになる。

　（借）材　　料　100,000　　（貸）現　　金　100,000
　（借）材　料　費　80,000　　（貸）材　　料　80,000

つまり、谷端によれば、「八万円は材料費として損益計算書借方に計上されて費用支出となるが、二万円は材料として貸借対照表借方に計上されて未費用支出＝支出・未費用（Ausgabe noch nicht Aufwand）となる。ここでは、十万円という支出（原因）が八万円と二万円の二つの支出（原因）に分解されて、それぞれ損益計算書と貸借対照表の借方に現われるにすぎない」[10]（傍点ママ）と

（9）　谷端前掲書、p.235参照。
（10）　谷端前掲書、p.238

いうことになる。このことからわかるように，シュマーレンバッハの関心は，上記の２つの概念の組み合わせのうち，「支出」ではなく借方勘定たる「費用」に向けられている。ヴァルプの用語でいえば，シュマーレンバッハの主要な関心は収支系列ではなく給付系列であるということになる。従って，購入した材料は，本来，損益計算書の借方に計上されるべきであったが，¥20,000が未費消となったためそれを計上するのは当然何らかの計算書の借方側ということになり，その受け皿が貸借対照表だというわけである。貸借対照表が損益計算における未解決項目の集合表であるという意味はまさにこのことなのである。こうした考え方に基づいて，「費用支出」ないし「支出」は借方に現れると考えることとなる。「収益収入」の場合にはその反対を考えればよい。

　シュマーレンバッハ説にはさらに次のような第２の問題も浮かび上がる。まず，シュマーレンバッハが掲げる損益計算書における借方側（費用）の場合を谷端が次のようにまとめている。
　① 当期の費用・当期の支出（Aufwand jetzt, Ausgabe jetzt）
　② 当期の費用・前期の支出（Aufwand jetzt, Ausgabe früher）
　③ 当期の費用・後期の支出（Aufwand jetzt, Ausgabe später）
シュマーレンバッハは収支概念を現金そのものの出納に限定して考えることから，彼の「費用支出」は厳密には①のみということになる。このことからいえるのは，「当期の損益計算に計上されるすべての費用をもれなく包括しえなくなること」[11]である。

　こうしたシュマーレンバッハの問題点を克服しようとしたのがヴァルプである。まず，彼は経済現象を財と貨幣の二元的な過程として理解することから出発する[12]。そのうえで，シュマーレンバッハにおける上記第１の問題について，彼はシュマーレンバッハにいう「費用支出」のなかの「費用」よりも「支出」に焦点をあてている。「収益収入」の場合も同様に「収益」よりも「収入」

---

(11)　谷端前掲書，p.240
(12)　ヴァルプ説およびそれとシュマーレンバッハ説との比較については，山下前掲書，p.219以下に詳しい。

に焦点をあてて考える。しかも,「収入」および「支出」という抽象的な概念ではなく,その背後に存在する「現金の収納」および「現金の支払い」という具体的事象,いいかえれば「収入」および「支出」を実体勘定たる現金として理解する。従って,何らかの費用のための支払いを行った場合には,「支出」は常に貸方項目として記入されることとなる。「収入」の場合にはその逆となる。シュマーレンバッハは「収入」および「支出」の背後に経済財としての実体勘定を理解し,ヴァルプはそこに現金ないしその拡張概念も含めた資金としての実体を理解したのである。要するに,「収入」および「支出」は支払い手段の出納に関する現象を意味するものであり,会計処理のさいには現金なり経済財なりの実体概念を用いなければ記帳ができないことを物語っている。こうした意味をもって,シュマーレンバッハの説とは「収入」および「支出」の帳簿記入の方法が全く反対に行われるということになる。

シュマーレンバッハの第2の問題点については,ヴァルプが貨幣の流れを当期の現金のみに限定せず,将来の現金の収支も含めることによって解決することができるとする。また,「シュマーレンバッハにおいてしばしば異端視される貸借対照表上の貨幣項目は,ここ（筆者注：ヴァルプ説）では逆に貸借対照表の中心項目であり,貸借対照表計算あるいは,収支系列の基礎項目となる」[13]。いいかえれば,最も狭い意味における現金だけではなく,収支概念の拡張によって単なる現金を超えた意味が構想されているのである。

(2) ヴァルプからコジオールへ

① ヴァルプ説とコジオール説の関係

ヴァルプにおいてはシュマーレンバッハの問題点を克服するため,上に述べた「当期の費用・前期の支出」および「当期の費用・後期の支出」も損益計算の対象とするため,「戻し費用」および「追加費用」の計上が必要となる。収益についても同様に,「当期の収益・前期の収入」および「当期の収益・後期の収入」について「戻し収益」および「追加収益」を計上しなければならない

---

(13) 高田正淳著『収支損益計算論』,千倉書房 1965年,p.152

こととなる。コジオールからは，こうした「戻し計算」および「追加計算」は収支計算を不純にするものであるとして批判されることとなる[14]。

そもそもヴァルプ説とコジオール説の違いはどこにあるのかという問題となると，貸借対照表の外観から見る限り明確な相違を見いだすことは困難である。そこで，吉田は貸借対照表の原型とみられるヴァルプの収支計算とコジオールの収支的損益計算をそれぞれの著書から取り出し同じ金額によって比較している[15]。もとよりコジオールがその先行研究にあたるヴァルプとの比較を自ら例示しているわけではないが，両者の相違を理解するのに好都合であることからここに示しておきたい。いまそれらのドイツ語表記を翻訳して示すと図表6-2および図表6-3のようになる。

図表6-2および図表6-3の2つの計算書の違いからどのようなことがいえるのであろうか。まず，計算上の違いは計算収入および計算支出に関してヴァルプが純額表示するのに対し，コジオールは総額表示している。これらは上記例示の金額によれば次のような関係にある。

ヴァルプ 2)　33,870　＝　コジオール a)　55,870 − 22,000
ヴァルプ 3)　 3,520　＝　コジオール c)　 3,900 −   380
ヴァルプ 4)　 340　＝　コジオール b)　 490 −   150
ヴァルプ 5)　 350　＝　コジオール d)　 1,050 −   700

このような違いは，ヴァルプの純額表示は収益・費用と収入・支出が同時に発生するという対向思考に基づき，他方，コジオールの総額表示は収益・費用と収入・支出とが即時対向的に考えられるのではなく，別個のものとして考えられることによるものであると説明される[16]。ここに，先に述べたように，ヴ

---

(14) 髙田前掲書，p.156参照。
(15) 吉田前掲書，p.65参照。もともとこの収支系列の事例表示の原型は次の著作に掲げられているものであるが，原文には勘定のなかの項目番号はつけられていない。
　　Ernst Walb, *Die Erfolgsrechnung privater und öffentlicher Betriebe*. Berlin/Wien 1926, S.81
　　また，コジオールの収支的損益計算書は次のものに示されているが勘定形式ではない。
　　Erich Kosiol, *Bilanzreform und Einheitsbilanz*. Berlin-Stuttgart 1949, S.53
(16) 吉田前掲書，pp.66-67参照。

図表 6-2　ヴァルプの収支系列

収入			支出		
1) 収支系列における未決済の内容					
	金庫	148,690		金庫	122,400
	債権	252,000		債権	80,000
	債務	71,000		債務	262,330
		471,690			464,730
2) 戻し支出		33,870	4) 戻し収入		340
3) 追加収入		3,520	5) 追加支出		350
			利益		43,660
		509,080			509,080

図表 6-3　コジオールの収支的損益計算

収入			支出		
1) 実際収入			1) 実際支出		
	現金収入	148,690		現金支出	122,400
	債権収入	252,000		債権支出	80,000
	債務収入	71,000		債務支出	262,330
		471,690			464,730
2) 計算収入			2) 計算支出		
	a) 戻し収入	55,870		a) 戻し支出	22,000
	b) 追加収入	150		b) 追加支出	490
	c) 前収入	3,900		c) 反対支出	380
	d) 反対収入	700		d) 前支出	1,050
				利益	43,660
		532,310			532,310

(出所) 吉田　寛著『近代会計の構造』，中央経済社　1968年 (1963年)，p.65 参照。

ァルプの収支系列が戻し計算と追加計算の過程で給付系列との相殺計算を含むことによって不純化されているとの批判の根拠を与えることとなるのである。

　そのため，コジオールは損益計算書から離れ，貸借対照表における損益計算が完全に可能となることを説明しようとするのである。これが彼の提唱する「収支的貸借対照表 (Pagatorische Bilanz)」である。

　かつてシュマーレンバッハが貸借対照表を損益計算の補助手段（間接的手段）と解し，これに対してヴァルプは貸借対照表を損益計算の独立手段（直接的手段）と解した。さらにコジオールは貸借対照表を収支的損益計算手段として理解しようとしたところにシュマーレンバッハおよびヴァルプ説とは異なる本質を見いだそうとした。つまり，収支の関係のなかから貸借対照表の作成を可能にするとともに，期間損益計算を行うために収支概念を2つの方向で拡張することによって収支と損益の期間調整をするのである[17]。いま，こうした関係をコジオールの貸借対照表の原型といわれる収支的運動貸借対照表（図表6-4）に見てみよう。

　この収支的運動貸借対照表からわかるように，シュマーレンバッハの「収益収入」と「費用支出」に加えて，「債務収入」と「償還支出」，「債権支出」と「償還収入」，さらに「貯蔵支出」という概念はもともとヨーンスが提唱したものである（ヨーンス説では「貯蔵支出」に対応するものとして「貯蔵収入」も含められる）。コジオール自身は「貯蔵支出 (Vorratsausgaben)」の単語の後にわずかに"Johns"と付記するのみで，それが記述されているヨーンスの文献の出典もそれに対する評価も全く示していないが，収支概念についてヨーンスから強く影響を受けていることがわかる[18]。また，その記入方法を見ると，コジオール説における「収入」は借方項目となり，「支出」は貸方項目となっている。従って，「収益収入」，「債務収入」および「償還収入」はすべて借方項目

---

(17)　コジオール説における収支概念の拡張については谷端前掲書に詳述されている。とくに，同書，pp.208-209参照。

(18)　Vgl., Kosiol, ebenda, S.49. また，武田隆二著『貸借対照表資金論』，同文舘 1962年，pp.256-257，p.276 も参照。

図表6-4 収支的運動貸借対照表

収入	収支的運動貸借対照表（原型）	支出

<table>
<tr><th>実際の収入</th><th>

Ⅰ 現金収入
a) 収益収入
  （売上現金収入）
b) 留保収入
  （得意先からの現金前受）
c) 債務収入
  （現金借入）
d) 決済収入
  （収益作用的または相関的債権の現金収入）

</th><th>

Ⅰ 現金支出
a) 費用支出
  （賃金現金支払）
b) 貯蔵支出
  （機械の現金購入）
c) 債権支出
  （現金貸付）
d) 決済支出
  （費用作用的または相関的債務の現金支出）

</th><th>実際の支出</th></tr>
<tr><th>収支概念の第一の拡張</th><th>

Ⅱ 計算収入
a) 前収入（債権発生）
  1. 収益作用的前収入
    （売掛債権）
  2. 留保・前収入
    （手形による得意先からの前受）
  3. 相関の前収入（貸付債権）
b) 償還収入
  （債務償還＝決済支出の反対記帳）

</th><th>

Ⅱ 計算支出
a) 前支出（債務発生）
  1. 費用作用的前支出
    （修繕給付債務）
  2. 貯蔵・前支出
    （商品仕入債務）
  3. 相関の前支出（借入債務）
b) 償還支出
  （債権償還＝決済収入の反対記帳）

</th><th></th></tr>
<tr><th>収支概念の第二の拡張</th><th>

c) 戻し収入
  （機械購入に対する貯蔵支出の借方計上）
d) 後収入
  （貸方計上された得意先からの前受の収益作用的計算）

</th><th>

c) 戻し支出
  （得意先からの前受の貸方計上）
d) 後支出
  （貯蔵商品の消費，減価償却，減価修正）

</th><th></th></tr>
</table>

残高＝期間損益（利益）

（出　所）谷端　長稿「収支的貸借対照表論」，神戸大学『会計学辞典　第三版』，同文舘 1976年　pp.602-603
（筆者注）図表中，点線の枠およびそれについての説明（「実際の収入」，「実際の支出」，「収支概念の第一の拡張」および「収支概念の第二の拡張」）は筆者による付加である。

として，また，「費用支出」，「貯蔵支出」，「債権支出」および「償還支出」はすべて貸方項目として計上されることとなる。こうした考え方はシュマーレンバッハとは全く逆であり，ヴァルプやその影響を受けたヨーンスと同じである。ただ，ヨーンスと同様，収支学説の考え方を公会計に取り入れようとしたフリーデルはシュマーレンバッハ的な思考によるため，ヴァルプ，ヨーンスおよびコジオールの記入法とは逆の方法をとっている。

　貸借逆記入の問題についてはすでにシュマーレンバッハからヴァルプへの理論的進展に関して言及したところであるが，コジオールとの関係でも再度確認しておきたい。シュマーレンバッハ説にいう貸借対照表はわれわれが念頭におくそれと本質的に同じもので，またフリーデルの財産計算書も実質的にはシュマーレンバッハ説と同様のものと考えてよい。しかし，ヴァルプ説の影響を受けたヨーンス説が最終的に表示しようとするのは貸借対照表ではなくいわゆる資金計算書である。従って，ヨーンスの場合に「収入」が借方記入となり「支出」が貸方記入となるのは当然である。他方，コジオールにいう収支的運動貸借対照表は2時点間の財政状態の変動を表示する計算書であって，その内容は「貸借対照表」という名称が意味する財政状態を表示するストック計算書ではない[19]。つまり，コジオールの収支的運動貸借対照表はいわゆる「貸借対照

---

(19)　ドイツ語の"Bilanz"が必ずしもわれわれの想起する「貸借対照表」を表すものでないことには留意する必要がある。実際，コジオールは，在高貸借対照表は借方と貸方との対応による数字上の均衡を表す計算書であるが，それ以外の数字上の均衡的対応もまた"Bilanz"であることを述べている。その上で，いわゆる損益計算書は「費用収益貸借対照表（Aufwands- und Ertragsbilanz）」，「期間価値の貸借対照表（Bilanz der Periodenwerte）」あるいは「成果貸借対照表（Erfolgsbilanz）」として特徴づけられるともいう。これらコジオールの叙述については，コジオール著／高田正淳訳著『財務会計論』，森山書店　1965年，原著書訳文 p.1 参照。
　こうしたコジオール自身の叙述は，彼の"Pagatorische Bilanz"あるいは"Pagatorische Bewegungsbilanz"がいわゆる「貸借対照表」として即断されることへの警鐘の意味をもつものである。基本的に"Bilanz"は，単に「対照表」または「均衡表」を意味する場合も少なくないことに留意すべきであろう。実際に，山下前掲書ではヴァルプの叙述における"Inventurbilanz"を「棚卸対照表」（傍点筆者）と訳されている。さらに，ごく一般的には「総括」または「まとめ」の意味でも用いられることばなのである。要するに，無条件に「Bilanz＝貸借対照表」ではないということである。

表」ではなく,「資金増減計算書」を表していることから,シュマーレンバッハおよびフリーデルとは逆になり,ヨーンスと同じになるのである。しかも,資金を収入という抽象概念としての名目勘定ではなく具象概念としての実体勘定と理解することから,資金の入は借方に,また,資金の出は貸方に記入されることとなるのである。シュマーレンバッハとコジオールの理解を対比させ,谷端は両者の関係を「表の計算」と「裏の計算」という表現[20]で説明している。いい得て妙であるともいえるが,この理解はコジオールの収支的運動貸借対照表をシュマーレンバッハの貸借対照表と同様の「貸借対照表」として理解することによるものである。両者の計算書は全く異質のものであるとの理解に立てば,貸借記入が異なるのはむしろ当然ともいえる。実際,谷端も,シュマーレンバッハとコジオールが異次元の理解に立つ以上こうした貸借逆記入について当然の帰結とも述べている。さらに,「シュマーレンバッハ理論においては単なるつけたしとして添物的に考察された現金項目こそ,コジオール理論においては,貸借対照表の実体を構成しその主でなければならない」[21]（傍点ママ）とする理解からわかるように,コジオールは資金計算を表示するとともに,その変動を通じて利益計算をしようとしたところにシュマーレンバッハとの決定的な相違があるのである。

② 収支的運動貸借対照表の論理

図表6-4からわかるように,コジオールは収支から一元的に損益計算が可能となることを示しているのであるが,その構造を確認しておきたい。まず,

---

(20) 谷端前掲書,p.251
また,武田もヨーンスとコジオールの関係で同様の考え方を示している。そこでは,コジオールがヨーンスの収支計算思考をそのまま"裏返す"ことによって自らの収支思考としたとの理解をとっている（前掲書,p.276参照）。しかし,コジオールの収支的運動貸借対照表は利益を計算するためのいわば「調整資金計算書」であり,通常,われわれが想起する貸借対照表ではない。このことからいえば,コジオールの呈示する計算書は,ヨーンスの直接法型資金計算書に中性収支項目を除去したうえで損益項目を付加したものであるため,"裏返す"云々の問題ではない。いいかえれば,収入と支出の記入方法に関する限りヨーンスとコジオールの間にもともと相違点は存在しないと考えるべきである。

すべての現金収入が運動貸借対照表の借方に記入され，他方，貸方にはすべての現金支出が記入されることによって，基本的に現金収支計算が完了する。ただ，この収支差額は損益計算の結果とは異なることから，純利益の計算を行うためには，損益に影響する項目と影響しない項目を収支計算からそれぞれ差し引きすることが必要となる。このうちその勘定科目の本質からみてもともと損益と無関係な項目を絶対的中性項目といい，費用・収益の見越・繰延のように期間損益計算の観点から計算書作成のうえで区画される項目を相対的中性項目という。基本的な収支計算にこうした絶対的中性項目としての収入および支出を反対記入することによって相殺し，相対的中性項目を収支計算にそれぞれ加算または減算することによって純利益の計算が可能となる。ただ，このような

---

(21) 谷端前掲書, p.251

シュマーレンバッハ説における現金項目については，未解決項目の集合表たる貸借対照表のなかでは首尾一貫した説明ができないとの批判がある。同時に，シュマーレンバッハ自身が現金項目をあたかも支出によって取得された経営手段の一種であるかのように仮定していることも知られてきた（黒沢　清著『会計学精理』，税務経理協会 1983 年，p.94 参照）。実際にシュマーレンバッハは「貨幣が同様に買はれ又は交換されて入って来たものと考へる。然かすると貨幣の所有は支出に基づいたものとなる」（エ・シュマーレンバッハ著／土岐政蔵訳『動的貸借対照表論』（第七版），1955 年，p.114）と述べ，他の項目と同様に取り扱うべきものとしている。しかし，後に，「私は以前の版において，未解決の取引に適用される次の説明が，これに属しない諸項目にも及ぶこと，特に借方の現金に及ぶことを云ったがこれは誤りであった」とシュマーレンバッハ自ら述べている（土岐前掲十二版訳，p.46, Schmalenbach, *Dynamische Bilanz*. 13., verbesserte und erweiterte Auflage bearbeitet von Richard Bauer., Köln und Opladen 1962, S.67）。

これについて私見を述べておきたい。まず，現金項目は2つの側面をもっていることに注目すべきである。ひとつは，現金以外の項目がすべて「収入」または「支出」という支払い手段の出納に関する結果を表しているのに対し，現金はその支払い手段それ自体であり，もともと他の項目とは異質なのである。こうした面を強く意識すれば，現金項目の部分の物量計算とそれ以外の部分の価値計算とが混在していると見ることもできる。もうひとつは，未解決項目としての側面である。もし，この現金がその支払いによって購入した外国通貨であれば，これも「支出・未収入」として首尾一貫性をもたせることができることは明らかである。あるいはすべての現金の預け入れを預金という金融商品の購入と見れば「支出・未収入」項目となる。同様に現金をその同等物も含めてすべて「資金」という概念に変換させれば，これもまた「支出・未収入」として説明することが可能となる。

現金項目をどのように理解するかについては，次のものにも取り上げられている。黒沢　清著『資金会計の理論』，森山書店　1969 年（1958 年），pp.43-49

計算の過程では，次のようなやや錯綜した手続きを要することとなる。例えば，固定資産を購入した場合には，固定資産価額がいったん収支計算に支出として貸方計上され，その後，損益計算のために絶対的中性項目としてその支出が「戻し収入」として借方記入される。つまり，損益計算のためにいったん取り消され，改めて当該固定資産の減価償却費が「後支出」として貸方記入されることとなる。

運動貸借対照表は時点貸借対照表とは異なり一定期間における財政状態の変動を表すものであるが，同時にこれによって資金変動を求めることができる。いまそれを計算式によって表すと次のようになる。ただし，ここでは最も一般的な企業会計の事例によって示すため，用語もそれに倣うこととする。

まず，基本的に次のような貸借対照表等式から出発する。

　　　積極財産＝消極財産＋純財産　　　　　　　　　　　　　　　　①

①式は次のように変形することができる。

　　　資金＋非資金積極財産＝消極財産＋純財産　　　　　　　　　　②

また，②式は変形して容易に③式を得ることができる。

　　　資金＝消極財産＋純財産－非資金積極財産　　　　　　　　　　③

さらに，③式から期首と期末におけるそれぞれの資金は次のように表すことができる。

　　　期首資金＝期首消極財産＋期首純財産－期首非資金積極財産　　④
　　　期末資金＝期末消極財産＋（期首純財産＋純利益）－期末非資金積極財産　⑤

④式および⑤式から資金の変動は次のように計算することができる。

　　　　期末資金＝期末消極財産＋（期首純財産＋純利益）－期末非資金積極財産
　　－）期首資金＝期首消極財産＋　期首純財産　－期首非資金積極財産
　　　　――――――――――――――――――――――――――――――――
　　　　資金変動額
　　　＝消極財産期中増加額－非資金積極財産期中増加額＋純利益　　⑥

また，⑥式は次のように表現することができる。

　　　　実際資金収入－実際資金支出
　　　＝消極財産期中増加額－非資金積極財産期中増加額＋純利益　　⑦

次に，⑦式は以下のように変形できる。

　実際資金収入＋非資金積極財産期中増加額

＝実際資金支出＋消極財産期中増加額＋純利益　　　　　　　　　　　　⑧

　ところで，資金以外の積極財産について，例えば棚卸資産，固定資産等を例にとってみると，これらの期中増加はシュマーレンバッハの貸借対照表ではそのまま借方記入となり，コジオールの収支的運動貸借対照表すなわち資金計算書ではいったん支出として貸方記入される。しかし，これらは損益計算の観点からはもともと全く無関係であることから，収支計算から除外するため借方に反対記入される。このような項目は絶対的中性支出項目といわれ，いったん行われた貸方記入の修正のために借方に反対記入されるのである。また，資金以外の積極財産には，損益に関連する支出として貸方記入されるが，決算にさいして計算書区画のために見越・繰延項目として借方に戻されるべき項目もある。このような項目は相対的中性支出項目といわれる。さらに，収益の前受は戻し支出として貸方記入されていたが当期に実現した部分については改めて借方記入されなければならず，こうした項目は後収入といわれる。資金計算という観点からすれば，資金以外の積極財産の期中増加額はこのような内容から構成されているのである。資金以外の消極財産の期中増加についても同様の論理によって，絶対的中性収入項目，相対的中性収入項目および後支出から構成されることがわかる。なお，固定資産の減価償却費の計上は後支出となる。つまり，コジオール説に基づけば，⑧式は次のように変形することができる。

　実際資金収入＋絶対的中性支出反対記入＋相対的中性支出反対記入＋後収入

＝実際資金支出＋絶対的中性収入反対記入＋相対的中性収入反対記入＋後支出

　＋純利益　　　　　　　　　　　　　　　　　　　　　　　　　　　⑨

　こうした計算式からすでに明らかなように，この⑨式の左辺が収支的運動貸借対照表の借方を，同様に右辺が貸方を表すこととなる。このことは，コジオールの収支的運動貸借対照表が2時点の財政状態の変動として資金増減の内容を表示するとともに，同時に純利益との関係を表示できることも証明しているのである。このような収支的運動貸借対照表は，資金の源泉と使途について区

分表示こそされていないものの、いわゆる直接法によって作成したキャッシュ・フロー計算書に純利益との関係を示すための調整計算を付け加え、それを勘定式で表示したものであると見ることも可能なのである。

第3節　公会計収支学説

(1) フリーデル

　フリーデルにおいても「収益収入」および「費用支出」という用語が使用されているが、その差額から「成果」つまり利益を計算することからわかるように、その関心は「収益」および「費用」に向けられている。つまり、関心の中心は「収入」のなかから抽出される「収益」であり、また、「支出」のなかから抽出される「費用」なのである。従って、彼の「支出」は借方に現れることとなる。もっとも彼はカメラル簿記の改良を提案しているため貸借概念を敢えて用いず、事実上の「借方」を「左側」と言い換えている。このことは資産を購入することによる支出は「資産の増加」として財産計算書の「左側」に記載されることにつながる。同様に、彼の「収入」は貸方すなわち「右側」に計上され、借入金による収入は「負債の増加」として財産計算書の「右側」に記載されることとなるのである。つまり、ヨーンスが「収入」および「支出」の背後にある現金という実体を意識したのに対し、フリーデルの場合には、「収入」および「支出」を原因と理解し、その結果たる「資産の増加」と「資産の減少」、「負債の増加」と「負債の減少」、および、「自己請求権（純財産）の増加」と「自己請求権（純財産）の減少」を財産計算書に記載するのである。このように、フリーデル説では、ヴァルプおよびヨーンスとは逆の思考方法がとられており、形式的には複式簿記の考え方をとらないものの、実質的にはシュマーレンバッハに近い考え方となっている。その意味においてはフリーデルの考え方はシュマーレンバッハへの"先祖返り"といえなくもない。ただ、シュマーレンバッハが損益計算書を中心に考え、貸借対照表は期間損益計算の未解決項目の集合表であるという性格づけのもとで、それを損益計算の補助的手段

として考えるのに対し，フリーデルにあっては，公会計としての計算構造を念頭におくために財産計算書を関心の中心においているという点でシュマーレンバッハとは異なっている。

(2) ヨーンス

ヨーンスが「収益収入」と「費用支出」，「貯蔵支出」と「貯蔵収入」，「債務収入」と「償還支出」，「債権支出」と「償還収入」というように収入と支出をその原因別に対応させて表示していることについてはすでに前章で述べた通りである。いいかえれば，これらはそれぞれ「収益となる収入」，「費用となる支出」，「貯蔵（すなわち資産）のための支出」，「貯蔵の販売または売却によって生ずる収入」，「債務として資金調達した収入」，「債務を償還（すなわち返済）するための支出」，「貸付金等の債権となる支出」，「債権の償還（すなわち回収）による収入」と表現することができる。つまり，ヨーンスは取引の結果たる「収入」または「支出」に対して，その原因表示または性格づけをするために収支の内容を対応関係をもって規定するのである。しかし，こうした対応関係のなかでヨーンスが見る対象は常に取引の結果としての「収入」と「支出」であって，決してその原因たる「貯蔵」，「債権」，「債務」または「償還」ではない。その意味においてヨーンスの考え方は，「収入」および「支出」という名目勘定をその背後にある実体勘定としての現金そのものの出納として理解していることとなる。この考え方は彼の指導教授であるヴァルブと同じものなのである。

注目すべきはヨーンスが提唱した上記の諸概念とその考え方がコジオールの収支的貸借対照表論に受け継がれていることである。しかし，両者の計算書作成目的には大きな違いがある。まず，ヨーンスは収支の内容を分類してそこから資金計算を行うことを意識している。さらに，公会計に自らの諸概念を適用し，通常予算と特別予算の2つの予算区分ごとに作成される予算計算書を統合することによって，収支の対応関係つまり補償関係を貸借対照表で表示しようとしている。これに対し，コジオールは同じ概念を使用しているが，個別の収支概念から最終的には企業の利益計算を行うことを目的としているのである。

第4節　収支学説における企業会計と公会計の接点

　20世紀初頭までの伝統的な静態観に立つ貸借対照表に対して，収支を基礎とした二元論の立場から損益計算の補助的手段として貸借対照表を位置づけ，近代会計理論に黎明をもたらしたのはシュマーレンバッハであった。彼は自らの説の展開については商人の会計をそのフィールドとしたのであるが，そうであるからといって彼が行政の会計を全く視野に入れていなかった訳ではない。むしろ，行政におけるカメラル会計思考のうえに動的貸借対照表論が形成されたといっても過言ではないのである。実際，『動的貸借対照表論の基礎』の第3版以降少なくとも第6版まで，さらに第13版でもカメラル会計制度を取り扱い，また，1910年の論文「商人の会計制度（*Kaufmännisches und Kameralistisches Rechnungswesen*）」（*Zeitschrift für Handelswissenschaft und Handelspraxis*, 2.Jg., Heft10）でもカメラル簿記によって成果計算が可能であることを述べている[22]。谷端はこうした研究の過程を「ディナミッシェ・ビランツの胎動」（傍点ママ）と呼び，そのことの証左として，シュマーレンバッハが1910年の論文のなかで「カメラル計算と商業計算の対比の形をかりて収入・支出計算と収益・費用計算なる二つの計算の問題」を取り上げていることと，「これら二つの計算との関連の中で貸借対照表の位置づけ」を論じていることを挙げ，「すでにビランツ・シェーマの断片が表示されている」という[23]。ただし，この論文についてはすでに別に機会に取り上げたことからここで再論はしない。

　このようなシュマーレンバッハを意識しつつ，ヴァルプは収支が最も中心的に現れるカメラル簿記によっても損益計算と在高計算が可能になることを自らの書（*Die Erfolgsrechnung privater und öffetlicher Betriebe*, Berlin/Wien 1926）[24]で正面から取り上げることによってシュマーレンバッハ説を修正し，こうした収支

---

(22)　亀井前掲書，p.222参照。
(23)　谷端前掲書，p.14

に基礎をおく考え方をより鮮明にしていった。ヴァルプもカメラル簿記の史的発展を詳細に紹介し，その内容の十分な検討のうえに自らの理論を組み立てているが，収支概念を利益計算に利用する最終的なフィールドはやはり行政ではなく商業であった。

　こうした収支学説について収入と支出の原因別に固有の概念を当てはめて発展させたのがヨーンスであることはすでに多言を要しないであろう。シュマーレンバッハの二元論による理論構成をヴァルプがより明確に給付系列と収支系列という二元論として発展させ，ヨーンスはこうした収支概念に基礎をおく考え方を収支系列のみで解決する一元論として展開している。さらにヨーンスとの研究的な交流のうえでその論を進めたフリーデルの場合には，ヴァルプと同様2つの系列を意識して二元論に立ちながら，最終的な目的を財産計算書の作成に定めたのである。これらの議論を踏まえ，ヨーンスの概念に依拠しつつ一元論として収入と支出から資金計算を行う同時に，利益計算を可能とする自らの真骨頂たる収支的貸借対照表（パガトリッシェ・ビランツ）によって利益計算が可能になることを主張したのがコジオールであった。こうした学説の連鎖について，武田は，「多かれ少なかれカメラル計算の影響をうけることによって成立した収支計算理論（ケルン学派の成果動態論）は，逆にヨーンスのカメラル計算へ影響を与え，そのことから新しい計算表示技術としての金融経済的な財務管理（Finanzkontrolle）の方面へ，他方ではコジオールの収支的貸借対照表論へと作用した」[25]と述べる。ここで「金融経済的な財務管理」というのはとくに地方自治体の公的財政における統制を意味するのであるが，この記述からもわかるように，近代ドイツ会計理論における収支学説は，一方ではシュマーレンバッハからヴァルプ，さらにコジオールへと引き継がれ，他方ではヴァルプからフリーデルおよびヨーンスを経由して公会計の領域に引き継がれていったのである。

---

(24)　この書については次の邦訳がある。
　　　戸田博之訳『ワルプ　損益計算論（上巻）』，『同（下巻）』，千倉書房　1982年
(25)　武田前掲書，p.257

わが国において"ドイツ会計学"というとき，まずシュマーレンバッハ以降の動態論における企業会計のみを想起しがちであるが，シュマーレンバッハを含めて彼らの発想と公会計における伝統的なカメラル簿記思考との相互関係にも注意を払う必要がある。さらに，公会計制度におけるカメラル簿記システムは収支学説から影響を受けて自らを改良し，変革することによって，とりわけドイツにおいて現在でも制度の中心的な簿記法としてその命脈を保っている事実を改めて認識しなければならない。

第7章 カメラル簿記とその限界

　カメラル簿記は18世紀前半以降19世紀中葉に至る後期カメラリストの時代に早くもその改良案が提起されている。例えば，18世紀後半，J.H.ユンクはカメラル簿記はあまりにも不完全だというが，それならば複式簿記化するかとなると，それはあまりに手間がかかりすぎるとも述べている[1]。収入および支出の記録だけではなく，そこから債権債務関係を把握し，さらには，費用および収益も認識する必要があるとの主張がすでにこの時代に行われている。その後も含め，ドイツ公会計における制度改革の議論の多くはこの簿記法の改良提案でもあったのである。いいかえれば，その改良提案は伝統的な古いカメラル簿記から複式簿記への接近ともいい得るものであった。

　とりわけドイツでは絶対王政の終焉，近代国家の誕生，二度にわたる世界大戦とそれぞれの大きな経済変動のなかでも，公会計におけるカメラル簿記が維持され続けてきた。それがようやく1997年の改正HGrGによって，公会計に初めて複式簿記導入の道が開かれたのである。その後，多くの議論の後，2009年におけるHGrGの改正によって，カメラル簿記または複式簿記が選択的に認められることとなった。

　重要なことは，これまでの多くの議論と制度改革を経てなおドイツ公会計のなかでカメラル簿記が維持されていることである。2009年の制度改革によって，結局，ドイツ国内でも連邦レベルではカメラル簿記，州政府レベルでは全16州中4州が複式簿記，12州がカメラル簿記，また，各州自治体レベルでは全16州中11州が複式簿記，同4州が自由選択，1州のみカメラル簿記を選択し対応が異なることとなった[2]。

　本章では，こうしたカメラル簿記の維持とともにその補完的措置がとられていることに言及するとともに，こうしたさまざまな工夫にもかかわらずカメラル簿記には限界があることに言及する。

　（1）　亀井孝文著『公会計改革論―ドイツ公会計研究と資金理論的公会計の構築―』，白桃書房 2004年，pp.222-231参照。
　（2）　亀井孝文編著『ドイツ・フランスの公会計・検査制度』，中央経済社　2012年，pp.56-57参照。

第1節　簿記法の相違と収支概念

　カメラル簿記と複式簿記は基本的にどのように異なるのであろうか。いま，それを記録の対象という観点から考えれば，カメラル簿記が「現金の収納（Einzahlungen）」および「現金の支払（Auszahlungen）」のみを記述しようとするのに対し，複式簿記はそれらとともにさらに「収入（Einnahmen）」および「支出（Ausgaben）」，「収益（Erträge）」および「費用（Aufwendungen）」，「積極財産」，「消極財産」および「純財産」，ならびに，「給付（Leistungen）」および「原価（Kosten）」をも記述の対象とするところにそれぞれの特徴の一端を見ることができる。

　さらに，カメラル簿記が単式簿記ないし複式簿記のような商業簿記と区別される重要な点は，実際の執行額の他に予算額およびそれらの差異もその記帳の対象とするとともに，予算執行の過程を帳簿のなかで表示するところである。これは，企業会計における標準原価計算のための記帳法を除けば，カメラル簿記・固有の大きな特徴のひとつである。

　公会計の場合には，収支という場合にも「現金の収納」と「現金の支払」，「収入」と「支出」との2種類があり，簿記法の相違によって対象となる概念が異なる。そこで，次にその異同について考察してみたい。まず「現金の収納」と「現金の支払」との差額は，支払手段の在高すなわち現金在高と常に引き出し可能な銀行預金との合計額に変動をもたらす。つまり，「現金の収納」は支払手段を増加させ，「現金の支払」はそれを減少させることとなる。これに対し，「収入」は「現金の収納」に加えさらに時間的に拡張することによって債権を含む概念であり，また，「支出」は「現金の支払」に加え同様に債務を含む概念として理解される。このように「現金の収納」と「収入」，また「現金の支払」と「支出」とはそれぞれ異なる概念であり，その差異は期間区画に由来するものである。つまり，「現金の収納」および「現金の支払」は「現金および現金同等物に関する収支」（以後，「現金収支」という）として理解

されるのであり,「収入」および「支出」は「期間的に拡張された収支」(以後,「発生収支」という)として理解されるのである。話題をもとに戻せば,基本的に,このような「現金収支」のみを記録の対象とする記帳法がカメラル簿記であり,「発生収支」にまで拡大して記録し得るのが複式簿記なのである。つまり,収支取引のなかに認識基準としての発生概念を取り込むことによって,収支の未解決項目を記録しようとするのが複式簿記であり,収支概念の相違がストックとしての財務的資源の認識と測定の必要性を生ずることとなるのである。もちろん複式簿記は単に貨幣資産の収支のみならず,収益および費用,さらには必要に応じて給付および原価をも記録の対象とすることはいうまでもない。また,もともと現金収支計算を主眼とするカメラル簿記を改良することによって,債権または債務,さらに収益および費用までも把握しようとする提案がこれまで何度もなされてきたことを忘れてはならない。いま,収入および支出のそれぞれを認識概念の観点の相違という観点から整理すれば図表7-1および図表7-2のように表すことができる[3]。

図表7-1　現金収入と発生収入

(期間) 現金収入 [＝支払手段の在高増加]		
現金収入・非発生収入 (1)	現金収入＝発生収入 (2)	
	発生収入＝現金収入 (2)	発生収入・非現金収入 (3)
	(期間) 発生収入 [＝貨幣資産の在高増加]	

(1) の事例：借り入れ [支払手段在高変動：+100,000, 貨幣資産変動：±0]
　　　　　　現金収入 (100,000) ＋債権増加 (0) －債務増加 (100,000) ＝発生収入 (0)
(2) の事例：使用済み備品の売却 (現金)
　　　　　　[支払手段在高変動：+1,000, 貨幣資産変動：+1,000]
　　　　　　現金収入 (1,000) ±債権変動 (0) ±債務変動 (0) ＝発生収入 (1,000)
(3) の事例：償却済み備品の売却 (掛け,30日以内の受取り)
　　　　　　[支払手段在高変動：+0, 貨幣資産変動：+600]
　　　　　　現金収入 (0) ＋債権増加 (600) ±債務変動 (0) ＝発生収入 (600)

150　第7章　カメラル簿記とその限界

図表7-2　現金支出と発生支出

（期間）現金支出［＝支払手段の在高減少］	
現金支出・非発生支出 (1)	現金支出＝発生支出 (2)
	発生支出＝現金支出 (2)	発生支出・非現金支出 (3)
	（期間）発生支出［＝貨幣資産の在高減少］	

(1) の事例：借入金の振替えによる返済［支払手段在高変動：-20,000，貨幣資産変動：± 0］
　　　　　現金支出（-20,000）±債権変動（0）＋債務変動（20,000）＝発生支出（0）
(2) の事例：事務所の計算機購入（現金）［支払手段在高変動：-100，貨幣資産変動：-100］
　　　　　現金支出（-100）±債権変動（0）±債務変動（0）＝発生支出（-100）
(3) の事例：書類綴じ購入（掛け）［支払手段在高変動：0，貨幣資産変動：-500］
　　　　　現金支出（0）±債権変動（0）-債務変動（500）＝発生支出（-500）

（出所）Fudalla, M./zur Mühlen,M./Wöste, Ch., *Doppelte Buchführung in der Kommunalverwaltung. Basiswissen für das "Neue Kommunale Finanzmanagement"* (*NKF*), Berlin 2004, S.15, S.17

第2節　カメラル簿記の記帳例

(1) 予算執行管理表の作成

　上述のように，基本的に金銭の出納のみを記帳対象とするカメラル簿記については，経済的資源の価値計算を取り扱うことができないという意味において問題は小さくない。しかしながら，それから離脱することがそれ程容易ではないということもまた事実であり，ここではその理由の一端を考えてみたい。
　ドイツの財政制度では予算執行に従って収入および支出を一元的に記帳するのは金庫の任務であり，そこで用いられる伝統的な簿記法がカメラル簿記であ

---

(3)　Fudalla, M./zur Mühlen, M./Wöste, Ch., *Doppelte Buchführung in der Kommunalverwaltung. Basiswissen für das "Neue Kommunale Finanzmanagement"* (*NKF*), Berlin 2004, S.15, S.17
　　原価および給付概念を考慮すればこの図はさらに拡大される。これらの関係については，亀井前掲書，pp.481-482参照。

るが，1997年のHGrGの改正に基づいてBHOおよび州予算規則（Landeshaushaltsordnung : LHO）が改正され，複式簿記の適用に道が開かれたことはすでに別の機会に言及したとおりである。他方，個々の行政機関にとって予算は法的根拠をもつ財務上の執行権であり，従って，認められた予算の額を超えて執行することはできない。その適切な執行のためにそれぞれの行政機関には予算単位ごとに予算執行管理表（Haushaltsüberwachungsliste）を作成することが義務づけられている。予算年度の経過とともにそれを金庫の作成する事項帳簿（Sachbuch）と比較することによって，各行政機関における予算残高の把握とともに予算執行の状況との差異を知ることができる。この予算執行管理表は収入に関するもの（Haushaltsüberwachungsliste für angeordnete Einnahmen : HÜL-E），支出に関するもの（Haushaltsüberwachungsliste für Ausgaben : HÜL-A）および債務負担行為に関するもの（Haushaltsüberwachungsliste für Verpflichtungsermächtigungen : HÜL-VE）が作成されるが，その形式は帳簿形式でもカード形式でもよいとされる。ここでは支出に関する予算執行管理表についてノルトライン＝ヴェストファーレン州のGemHVOで規定されている標準様式を基礎に一部付加改良されたものを示すこととする。その構成内容はまさにカメラル簿記の構成内容を具現したものとなっている。いま，複式簿記適用の展開に入るに先だって支出に関するその記帳例をまず見ておきたい[4]。

【取引例】（ある市の総合学校が水泳プールの修繕工事に関してxxx1年度に行った取引）
1. この修繕工事について€30,000が予算計上されている。
2. xxx1年6月1日，工務店Aに対しタイル工事を発注した（工費€25,000）。
3. xxx1年6月15日，工務店Bに配管工事を発注した（工費€5,000）。
4. xxx1年8月1日，工務店Aに対する内金の支払命令が行われた（金額€10,000）。
5. xxx1年10月1日，工務店Aの最終請求書について支払命令が行われた（金額

---

(4) Vgl. Klaus Homann, *Kommunales Rechnungswesen. Buchführung, Kostenrechnung und Wirtschaftlichkeitsrechnung in Kommunalverwaltungen*. 2.Auflage. Schwerte 1991, S.88-91. 原文の通貨単位マルクをユーロに変更し，また日付も簡略化している。

€ 23,000)。

6. xxx1年11月15日，工務店Bに対する支払命令が行われた（金額 € 7,000)。

【記帳例】（この総合学校に関するxxx1年度の予算執行管理勘定〈Haushaltsüberwachungskonto〉の記帳）

　ここで図表7-3の帳簿の記入について簡単に触れておこう。全体は9欄から構成されており，このうち第4欄の「支出認可額」は配分された予算額が記入されるとともに第9欄の残高にも記入される。また，「変動」にはそれぞれの個別取引が記帳されるが，予算と最終的に支払うべき金額が異なる場合，とりわけ予算額を超えて支払命令が行われないようにするため，いったん未確定のままの金額が第5欄の「仮登記」に記入される。この「仮登記」欄の合計は最終的にゼロとなり，その「仮登記」の最終的な結果が第7欄に記入される。第6欄は個々の取引による実際の支払命令額が記入され，その結果が第8欄に各取引段階における累計額として記入される。第9欄には各取引段階における執行可能な予算残高が示される。これらの記帳からわかるように，この帳簿は

図表7-3　予算執行管理勘定　　　　（単位：ユーロ）

番号	日　付	摘　要	支出認可額	変動 仮登記	変動 命令	結果 仮登記	結果 命令	残高
1	2	3	4	5	6	7	8	9
1	xxx1.01.02	予算額	30,000					30,000
2	xxx1.01.06	工務店Aへ発注		25,000		25,000		5,000
3	xxx1.06.15	工務店Bへ発注		5,000		30,000		0
4	xxx1.08.01	工務店Aへの内金支払		−10,000	10,000	20,000	10,0000	0
5	xxx1.10.01	工務店Aへの残金支払		−15,000	13,000	5,000	23,000	2,000
6	xxx1.11.15	工務店Bへの残金支払		−5,000	7,000	0	30,0000	0

まさに予算の執行状況を継続的に把握するための手段となるものである。
(2) 拡張予算執行管理表の作成
次に，単に金銭の出納のみならず原価または費用計算を可能にする「拡張カメラル会計」のための帳簿形式を利用した場合の予算執行管理表の記帳例を示しておこう[5]。

【取引例】（ある市の道路建設事務所が xxx1 年度に行った取引）
1. 作業員の人件費支出は € 50,000 であった。
2. 建物 A について減価償却（€ 6,000）および建物 B について減価償却（€8,000）を行う。なお，建物 A は年間を通じて私企業により使用された。
3. 車輛部の車 1 台が事故をひき起こした。判決によれば道路建設事務所ないし市は事故の相手方の修理費 € 3,000 を負担しなければならない。
4. 作業員に超過勤務手当（€ 4,000）を支払った。なお，この超過勤務手当は冬期の道路清掃作業の枠で支払われた。
5. 作業員が作業所所有のトラックの特殊車体の独自作業を行った。同作業時間に要した人件費支出は € 2,000 となった。
6. 補充用の交換部品を買い足した（価額：€ 300）。交換部品は買い足したもののほかさらに € 150 の在庫があることが年度末に判明した。
7. 機械の整備作業に関する契約を xxx2 年度に企業と締結する。契約総額 € 1,500 のうち € 500 を毎年前払いする契約である。
8. 建設事務所は xxx1 年度の最終の 3 ヶ月間民間所有のホールを使用した。月額 € 1,000 の賃借料を xxx2 年度の初めに支払うことを所有者と合意している。
9. xxx1 年度に新しい車輛 2 台を購入した。1 台（購入価額：€ 100,000）は建設事務所自ら使用し，あとの 1 台（購入価額：€ 70,000）は当分の間庭園・墓地管理所の用に供する。

【記帳例】（当道路建設事務所に関する xxx1 年度の予算執行管理勘定
〈Haushaltsüberwachungskonten〉の記帳）

---

(5) Klaus Homann, Ebenda, S.100-101, S.293.

図表 7-4　予算執行管理勘定
（行政予算）　　　（単位：ユーロ）

番号	命令済予算額	経営計算	中性項目計算	資産変動計算 固定資産計算	資産変動計算 繰越計算	資産変動計算 計算書区画項目
1	50,000	50,000				
2	14,000	8,000	6,000			
3	3,000		3,000			
4	4,000		4,000			
5	2,000			2,000		
6	300	150			150	
7	500					500
8		3,000				-3,000

図表 7-5　予算執行管理勘定
（資産予算）　　　（単位：ユーロ）

番号	命令済予算額	経営計算	中性項目計算	資産変動計算 固定資産計算	資産変動計算 繰越計算	資産変動計算 計算書区画項目
9	170,000		70,000	100,000		

　図表 7-4 および図表 7-5 の帳簿も同様に予算執行管理のための勘定ではあるが，図表 7-3 とは異なって予算残高を把握するためではなく，行政活動のための費用，価値の費消ではあるが行政活動には直接に結びつかない費用，次年度に繰り越されるべき資産額，および，資産計算書において単に計算的にのみ記載される項目を確定するために記帳されるものである。つまり，カメラル簿記の勘定を用いて実質的には価値計算が可能となるように工夫されている。その意味で図表 7-3 の予算執行管理表とは全く目的を異にしている。

第 3 節　カメラル様式による計算書の応用

　実際額のみならず予算額をも表示するカメラル帳簿については，さらにそれ

を利用して貸借対照表および成果計算書を作成する提案も繰り返し行われてきている[6]。この提案は,カメラル簿記であれ複式簿記であれ,少なくともひとつの経済主体に関わる金銭計算を取り扱うことに変わりはなく,これら2つの

図表7-6 カメラル計算書の応用

勘定科目		命令済み予算額	実際額	未済額(残高)	打切額免除額		貸借対照表変動項目		整理番号	成果計算書	
							借方	貸方		費用	収益
		1 Euro	2 Euro	3 Euro	4 Euro		5 Euro	6 Euro	7	8 Euro	9 Euro
収入	1					1					
000-003 土地税	2	500,000	470,000	30,000		2	30,000		7		500,000
17 売却収入	3	20,000	20,000			3		15,000	6		5,000
170 連邦補助金	4	450,000	430,000	20,000		4	20,000		7		450,000
32 貸付金回収	5	60,000	60,000			5		60,000	5		
33 固定資産の売却	6	200,000	200,000			6		150,000	1		50,000
36 投資補助金	7	450,000	450,000			7		450,000	9		
収入合計			1,630,000								
支出											
4 人件費支出	8	320,000	320,000			8				320,000	
50 土地の維持	9	80,000	80,000			9				80,000	
56 特別費	10	60,000	60,000			10	60,000		1		
70 社会保障補助金	11	100,000	100,000			11				100,000	
80 支払利息	12	40,000	40,000			12				40,000	
92 貸付金	13	75,000	75,000			13	75,000				
93 土地の購入	14	200,000	200,000			14	200,000		1		
94 建設企業	15	600,000	600,000			15	600,000		1		
97 借入金返済	16	60,000	60,000			16	60,000		12		
99 債務	17	6,000	6,000			17	6,000		8a		
支出合計	27		1,541,000			27					
収入超過	28		89,000			28	89,000		8		
固定資産償却	29					29		75,000	1	75,000	
備品償却	30					30		35,000	2	35,000	
合計	31					31	1,140,000	785,000		650,000	1,005,000
利益	32					32		355,000		355,000	

(出所) Brandl/Lenz/Puhr-Westerheide, *Statusreport Neues Kommunales Rechnungswesen in Bayern. Grundlagen, Praxiserfahrungen, Perspektiven.* München/Berlin 2003, S.27

(筆者注) (1) No. 17の「99 債務」は,過去の借入金に関して割引額を後払いしなければならないもので,同金額をいったん貸借対照表の借方計上して借入期間にわたって分割消去するものである。
(2) 金額につき原文のセントの単位はすべてゼロでありここでは表示上省略した。また,原文の明らかな誤りは筆者が訂正している。

簿記法を二項対立の関係で捉えることに対するアンチ・テーゼとしての思考が根底に置かれている。この提案によれば，カメラル帳簿に記録される予算額および実際額から次年度以降に繰り越される項目として資産およびとくに債務たる負債が算定され，また，成果計算書の収益および費用が算定されるとする。さらに，予算額と実際額との差異から未収または未払いとして債権または債務の算定が可能となると考える。しかしながら，支出を伴わない費用はカメラル帳簿には記録されないため，決算の段階で計上することが必要となる。こうした方法は，決算統計を利用して貸借対照表，行政コスト計算書等を作成するわが国の「総務省方式改訂モデル」の考え方に共通している。決算統計を利用するわが国の方法と異なるのは，カメラル簿記特有の予算を用いる点である。わが国の方法によれば，予算額と実際額との差異のうち予算執行と決済との時間的差異に起因するものの多くは出納整理期間のなかで解消されることとなり，未収および未払いという経過項目の発生はその分だけ少なくなる。

このようなカメラル様式の計算書の組み替え方式としての複式の財務諸表作成については議論を呼ぶところであるが，以下，その計算例を図表7-6に掲げておきたい[7]。

第4節　カメラル帳簿の特徴と限界

いずれにしても，これらカメラル様式の帳簿からわかるように，その最大の特徴は実際額のみならず予算額をも表示し，さらに予算執行の過程を表示することである。つまり，ひとつの勘定のなかで予算額と実際額の記帳が示されることによってそれらの比較計算が可能になるとともに，予算残高の変動も表示されることとなる。さらに，伝統的な帳簿様式を一部修正し，収支計算のみならず費用計算または原価計算も可能となるように工夫されている。一般にいわ

---

(6) Vgl. Brandl/Lenz/Puhr-Westerheide, *Statusreport Neues Kommunales Rechnungswesen in Bayern. Grundlagen, Praxiserfahrungen, Perspektiven*. München/Berlin 2003, S.14-32.

(7) Brandl/Lenz/Puhr-Westerheide, Ebenda, S.27.

れるように，簿記を複式簿記と単式簿記とに二分する方法を前提とし，貸借複記の方法をとらない簿記法はすべて単式簿記と断じてしまえば，このようなカメラル簿記は単式簿記の一種と理解されることとなる。カメラル簿記のもつ特徴からすればこうした考え方に直ちに賛意を表することはできないが，カメラル簿記がどのような簿記法に分類されるのかの議論についてはここではこれ以上深く立ち入らないこととする。

さて，カメラル簿記における帳簿においては常に予算と実際との比較が可能となる方法がとられており，それをすべて予算項目または勘定科目ごとに実施することによって予算の執行状況が把握可能となり，また，それらの予算と実際との比較が可能となる。にもかかわらず，経済的資源に関する価値計算という観点からは，その執行状況の内容が当該年度の価値費消として把握されたものなのか，あるいは次年度以降に繰り越されるべきものなのかの区別，さらにその両者の計算構造的な関連は体系的に表示できないのである。つまり，カメラル簿記はその優れた特徴をもちながらも，取引を複数の側面から把握してそれらを論理的に連関した複数の計算書によって示すことはできず，そこにカメラル簿記の限界があるといわざるを得ない。

公会計に関して高揚し続ける内外の改革圧力のなかで，伝統的にカメラル簿記からの離脱についてきわめて強い拒絶感をもっていたドイツがついに1997年のHGrGの改正によって複式簿記の導入に道を開いたことは，その制度史においても画期的なできごとであったことに疑念の余地はない。2009年の改正HGrGは拡張カメラル会計と複式会計とを同列に置き，いずれかを選択する制度に改めることによって複式簿記導入にさらに大きな可能性を開いた。この改革は，金銭計算と価値計算の2つの計算対象をフローとストックの両面からはじめて計算構造的な意味における論理的整合性をもって把握可能とすることを意味しているのである。

しかし，他方では，こうした制度改革に対して全面的に首肯し得ない部分が残ることも否定できない。これまでドイツにおける公会計改革の議論では「カメラル簿記か複式簿記か」という二者択一の議論が大部分であり，カメラル簿

記の限界を強く認識して複式簿記への転換を強調する見解と，複式簿記の利点を十分に認めながらもカメラル簿記を維持する見解が拮抗してきた。問題となるのは，複式簿記の導入を主張する見解のなかで，予算額と実際額の両方を明示するとともに予算執行のプロセスを表示できるというカメラル簿記の主要な特徴を活用する方向での提唱が全くなされてこなかったことである。さらに，「計算書の3本化」が実務的にも一般化されつつあるが，複式簿記システムのなかで第3の財務計算書（キャッシュ・フロー計算書またはそれに類する計算書を含む）をどのように作成するのかについても，その正面からの理論的検討はほとんどなされてきていない。ドイツにおける当面の制度改革は一応決着したと見てよいが，今後，複式簿記システムにおける計算構造に関する議論がさらに望まれる。

第8章　複式簿記の基礎と計算構造

　わが国においても，この10年余の間に公会計制度の体系的なモデルが相ついで提唱されてきた。かつてのように民間のシンクタンクの研究組織，会計士団体等からだけではなく，関係省，その審議会や研究会，さらには個別の自治体からもモデル呈示が行われるようになったのが近年における特徴である。しかし，それらはいずれも測定基準を含め計算書の体系とその表示方法についてのモデル形成が中心となっており，簿記法と勘定系統，勘定記入から見た各計算書の構造的関連等に関する理論的な基礎については必ずしも明確にされているとはいえない。提案されている制度モデルは，簿記法については明示されていないが内容からすれば明らかに複式簿記の導入を前提としているもの，決算統計等の数値を利用して計算書を作成するものに分かれる。しかし，計算書の体系から考える限り，いずれも直接または間接に複式簿記の思考を援用しなければ成立しないものとなっている。

　行政における財務管理にあっては，企業とは異なって予算執行の命令に関わる行為と公金の出納に関わる行為とは明確に区別され，その担当者も記録も別個のものとして行われるという特徴をもっている。わが国における現行公会計制度の基礎となった明治会計法もそうした機能の相違を意識しており，当時の官庁簿記書によれば，それぞれ「科目の整理」と「現金の整理」として説明されている[1]。こうした行政特有の財務管理のあり方は，行政の計算思考にも金銭計算と価値計算との2つの領域の区別を必要とし，それら2つの計算領域がシステムとして形成されるべきことを示唆するものである。結論的には，このような計算領域を構造的に整合性をもって記録することのできるシステムとしては複式簿記が最適であることとなる。

　本章では，まず公会計に複式簿記を導入することを前提として，簿記の勘定系統と計算書，作成される計算書相互にどのような構造的な関連があるのかを検討する。

（1）　亀井孝文著『明治国づくりのなかの公会計』，白桃書房　2006年参照。

第1節　計算書の体系における企業会計と公会計の相違

　公会計においても「計算書の3本化」からさらに進んで「計算書の4本化」がモデルのなかで提唱されるようになってきている。この考え方はもともと企業会計において提起されたものであり，わが国の企業会計制度においても，従来作成されてきた貸借対照表および損益計算書に加えてキャッシュ・フロー計算書および株主資本等変動計算書の作成が要請されるようになったことはなお記憶に新しい。ここでは，公会計において「計算書の3本化」に基づくことを基本的な前提としているが，ただ，その根拠として公会計の近代化が企業会計化することによりそのまま実現可能であるとする考え方はとらない。というのは，両会計には少なくとも次のような相違点があるからである。まず第1に，企業会計の場合は，発生主義会計のなかに埋没した資金の動きを明らかにしようとするところから計算書の体系に関する再検討が行われてきたのに対し，公会計の場合は逆に現金収支会計のなかに埋没した価値の動きを浮き彫りにしようとするところから制度全体の改革が検討されてきた。第2に，公会計では給付交換を伴わない資金収支取引の処理が行われることも多く，企業会計における損益取引概念または交換取引概念が必ずしも成立しない。第3に，貸借対照表等のストック計算書において企業会計のような資本概念は必ずしも当てはまらない。さらに第4に，前に触れたように，行政においては国庫金の出納と予算執行とがその行為についても執行組織についても区別されていることである。このような企業と行政の差異は，よって立つ会計観，簿記法およびその勘定組織，計算書の体系等にも大きな影響を及ぼすこととなる。

　公会計がもともと現金収支を中心に体系化されてきたその本質的特徴を考慮すると，そこでのキャッシュ・フロー計算書は企業会計のように第3の計算書というよりはむしろ最重要のそれとしての意味をもっている。こうした観点から，ここではキャッシュ・フロー計算書をとくに意識し，それを複式簿記システムから導き出すための計算構造を考察している。

第2節　計算書の作成と複式簿記の計算構造

(1) 一取引一仕訳（並列型システム）の概念

　まず，経常計算書[(2)]および貸借対照表という最も基本的な2つの財務諸表による構成の場合には，複式簿記システムでは総勘定元帳のなかの収益諸勘定および費用諸勘定のすべてが決算集合勘定としての経常勘定に振り替えられ，同様に資産諸勘定，負債諸勘定および資本諸勘定のすべてが閉鎖残高勘定に振り替えられる。その後，経常勘定に基づいて経常計算書が作成され，閉鎖残高勘定に基づいて貸借対照表が作成される。このことからわかるように，複式簿記システムの最終段階の決算集合勘定と財務諸表としての計算書は1対1の対応関係をもっているのである。

　しかも，この場合，経常計算書と貸借対照表は前後関係をもたずに作成されなければならない。こうした決算集合勘定と計算書との対応関係および並行的な作成の最も基本的なプロセスを図示すれば図表8-1のように表せるであろう。このようなシステムでは決算集合勘定が個別勘定群に対応して開設され，それは相互関連をもつ横並びとなる「並列型システム」として特徴づけることができる。

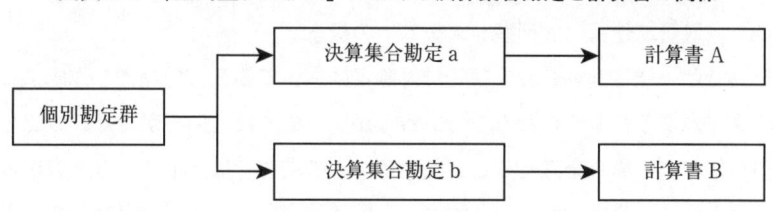

図表 8-1　「並列型システム」における決算集合勘定と計算書の関係

```
                    ┌─→ 決算集合勘定 a ──→ 計算書 A
個別勘定群 ─────┤
                    └─→ 決算集合勘定 b ──→ 計算書 B
```

（2）企業会計の損益計算書にあたる計算書をここでは「経常計算書」と呼称している。公会計領域でもこの名称は，企業と同様損益計算書，運営成果計算書，行政コスト計算書，業務費用計算書等，さまざまな名称が付されている。

(2) 一取引一仕訳（直列型システム）の概念

これに対し，計算書の作成にさいして「同時性」が意識されないことがある。この場合には，決算集合勘定と計算書が1対1で個別対応するとしても，複数の集合勘定が必ずしも同時並行的に記入されるのではなく，時間的前後関係をもって記入される。わかりやすくいえば，このシステムでは，ある決算集合勘定が他の決算集合勘定の先行勘定となる。このような作成方法は先述の「並列型システム」に対し，縦に連なる「直列型システム」として図表8-2のように表すことができる。

図表8-2　「直列型システム」における決算集合勘定と計算書の関係

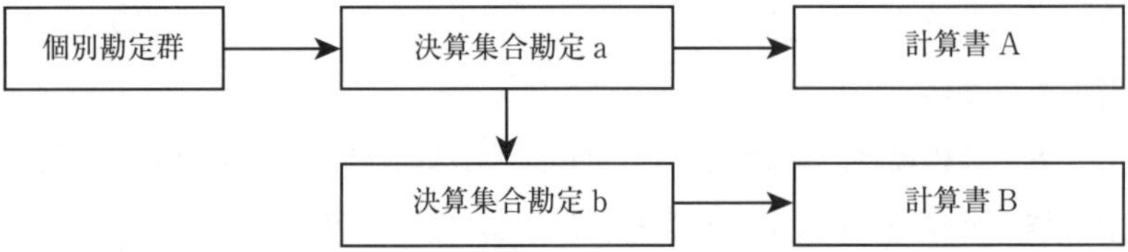

```
個別勘定群 ──→ 決算集合勘定a ──→ 計算書A
                    │
                    ↓
              決算集合勘定b ──→ 計算書B
```

この図表からわかるように，計算書Bは決算集合勘定a→決算集合勘定bの経路から作成されることとなり，決算集合勘定間での前後関係が生じている。しかし，複式簿記システムでは，複数の集合勘定が独立して同時並行的に作成されてこそその意義があるのであり，それによってはじめて作成される計算書がそれぞれ同等の意味をもち得るのである。

(3) 一取引二仕訳（並列型システム）の概念

それでは，経常計算書および貸借対照表に加えて第3の計算書を作成する場合にはどのように考えられるのであろうか。いま，最も関心が持たれる資金計算書を作成する場合を考えることとする。この場合には，上述の考え方からもわかるように，貸借対照表の基礎となる閉鎖残高勘定とは別に資金の変動を記録する勘定とともにそれにかかわる決算集合勘定が他の決算集合勘定と並立して開設されなければならない。このような計算書体系の拡張は，伝統的な2種類の計算書の作成を前提とする一取引一仕訳の方法によっては処理できないこ

とを物語っている。一取引一仕訳の処理法によれば，そこから作成しうる決算集合勘定は2種類であり，第3の計算書のための記録は総勘定元帳とは直接的な関係なしに作成せざるを得ない。つまり，計算構造上，作成されるべき計算書の数によってそれに見合う決算集合勘定の数が決定され，また，仕訳によって開かれる勘定系統も必然的に決定されるのである。このことは，各計算書につながる3種類の勘定は一取引二仕訳でなければ導出することはできないことを意味するものである[3]。

こうした関係を複式簿記システムにおける決算集合勘定と計算書との関係で考えれば図表8-3のように表すことができる。

図表8-3　並列型システムによる計算書の3本化
（一取引二仕訳型）

```
総勘定元帳
         ┌─────────┐    ┌─────────┐    ┌─────────┐
         │         │───→│ 経常集合勘定 │───→│ 経常計算書 │
         │ 個別勘定群 │    └─────────┘    └─────────┘
一  │    │（資金を除く）│    ┌─────────┐    ┌─────────┐
取引 │    │         │───→│ 閉鎖残高勘定 │───→│ 貸借対照表 │
二仕訳│   └─────────┘    └─────────┘    └─────────┘
         ┌─────────┐    ┌─────────┐    ┌─────────┐
         │ 資　　金　│───→│ 資金集合勘定 │───→│ 資金計算書 │
         │ 個別勘定群 │    └─────────┘    └─────────┘
         └─────────┘
```

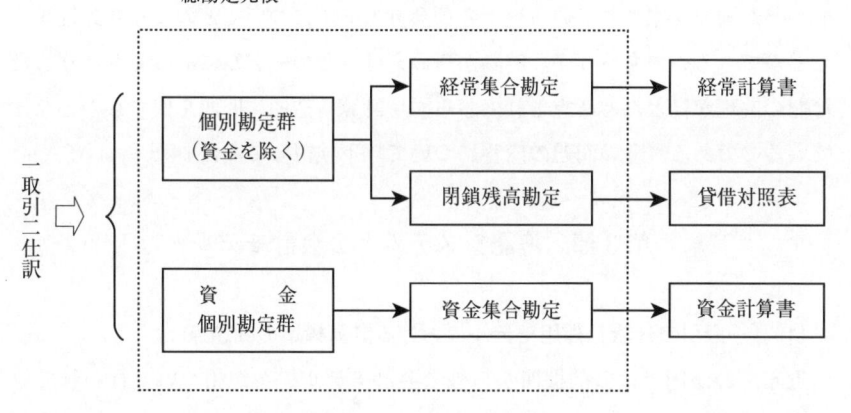

さらに，もうひとつの重要な問題を意識しなければならない。通常，仕訳は実体勘定と実体勘定，または，実体勘定と名目勘定との組み合わせによって構成され，貸借とも名目勘定からなる組み合わせは，経常取引に基づく仕訳を修

（3）　この一取引二仕訳については，財務諸表間の連繋というよりも調整のための処理に過ぎないという批判的見解もある。原俊雄稿「公会計の企業会計化に関する再検討」，『会計検査研究』第32号（2005年9月）参照。

正する場合か，自己給付に関して費用と収益を同時に計上する内部経営目的の簿記を除けば生ずることはない。従って，総勘定元帳から作成される試算表をバランスさせるためには，それぞれの決算集合勘定が実体勘定としての本質をもつのか，あるいは名目勘定としての本質をもつのかについてもあらかじめ念頭に置かなければならない。資金関連計算書の作成を考えるとき，このことは，その基礎となる資金関連の勘定を実体勘定すなわち資金運動の結果表示勘定と考えるのか，あるいは，名目勘定すなわち資金運動の原因表示勘定と考えるのかということでもある。いいかえれば，資金運動を勘定のうえで借方側から見るのか，貸方側から見るのかを意味するものでもあり，「表計算」と「裏計算」という表現をあてはめることも可能である[4]。この理解のしかたについては前章で詳しく述べたところである。

　複式簿記システムと各計算書との計算構造的関係をこのように理解するとき，わが国で提案されている種々の公会計モデルについてどのように評価することができるのであろうか。結論からいえば，どのモデルにあってもこうした簿記の論理がほとんど考慮されておらず，計算構造的に問題を残すものとなっているのである。その問題の内容について以下検討してみたい。

第3節　簿記システムと公会計モデル

(1) 「一取引二仕訳」採用モデルにおける計算構造の問題点

　近年，わが国では公的機関からの公会計モデル提案が相次いで行われている。まず，旧自治省による「地方公共団体の総合的な財政分析に関する調査研究会報告書」(2000年3月)，および，総務省による「地方公共団体の総合的な財政分析に関する調査研究会報告書―「行政コスト計算書」と「各地方公共団体のバランスシート」―」(2001年3月)が地方自治体における"バランスシ

（4）　吉田寛稿「政策形成過程における公会計の役割―予算による資金循環の管理と資源管理の政策への反映―」，隅田一豊編著『公会計改革の基軸』，税務経理協会　1999年所収，p.10参照。

ート・ブーム"を生み出したことは記憶に新しい。これらのモデルではいかなる簿記法が選択されているか，また，そのことが最終的にどのような計算書の作成につながるかについてはすでに第2章で論じた。そこで，これまで提案されている各種の公会計モデルのうち，複式簿記の適用を前提としさらに特定の計算書を作成するために，部分的にせよ一取引二仕訳を行うモデルを取り上げてみよう。日本公認会計士協会による2003年「公会計概念フレームワーク」および新地方公会計制度研究会による2006年「基準モデル」がそれであるが，これらには重大な問題点が内包されている。なお，この両者は公表主体の違いはあれ，モデルの基本的な考え方，簿記システムおよび計算構造については実質的に同一のものとして理解し，ここではそれらのモデルの基礎となった桜内説[5]を直接の検討の対象とする。これらのモデルにおける計算書間の関係についてはすでに第2章で取り扱った。そこで，見方を変えてこれらのモデルでは各計算書を作成するのにどのような簿記処理がなされているのかという観点からモデルの内容を検討してみたい。

　これらのモデルは，まず，複式簿記の適用を前提として，財務諸表の体系を，桜内は，①貸借対照表，②行政コスト計算書，③損益外純資産変動計算書，および，④資金収支計算書から構成されるものとし，近年における企業会計と同様，「計算書の3本化」よりもさらに進めて「計算書の4本化」の考え方をとっている[6]。これらの財務諸表のうち，損益外純資産変動計算書はこの

（5）「公会計概念フレームワーク」の中心的な執筆者（桜内文城）は「新地方公会計制度研究会」の4委員の一人でもあり，その「報告書」の基本的な概念は多くの点で「公会計概念フレームワーク」に共通している。また，財政制度等審議会「省庁別財務書類の作成について」における「特別会計等財務書類作成ガイドライン」も同一執筆者による。桜内文城著『公会計―国家の意思決定とガバナンス―』，NTT出版　2004年，「おわりに」(p.295)，巻末「参考文献」(p.303) 等参照。
（6）これら財務諸表はモデルによって下記のような名称がつけられている。
　　［公会計概念フレームワーク］
　　　　①公会計貸借対照表，②行政コスト計算書（純経常費用計算書），③財源措置・納税者持分増減計算書，④公会計資金計算書
　　［基準モデル］
　　　　①貸借対照表，②行政コスト計算書，③純資産変動計算書，④資金収支計算書

モデルの最大の特徴のひとつをなすものであるといえる。この計算書の根拠はこうである。まず，税の本質を収益説と持分説に分類したうえで後者の説を採用するとともに，それによって税を収益としてではなく「国民からの拠出金」として取り扱うとしている。その結果，税収の計上は行政コスト計算書とは別立ての計算書に行われることとなる。収益説による損益取引は持分説によるこのモデルでは次のように分割される。

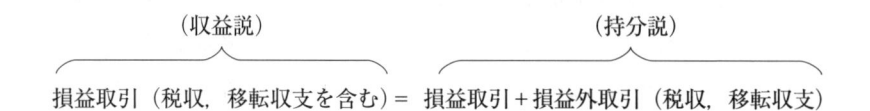

$$\underbrace{損益取引（税収，移転収支を含む）}_{(収益説)} = \underbrace{損益取引＋損益外取引（税収，移転収支）}_{(持分説)}$$

上記のように，このモデルにおいては，企業会計にいう費用収益対応の原則が成立する取引については損益勘定に計上し，その"収支尻"とともに税収，移転収支等を損益外取引として損益外純資産変動計算書作成の基礎となる処分・蓄積勘定に計上する。さらに，この勘定には，財源も含め一部の資産形成に関連する交換取引等も含めることから，その構成は図表8-4のように表されることとなる。

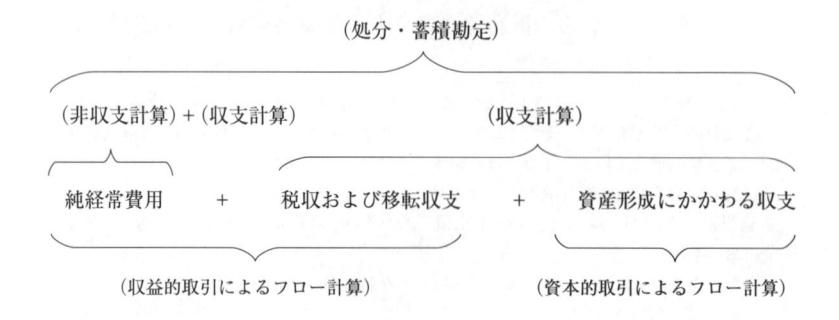

図表8-4　処分・蓄積勘定の内容構成

$$\underbrace{\underbrace{純経常費用}_{(非収支計算)} + \underbrace{税収および移転収支}_{(収支計算)}}_{(収益的取引によるフロー計算)} + \underbrace{\underbrace{資産形成にかかわる収支}_{(収支計算)}}_{(資本的取引によるフロー計算)}$$

（処分・蓄積勘定）

この処分・蓄積勘定の構成から理解できるように，純財産の増減の増減がストック概念ではなくもっぱらフロー概念によって算定されるところにこのモデ

ルの特徴がある。つまり，固定資産それ自体は貸借対照表における資産勘定に示され，また，資金勘定は実体勘定として構成されていたのに対し，この処分・蓄積勘定は一部の収支を伴わない損益および名目勘定としての資金収支によって構成されているのである。いいかえれば，資金勘定と処分・蓄積勘定の本質部分は資金に関する「表計算」と「裏計算」の両方を同時に実施するシステムであるという理解が可能となる。そうした「表計算」によって資金それ自体の変動を表すとともに，行政活動の特質と納税者の存在を強く意識し，その納税者持分がどのように処分され，どのように蓄積されたかを「裏計算」によって表そうとするのである。

　さて，このモデルにおける簿記処理上の特徴は，処分・蓄積勘定にかかわる取引についてのみ一取引二仕訳をしていることである。それはこのモデルでは税収を持分説によって理解し，納税者持分の増減を計算書として表示することこそ最大の主張点として位置づけることによるものである。その仕訳を固定資産の購入に例をとって示してみよう[7]。

（借）　固定資産（BS）100／（貸）　固定資産形成への資本的支出（CF）100
（借）　固定資産形成への財源措置（NW）100／（貸）　資産形成充当財源の増加（NW）100

　　　（筆者注）BS：貸借対照表，CF：資金収支計算書，NW：損益外純資産変動計算書

　上記の二段階の仕訳のうち上段では，貸方が「支出」とされているが，実はその抽象概念の背後に実体としての「資金」が意識されている。いいかえれば「支出」という名目勘定に「資金」という実体勘定の出を理解していることになる。もし，「支出」が真にフロー概念として性格づけられているのであれば，貸借対照表上の実体概念としての資金は変動しないものとなってしまうのである。つまり，（借）収入／（貸）支出という形式と最終的に理解しようとしている本質との間に乖離を生じさせてしまっているのである。次に，この仕訳の下段のものが処分・蓄積勘定を導くための仕訳である。このモデルの構想からす

（7）　桜内前掲書，pp.269-270 参照。

ればこのような一取引二仕訳それ自体の論理性は否定されないが，当該勘定はフロー概念によって構成されるものであり，結果的にこの仕訳は貸借とも名目勘定によるものとなっている。さらに，問題は，この一取引二仕訳を損益外純資産変動計算書を作成するためにのみ行い，資金収支計算書を作成するためには行わないことである。伝統的な財務諸表の構成である損益計算書および貸借対照表の２つに加えてさらに計算書を作成する場合には，その作成の基礎となる決算集合勘定も簿記システムにおいて個別の対応関係をもって開設しなければならない。従って，仕訳をする場合には追加する計算書が１つであれば一取引二仕訳となり，２つの計算書を追加するのであれば"一取引三仕訳"を行わなければならない。このモデルの場合，伝統的な２つの計算書に加えてさらに２つの計算書を作成することからすれば一取引三仕訳を行うこととなるが，より重視する計算書すなわち損益外純資産変動計算書のためにのみ仕訳を追加することから，結局，一方の追加仕訳を捨象して一取引二仕訳としている。こうした方法はいかなる部分に追加仕訳を行うかに恣意性がはたらく余地を残すこととなり，計算構造上問題なしとはいえないのである。こうした処理のため，資金勘定においてはその増減の原因は表示されるが，現金または当座預金等の資金の種類は明示されない。結果として資金の変動に関しては一取引一仕訳によって勘定記入が可能となるが，同時に，貸借対照表においては「資金」勘定としてのみの表示とならざるを得ない。つまり，このことは，資金収支計算書が独立した財務諸表としての計算書というよりも，単なる貸借対照表の資金勘定の明細表としての性格しか持ち得ないことも意味しているのである。

　通常，仕訳は貸借とも実体勘定によるか，実体勘定と名目勘定の組み合わせによってはじめて成立し，貸借双方が名目勘定という場合は通常存立しない。敢えてそうした場合を想定するとすれば，外部から購入した材料によって自家用の資産を製作して使用する場合に，

（借）費　用　×××／（貸）収　益　×××

という仕訳が行われるのがその一例となる。ただし，これは内部的な記録にとどまるものであり，外部報告のための決算書作成のための記帳には現れない。

(2) 勘定構造から見た公会計モデルの特徴

　上述のモデルでは4つの財務諸表を作成する点において共通しているが、同時に、いずれも各計算書作成に至る簿記システムにおける勘定間の連関が明確にされていないという問題を包摂している。つまり、勘定群および決算集合勘定と計算書とはほとんど無関係のものとして考えられている。従って、仕訳を行う場合でも開設される勘定の数は借方と貸方ひとつずつでよいとされる。このことは、計算書とそれを導出するための簿記システムが明確な関係をもち得ないことを意味している。こうした方法によれば、取引の記録に複式簿記を利用したとしても、計算書を複式簿記システムから導出したとはいえないのである。結論的には、桜内によるモデルはいわば「直列型システム」として特徴づけることができ、先の例にならって複式簿記システムを念頭におきつつ決算集合勘定を考えればこのモデルの構造は図表8-5のように表せるであろう[8]。

　さて、このように4つの決算集合勘定（同時に、4つの計算書）が必要となる理由を改めて整理しておきたい。桜内説に基づく「公会計概念フレームワーク」および「基準モデル」上記の2つのモデルにおいては、税収を収益説ではなく持分説に立って理解するため、納税者の持分変動としてその増減計算を実施しようとする。というのは、損益勘定または業務費用計算書のための勘定は純粋に給付交換を基礎とする損益取引を計上するためのものであり、持分の増減計算をするためのものではないと考えることによる。このような理由から、税収はもちろんそれ以外の納税者の持分の変動をもたらす取引も通常の損益取引とは分離して計算する勘定が必要となるのである。そのために用意される勘定が、処分・蓄積勘定または損益外純資産変動計算書のための勘定である。なお、そこでは税収以外に納税者の持分の変動をもたらすものに、社会保険料収入、国から地方への交付金等のような給付交換に基づかない収入、固定資産の増加額と減少額、貸付金支出とその償還収入等が考えられている。

　このような記入内容から勘定についての次のような理解が可能となる。つま

（8）　桜内前掲書、口絵参照。

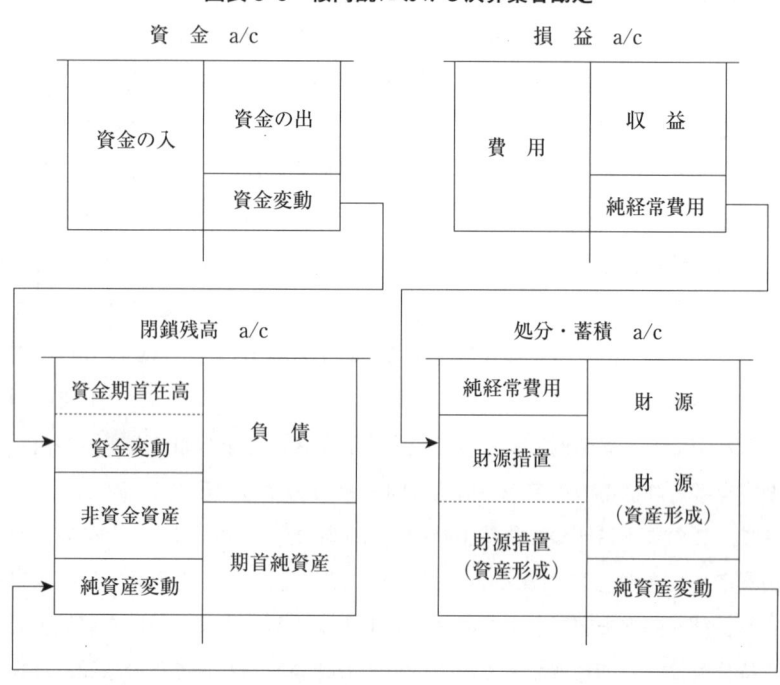

170 第8章 複式簿記の基礎と計算構造

図表8-5 桜内説における決算集合勘定

資　金 a/c			損　益 a/c	
資金の入	資金の出		費　用	収　益
	資金変動			純経常費用

閉鎖残高 a/c			処分・蓄積 a/c	
資金期首在高	負　債		純経常費用	財　源
資金変動			財源措置	
非資金資産	期首純資産		財源措置（資産形成）	財　源（資産形成）
純資産変動				純資産変動

（注）　日本公認会計士協会「公会計概念フレームワーク」においては，処分・蓄積勘定においても純資産が減少する場合の事例（借方超過）が示されるとともに，その減少額は閉鎖残高勘定の貸方に振り替えられている。しかし，ここでは同様の事例のもとで，閉鎖残高勘定の貸方ではなく借方に振り替えている。

り，これらのモデルにおける損益勘定は，給付交換を基礎とする損益取引計上のための勘定として考えられることから，フロー勘定として性格づけられていることがわかる。さらに，処分・蓄積勘定と損益外純資産変動計算書作成のための勘定は，損益勘定からの純経常費用の振り替えの他に，給付交換によらない税収，交付金収入，貸付や出資にかかわる収支等，および，固定資産の取得や売却にかかわる収支が計上されることから，これもフロー勘定として性格づけられることとなる。かつて，旧「公益法人会計基準」は「正味財産増減計算書」について，基本的には企業会計の損益計算書と同じとなるフロー計算方式とともに，ストック概念による成果計算を行い，それに収支計算書におけるフ

ロー概念により算定された成果を合計する方法をとっていた。それに比較すると，これらモデルの提案による第4の計算書はフロー計算方式で単一化されたものとなっているのである。

(3) 簿記法から見た公会計モデルのもつ意味

さて，上記のような会計モデルのもつ意味については，結局，次のように理解できるであろう。まず，複式簿記の適用を前提とするが，勘定群とそれぞれの決算集合勘定との有機的関連を重視することは構想のなかに必ずしも含められていない。つまり，これらのモデルは簿記システムの論理性よりもむしろ会計情報としての機能を重視する観点からのシステム構築であることを意味しているのである。複式簿記の適用をさしあたり前提としない他のモデルにあっては，簿記システムにおける勘定間の整合性は全く考慮の外であることとなる。

こうした事実からは，近年の公会計モデル提案にあっては，「どのように会計情報を作成するか」という問題よりも「どのような会計情報を作成するか」の方がより大きな意味をもっていることが理解できるのである。これらのモデルは，先に示した図表8-1および図表8-2からも容易にわかるように，いずれも計算書を横に接続する「並列型システム」ではなく，全部であれ一部であれ縦に接続する「直列型システム」であるとも言える。新しい公会計モデルの構築を考えるとき，予算執行の過程における記録と計算書の作成において，複式簿記による勘定間の論理性を重視するのか，あるいは，逆に，複式簿記による厳密な計算構造を多少犠牲にしたとしても，それ以外の簡便な方法によりむしろ情報提供機能の側面を重視するのか，こうした問題の選択を迫られることとなる。

そこで，次に，複式簿記における計算構造の論理性を維持しながらも公会計モデルの実行可能性をより強く意識しつつ，勘定間の整合性に一部修正を加えたシステムを考えてみたい。

第4節　複式簿記における新しい勘定連関

(1) 新しい勘定連関についての基本的考え方

　一般に，ひとつの会計制度において作成されるいくつかの計算書は，特定の簿記システムの勘定における継続記録の結果として導出されることが理想的である。そうであればこそ，作成される計算書は相互に主と従の差をもたない同等の情報価値が認められるのであり，しかも，それは複式簿記固有の論理に基づいて導出されるのである。計算書の構成として「3本化」からさらに「4本化」を構想するとき，こうした簿記システムにおける勘定組織の問題に明確な解があらかじめ準備されているかどうかはきわめて重要な要素となる。そうした勘定組織の重要な条件としてまず念頭に置かれなければならないのは，作成されるべき計算書の基礎となる勘定が総勘定元帳のなかに開設されるものでなければならないということである。

　他方，企業会計における「計算書の3本化」論を含めて，公会計に関する多くのモデルにおける計算書が，その計算構造よりもむしろ情報としての計算書作成を重視している状況も考慮しなければならない。その場合，ここで述べてきたような理念型としての勘定組織を徹底する方法ではなく，会計業務における実用性を強く意識する観点からも計算書の作成を検討する必要がある。ただ，どのような場合でも複式簿記システムの本質的論理性を度外視することはできない。そこで，「並列型システム」の論理性を維持しつつ一部に工夫を加えた「修正並列型システム」の構想を考えてみることとする。

　この方法の要点は，決算集合勘定に至るそれぞれの勘定群を必ずしもすべて総勘定元帳のなかに開設しないところにある。まず，集合勘定としての閉鎖残高勘定および経常勘定とそれらに振り替えられる個別勘定群，さらに，集合勘定としての資金勘定については総勘定元帳に開設し，資金勘定に関する個別勘定群についてのみ補助元帳に開設する。これら3つの決算集合勘定はそれぞれ貸借対照表，経常計算書および資金計算書の作成につながり，この方法によっ

て伝統的な「並列型システム」の枠組みを維持することができることとなる。ただし，資金関係の個別勘定に関する繰越勘定のみは総勘定元帳に開設しなければならない。その上で，資金概念に含まれる現金および現金同等物さらには未収財源については，その個別勘定を補助元帳のなかに開設するのである。いま，複式簿記システムにおける決算集合勘定と計算書の関係を見れば，それは図表8-6のように示されるであろう。

図表8-6　修正並列型システムによる計算書の3本化
（一取引一仕訳型）

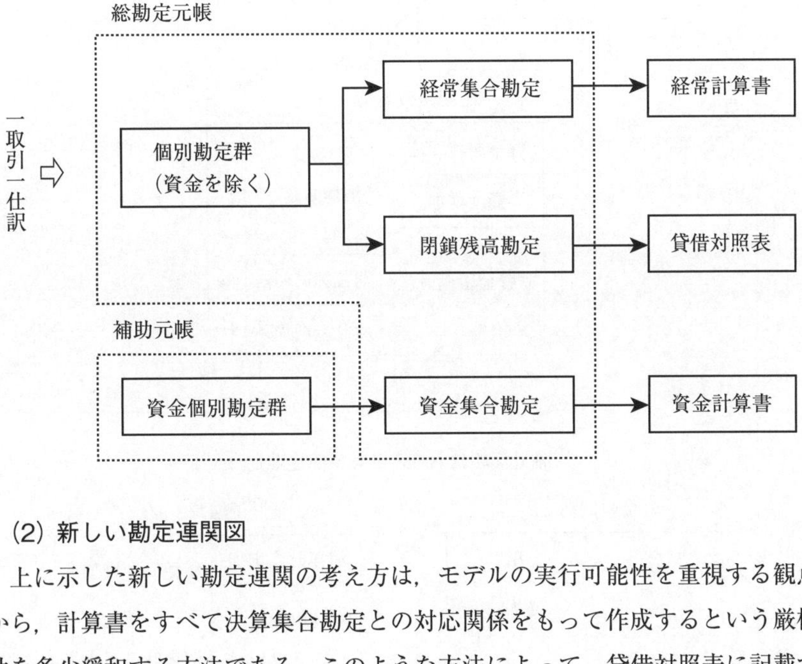

```
総勘定元帳
                  ┌──→ 経常集合勘定 ──→ 経常計算書
一取引一仕訳 ⇒ 個別勘定群
            （資金を除く）
                  └──→ 閉鎖残高勘定 ──→ 貸借対照表

補助元帳
        資金個別勘定群 ──→ 資金集合勘定 ──→ 資金計算書
```

(2) 新しい勘定連関図

　上に示した新しい勘定連関の考え方は，モデルの実行可能性を重視する観点から，計算書をすべて決算集合勘定との対応関係をもって作成するという厳格性を多少緩和する方法である。このような方法によって，貸借対照表に記載する資金関係の勘定と資金計算書作成のための勘定との連関を意識することなく，複式簿記の計算構造を維持しながら計算書の作成を行うことができることとなる。かりに，純財産増減計算書を作成する場合であっても同様の方法によって集合勘定を位置づければよい。いま，この計算構造を集合勘定の関係で図

示すれば図表8-7のように表すことができるであろう。

厳格な「並列型システム」にあっては計算書に対応する決算勘定をすべて総

図表8-7 新しい勘定連関図

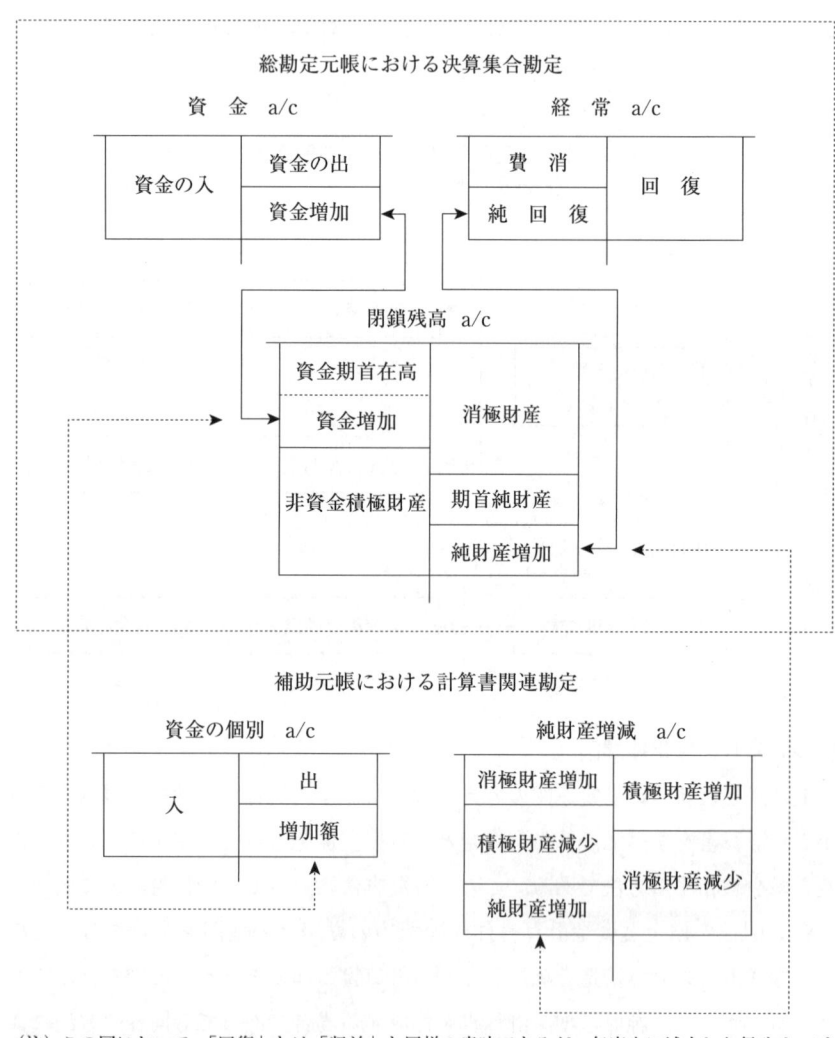

```
┌─────────────────────────────────────────────────┐
│         総勘定元帳における決算集合勘定              │
│                                                  │
│        資 金 a/c              経 常 a/c          │
│   ┌──────┬──────┐      ┌──────┬──────┐         │
│   │      │資金の出│      │費 消 │      │         │
│   │資金の入├──────┤      ├──────┤回 復 │         │
│   │      │資金増加│      │純回復│      │         │
│   └──────┴──────┘      └──────┴──────┘         │
│                                                  │
│              閉鎖残高 a/c                        │
│   ┌──────────┬──────────┐                      │
│   │資金期首在高│          │                      │
│   ├──────────┤消極財産  │                      │
│   │資金増加  │          │                      │
│   ├──────────┼──────────┤                      │
│   │          │期首純財産│                      │
│   │非資金積極財産├──────────┤                  │
│   │          │純財産増加│                      │
│   └──────────┴──────────┘                      │
└─────────────────────────────────────────────────┘

┌─────────────────────────────────────────────────┐
│         補助元帳における計算書関連勘定              │
│                                                  │
│     資金の個別 a/c          純財産増減 a/c       │
│   ┌──────┬──────┐      ┌──────────┬──────────┐│
│   │      │  出  │      │消極財産増加│積極財産増加││
│   │  入  ├──────┤      ├──────────┤          ││
│   │      │増加額│      │積極財産減少│          ││
│   └──────┴──────┘      │          ├──────────┤│
│                          │          │消極財産減少││
│                          ├──────────┤          ││
│                          │純財産増加│          ││
│                          └──────────┴──────────┘│
└─────────────────────────────────────────────────┘
```

(注) この図において,「回復」とは「収益」と同様の意味であるが,年度中に減少した行政サービス提供能力が税収等によって量的に修復される価値を表す概念である。

勘定元帳に開設し，一取引二仕訳によって各決算集合勘定に記入される諸勘定を確保したのであるが，上記の考え方によれば，一取引一仕訳を行うことですべての記入が可能となる。すなわち，総勘定元帳への記帳とともに，資金に関連する取引でその個別勘定については補助元帳における資金勘定にもそのつど記帳が行われることとなる。さらに，すべての積極財産または消極財産の増減に関する取引については，総勘定元帳への記帳とならんで補助元帳における純財産増減勘定にも記帳を行う。こうした記帳手続きを経て，総勘定元帳における決算集合勘定としての資金勘定，経常勘定および閉鎖残高勘定からはそれぞれ資金計算書，経常計算書および貸借対照表が作成される。また，補助元帳における資金勘定および純財産増減勘定からは純財産増減計算書が作成されるとともに，資金に関連する個別勘定からは貸借対照表における当該表示にそのまま利用されることとなるのである。従って，こうした方法によるとき，簿記処理の簡便性と理解可能性という点においては実務にはなじみ易いといえるであろう。しかも，複式簿記システムからそれぞれの計算書を作成するという計算構造における必要な論理性も維持されているという意味において有効な方法となる筈である。これが「修正並列型システム」の構想である。

(3) 複式簿記における基本的条件

上述のような「修正並列型システム」によって複式簿記の原理を維持しつつ実務上の簡便性をも兼ね備えることが可能となるのであるが，「計算書の3本化」を想定する場合，複式簿記システムにおける理念型としての最も基本的な要件は次のようにまとめられることを改めて確認しておきたい。

① 作成される計算書に対応する決算集合勘定およびそこに振り替えられるすべての勘定群が総勘定元帳に開設されること，

② すべての決算集合勘定が「並列型システム」となっていること，

および，

③ 一取引二仕訳の記帳手続きを行うこと。

問題は，実務における理解可能性および実行可能性とともに，複式簿記の論理性を考慮しつつ，こうした理念型としての基礎的要件をどこまで修正できる

かということである。

　これまで提唱された公会計モデルにあっては，複式簿記の利用を明言している場合であっても，上記のような基本的条件をすべて満たすものは皆無であるといっても過言ではない。というよりも，大部分のモデルにおいてもともと複式簿記システムにおける計算構造に関する検討に多くの関心が払われていないのである。その理由は，計算構造よりも会計情報の内容が重視されていることに他ならない。もちろん，資産および負債についての評価問題，収益および費用の考え方，計算書の体系論等，いずれも公会計制度を論ずる上で不可避の問題であることは言をまたないが，これらの検討に加えて簿記の観点における計算構造論についても十分な議論が行われる必要がある。

　わが国における公会計制度の改革をめぐる議論は，現在，これまでの理論的検討だけではなく具体的な制度モデルの提唱とその試行適用，さらに，さまざまなモデルの統一化を行わなければならない段階に入っている。従って，そこでは簿記法についても複式簿記を適用するかしないかの基本的立場を明確にしなければならない。しかし，実務面での実行可能性が過度に重視されることにより複式簿記の導入が断念されたり，あるいは，複式簿記が導入される場合であっても，計算構造に関する理論的整合性の維持が等閑視されたりしてはならないことを再度強調しておきたい。

第9章　公会計における複式簿記導入の方法

　公会計にいかなる簿記法が適するかについてはさまざまな見解がある。しかし，突き詰めれば，結局，それらの見解は複式簿記を導入するかどうかの問題として集約できると見てよい。そうした公会計における簿記法の選択論については第1章で論じたところであり，ここでは複式簿記を導入するという前提に立って，その具体的方法を論じたい。

　本書では，公会計において金銭計算と価値計算の2つの計算領域を認識し，前者を資金計算書として，また，後者を経常計算書および貸借対照表として会計情報化する「計算書の3本化」構想を提唱してきた。そこに理念型としての制度構築を行うためには次のような条件が必要となる。何よりも複式簿記システムの観点からいえば，まず，それぞれの計算書が同等の価値をもって横並びとなる「並列型システム」でなければならないということである。もちろんこの方法は第8章で述べた「直列型システム」に対応する概念である。各計算書を簿記システムから導くためにはそれぞれに個別に対応する決算集合勘定が必要であり，さらに，秩序をもって系統的に分類された勘定群が必要となる。このような考え方に立てば，簿記的処理の方法は基本的に一取引二仕訳とならざるを得ない。

　他方，わが国において提唱されている公会計改革案にあっては，複式簿記を導入しないか，それを導入する場合でも上に述べたような複式簿記システムにおける計算構造には十分に意が払われていないという実態が看取される。こうしたもっぱら実務的観点からの公会計改革がますます加速されつつあり，理論界からの警鐘がなければ，その導入の簡便性のゆえに理論性が軽視されることになりかねない。いま，新しい公会計モデルの試行段階にあって，理論的観点と実務的視点をどのように調和化するかが焦眉の問題として問われている。

　こうした現状をふまえ，本章では「並列型システム」に工夫を加えた「修正並列型システム」を提唱し，具体的な記帳を示している。これは，実務への導入という現実の要請も考慮しつつ，しかし，必要な理論的整合性は明確に維持するというものである。

第1節　新しい勘定連関についての確認

　この新しい勘定連関は「修正並列型システム」によるもので，すでに前章でその概念図を示した。その内容を簡単に確認しておきたい。
　理念型としての「並列型システム」においてはそれぞれの計算書の構成要素となる勘定科目はすべて総勘定元帳において開設されることが基本原則である。その場合，とくに資金に関する計算書の作成のためには取引の記録についてある工夫が必要とされた。つまり，資金に関する計算書をストック計算書として実体勘定から構成するためには貸借対照表（または，それに相当する計算書）との関係で二種類の勘定を必要とするのである。こうした勘定記録を可能にするためには一取引二仕訳が必須の方法とされることとなる。
　もう少し具体的に述べてみよう。いま，「計算書の3本化」構想において，資金に関する計算書をストック計算書として性格づける場合を想定すれば，まず，決算集合勘定は資金勘定，経常勘定および閉鎖残高勘定の3つが総勘定元帳に開設される。「並列型システム」において一取引二仕訳が必要とされたのは，現金とその同等物の内容をすべて個別に総勘定元帳における勘定を通じて表示するためであった。例えば，現金収支にかかわる取引にあって，ひとつは資金計算書における現金勘定の記入のために，もうひとつは貸借対照表における現金勘定の記録のためにである。その他の現金同等物に関する個別勘定も全く同様である。
　それに対して，「修正並列型システム」においては，理論的整合性を徹底することによる実務的簡便性を阻害するという問題を解決するために，まず一取引一仕訳による取引処理を前提とする。そこで，資金計算書に関連する個別勘定群については総勘定元帳に開設するのではなく，補助元帳に開設する方法をとる。具体的には次のようになる。総勘定元帳のなかに開設する決算集合勘定は「並列型システム」の場合と同様，資金勘定，経常勘定および閉鎖残高勘定の3つである。「並列型システム」と異なるのは，資金に関する各個別勘定に

ついては総勘定元帳に開設するのではなく，その繰越勘定以外の期中増減勘定はすべて補助元帳において開設するという点である。つまり，総勘定元帳には資金の原因を表す個別資金勘定とともに，最終的に貸借差額として算定される資金勘定のみが開設される。このように，補助元帳を利用して資金計算書と他の計算書に重複する勘定を総勘定元帳から別立てにすることにより，一取引一仕訳であっても3つの計算書が複式簿記システムによる総勘定元帳の決算集合勘定と対応関係をもって作成されることとなる。完全な「並列型システム」ではなく，一部に「修正」を加えたシステムとした理由はこうした点にあるのであり，複式簿記システムの論理性に基づいて3つの計算書を作成するという基本的考え方は変更されない。

第2節　取引に関する仕訳

(1) 一取引二仕訳（並列型システム）の方法

この「修正並列型システム」による方法を示す前に，まず，本来あるべき原則的な一取引二仕訳の方法を確認しておきたい。これは筆者独自の見解として示したものであるが，便宜上これまでの取引例を継続して使用するためにその部分を要約しておこう[1]。

ここでは第1に，「資金」を借方概念すなわち実体勘定として理解するとともに，そのフローの結果を計算表示すること，第2に，そのフローの原因表示を行うが，名目勘定たる「資金収支」とならないようにすることが意識されている。以下，具体的な取引例を見てみよう。

例えば，①長期の借り入れをすることによって当座預金収入が25あった場合には，

　　　　(借) 当　座　預　金　25　(貸) 資　金　増　減　額　25

---

(1) 亀井孝文著『公会計改革論―ドイツ公会計研究と資金理論的公会計の構築―』，白桃書房2004年

　　　　　（借）長期借入金・資金　25　（貸）長期借入金　25
という二段階の仕訳を行う。ここで,「長期借入金・資金」は最終的に資金計算書に記入され,「資金増減額」勘定はひとつの勘定としてそのつどの資金変動を計算すると同時にそれぞれの増減原因を記録する。次に, ②建物を購入してその代金20を小切手で支払った場合には,

　　　　　（借）資　金　増　減　額　20　（貸）当　座　預　金　20
　　　　　（借）建　　　　　　物　20　（貸）建物建設・資金　20
という仕訳が行われ,「建物建設・資金」は資金計算書に記入される。さらに, ③租税26を現金で受け取った場合には,

　　　　　（借）現　　　　　　金　26　（貸）資　金　増　減　額　26
　　　　　（借）租　　税・資　　金　26　（貸）租　　　　　　税　26
という仕訳がなされ, また, 同様に, ④利息3を現金で受け取った場合には,

　　　　　（借）現　　　　　　金　 3　（貸）資　金　増　減　額　 3
　　　　　（借）受　取　利　息・資　金　 3　（貸）受　　取　　利　　息　 3
となる。次に, ⑤給料12を現金で支払った場合には,

　　　　　（借）資　金　増　減　額　12　（貸）現　　　　　　金　12
　　　　　（借）給　　　　　　料　12　（貸）給　　料・資　　金　12
という仕訳が行われることとなる。これらに加えて, 資金収支を伴わない取引で, 例えば, ⑥建物の減価償却費5, ⑦退職給与引当金3が計上された場合には,

　　　　　（借）建物減価償却費　　5　（貸）減　価　償　却　累　計　額　　5
　　　　　（借）退職給与引当金繰入　　3　（貸）退　職　給　与　引　当　金　　3
となる。この結果, 上記の資金増減額勘定には図表9-1のような記入が行われる。

　これらの仕訳により勘定記入が行われ, いま精算表を作成するとすれば図表9-2のようになる。なお, この精算表は各計算書作成のための複式簿記システムにおける計算構造を明らかにするために, 計算書作成の基礎となる決算集合勘定によって構成されている。

図表9-1　資金増減額

当座預金	20	当座預金	25
資金集合	5		
	25		25
現　　金	12	現　　金	26
資金集合	17	現　　金	3
	29		29

　こうした資金または資金収支をどのように取り扱うかの問題は，「資金」を実体勘定として借方側から見るのか，それとも「資金収支」を名目勘定として貸方側から見るのかという勘定の本質的理解にかかわる問題なのである。このように収支を伴う取引を金銭計算として見るのか，それとも価値計算として見るのかの問題は，取引を帳簿に記入するさいに貸借記入が全く逆になるという結果すら生ずることとなる。すでに第6章で述べたように，シュマーレンバッハ，ヴァルプ，コジオールらにあってもまさにこの問題が重要問題として取り上げられており，それをどのように考えるかはそれぞれの説の成否を左右しかねない根本的な問題であった。わが国における資金会計研究者の間でもこの問題をめぐってそれぞれ異なった見解が表明されている。染谷説，佐藤説，鎌田説などが主要な見解であるが[2]，とくに前二者は名目勘定として「資金収支」を取り扱いながら，実質的には実体勘定としての「資金」を認識している。つまり，「収入」を形式的には貸方側から見ているにもかかわらず，本質的には借方勘定として理解していることとなる。このことは「(借) ○○収入／(貸) ○○収益」という貸借ともに名目勘定による通常成立し得ない仕訳が行われることにもつながることとなる。これらについてはすでに別の機会に詳述してお

（2）　染谷恭次郎著『財務諸表三本化の理論』，国元書房　1983年，
　　　佐藤倫正著『資金会計論』，白桃書房　1993年，
　　　鎌田信夫著『資金会計の理論と制度の研究』，白桃書房　1995年等を参照。

182　第9章　公会計における複式簿記導入の方法

図表9-2　精　算　表

	修正後試算表		資金勘定		経常勘定		閉鎖残高勘定	
	借方	貸方	借方	貸方	借方	貸方	借方	貸方
繰　越　現　　金	6 ⎱						23	
現　　　　　　金	17 ⎰							
繰 越 当 座 預 金	6 ⎱						11	
当　座　預　　金	5 ⎰							
備　　　　　　品	40						40	
建　　　　　　物	100						100	
長 期 借 入 　金		38						38
減 価 償 却 累 計 額		20						20
退 職 給 与 引 当 金		12						12
正　味　財　産　額		95						95
租　　　　　　税	26					26		
受　取　利　　息		3				3		
給　　　　　　料	12				12			
建 物 減 価 償 却 費	5				5			
退職給与引当金繰入額	3				3			
当 期 収 益 超 過					9			
租　税 ・ 資　金	26		26					
受取利息・資金	3		3					9
長期借入金・資金	25		25					
給　料 ・ 資　金		12		12				
建 物 建 設・資 金		20		20				
資 金 増 減 額		17		17				
〃		5		5				
	248	248	54	54	29	29	174	174

り(3)，ここではこれ以上触れないこととする。

　さて，ここでとる見解を改めて明確にしておきたい。つまり，われわれが理

（3）　亀井前掲書，pp.295-297，pp.300-303，pp.305-308 参照。

解すべき本質は「収入」および「支出」という抽象概念すなわち簿記上の概念でいえば名目勘定ではなく，実体勘定としての「資金」の「入」と「出」である。従って，計算書も「現金収支計算書」，「キャッシュ・フロー計算書」，「資金収支計算書」等ではなく，「資金計算書」ということになる。上掲の図表9-2の精算表も当然ながらそうした見解に基づいている。

(2) 一取引一仕訳（修正並列型システム）の方法

次に，ここでの主題である「修正並列型システム」に関する具体的な事例に基づいて勘定記入を示してみよう。取引例は上記の一取引二仕訳の方法で示したものと全く同じものである。

すでに上記の説明からも明らかなように，勘定記入は，A．総勘定元帳に開設される勘定科目に関するものと，B．補助元帳に開設される勘定科目に関するものとに分けられる。さらに，前者には，経常勘定および閉鎖残高勘定に関連するそれぞれの個別勘定にが含まれ，後者には資金勘定に関連する個別勘定が含まれる。そこで，すべての取引について通常行われる一組の仕訳を行って総勘定元帳の各勘定に記入するとともに，資金勘定に関連する取引については補助元帳の各勘定に記入する。いま，それぞれの勘定記入は以下のようになる。

A 総勘定元帳に開設される勘定科目

経常勘定に関連する個別勘定

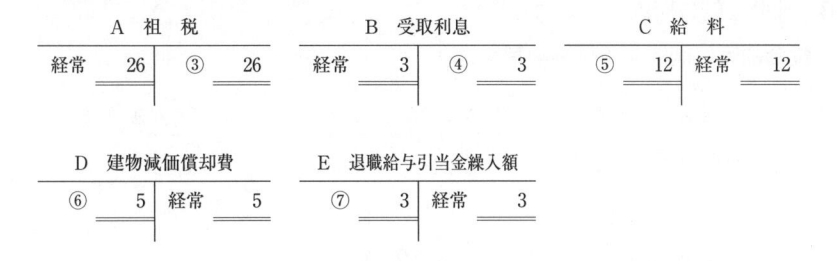

A 租　税				B 受取利息				C 給　料			
経常	26	③	26	経常	3	④	3	⑤	12	経常	12

D 建物減価償却費				E 退職給与引当金繰入額			
⑥	5	経常	5	⑦	3	経常	3

184 第9章 公会計における複式簿記導入の方法

閉鎖残高勘定に関連する個別勘定

```
       F  繰越現金                G  現金（増減）              H  繰越当座預金
開始残高  6 | 閉鎖残高  6      ③    26 | ⑤    12         開始残高  6 | 閉鎖残高  6
                              ④     3 | 閉鎖残高 17
                                   29 |      29

     I  当座預金（増減）             J  備  品                    K  建  物
①    25 | ②    20        開始残高 40 | 閉鎖残高 40       開始残高 80 | 閉鎖残高 100
         | 閉鎖残高  5                                    ②    20 |
      25 |      25                                           100 |       100

       L  長期借入金              M  減価償却累計額             N  退職給与引当金
閉鎖残高 38 | 開始残高 13      閉鎖残高 20 | 開始残高 15      閉鎖残高 12 | 開始残高  9
           | ①    25                    | ⑥     5                    | ⑦     3
      38 |      38                   20 |      20                 12 |      12

         O  純財産
閉鎖残高 95 | 開始残高 95
```

B　補助元帳に開設される勘定科目

資金勘定に関連する個別勘定

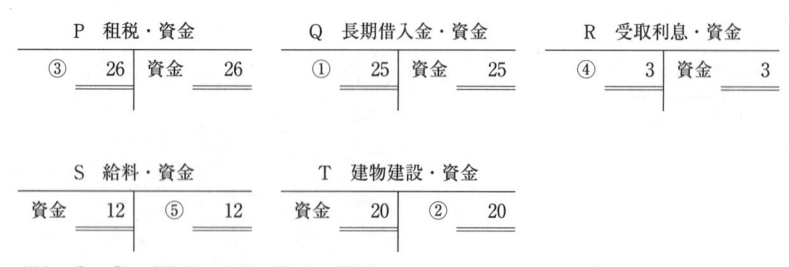

```
     P  租税・資金              Q  長期借入金・資金           R  受取利息・資金
③    26 | 資金   26        ①    25 | 資金   25        ④     3 | 資金    3

     S  給料・資金              T  建物建設・資金
資金  12 | ⑤    12         資金   20 | ②    20
```

（注）①〜⑦の番号は一取引二仕訳の事例として示した取引のそれである。

決算集合勘定の記入

資　　金				経　　常				閉鎖残高			
期首	12	S	12	C	12	A	26	F	6	L	38
P	26	T	20	D	5	B	3	G	17	M	20
Q	25	期末	34	E	3			H	6	N	12
R	3	(内増加	22)	閉鎖残高	9			I	5	O	95
	66		66		29		29	J	40	経常	9
								K	100		
									174		174

第3節　精算表の作成

　以上の勘定記入によって精算表を作成すれば図表9-3のようになるであろう。

　この精算表は図表9-2のそれとは異なり，資金関連の個別勘定に関する期中増減は補助元帳に記入されるため，総勘定元帳の一覧表としての修正後残高試算表には現れない。つまり，補助元帳から資金勘定を経由して最終的に資金計算書で表示されるのである。一取引二仕訳によって作成した図表9-2の精算表と一取引一仕訳によって作成した図表9-3の精算表はこのような違いをもつこととなる。

　こうした計算構造的関連はこのシステムにおける最大の特徴であるが，かつてこれを一取引二仕訳によって実行しようとしたのに対し，ここでは補助元帳の援用のもとに一取引一仕訳で可能となるようにしたものである。かりに個別の資金関連勘定を修正後試算表のなかに表示しようとすれば，資金の入に関する記帳も資金の出に関する記帳も，それぞれ貸借対照表用の勘定と資金計算書用のそれとをすべて総勘定元帳に開設されなければならず，一取引二仕訳の簿記的処理が行われなければならないこととなる。それが「完全」並列型システムである。それに対して，ここで示した方法は，一取引二仕訳を必要とする部

186　第9章　公会計における複式簿記導入の方法

図表9-3　精　算　表

勘定科目	修正後試算表 借方	修正後試算表 貸方	資金勘定 借方	資金勘定 貸方	経常勘定 借方	経常勘定 貸方	閉鎖残高勘定 借方	閉鎖残高勘定 貸方	純財産増減勘定 借方	純財産増減勘定 貸方
繰越現金	6		6				6			
繰越当座預金	6		6				6			
現金	17						17			
当座預金	5						5			
期末資金				34						
（内：当期増加）				(22)						22
備品	40						40			
建物	100						100			20
長期借入金		38						38	25	
減価償却累計額		20						20	5	
退職給与引当金		12						12	3	
純財産		95						95		
租税		26				26				
受取利息		3				3				
給料	12				12					
建物減価償却費	5				5					
退職給引当金繰入額	3				3					
当期純財産増加					9			9	9	
租税・資金			26							
受取利息・資金			3							
長期借入金・資金			25							
給料・資金				12						
建物建設・資金				20						
	194	194	66	66	29	29	174	174	42	42

(注)　本精算表では簿記システムにおける計算構造を一覧表示するために，計算書ではなく決算集合勘定を示している。

分を補助元帳が代行する機能を果たすことによって一取引一仕訳で記帳が可能となるように構成されており，その意味での「修正」並列型システムなのである。

　上述のとおり，この精算表は基本的には「計算書の3本化」構想に基づくものであるが，さらにストック方式による純財産増減勘定も追加的に表示している。その理由は，アメリカの連邦政府にかかわる公会計基準，IPSAS（国際公会計基準）等の動向とも関連して，近年のわが国における公会計モデルの多くが純財産増減計算書（または，これに相当する計算書）を含め「計算書の4本化」を提唱している事実に基づくものである。こうした場合にあっても，追加して作成する計算書に関連する勘定科目については補助元帳を利用することによって一取引一仕訳の方法を維持することが可能となり，全体の複式簿記シス

テムの複雑化は回避することができる。

第4節　公会計の理論と実用性

　新しい公会計制度を構想するとき常に問題となるのはそこでの簿記法である。その簿記法として複式簿記が提案されれば，結局，複式簿記の本質論という最も原理的な問題に回帰して行くこととなる。さらに，作成される計算書の種類ないし数と簿記法との関係も問われることとなる。簿記の厳格な本質論に基づく理論と実務性とのかねあいをどのように考えるか，ここでの基本的立場と新たな提案をまとめておきたい。

　まず，複式簿記は，すべての取引を借方要素と貸方要素に分解するための仕訳によって二面的な記帳を可能にすることにより，そのシステムが有する自検機能によって記帳の正否が確認される。つまり，取引によってもたらされるひとつの結果を2つの側面から記録し計算するための記帳法であるとして理解する。こうしたシステムによりその2つの側面が2種類の計算書として表現されるのである。したがって，観察する側面をさらに増やし，例えば計算書を3つにする場合，そこでは複式簿記すなわち「二式簿記」ではなく敢えていえば「三式簿記」が必要となる。しかしながら，それを複式簿記のシステムにおいて実現しようとするのであれば，一取引二仕訳の方法をとることとなる。

　ここではこのような基本的考え方に立って，複式簿記において「計算書の3本化」を実現するためにまず一取引二仕訳の方法を採用する。そうした基本的思考を念頭においたうえで，この考え方に実務における導入の可能性をより高めるための手段として，計算書間で重複する一部の勘定科目についてのみ補助元帳を援用することによって，一取引一仕訳を可能にするという方法を提唱している。

　実務の領域におけるモデル提案は常に実務上の簡便性が優先されがちであり，しかもその既成事実化の勢いは加速の度を強めている。われわれが提唱するモデルは理論的に完全な状態を最終目標とするが，その厳格化の故に結果

に制度改革につながらない可能性があり，実務性優先のなかで結局"角を矯めて牛を殺す"ということになりかねない状況をどのように打開するかがいま問われている。そうした意味において，本章で提唱したモデルは，理論的整合性を十分に確保したうえで実務性も兼ね備えたものなのである。

なお，複式簿記システムにおいて資金計算書をどのように算出するかの問題をめぐって筆者が提唱した一取引二仕訳の原則的方法については，吉田による計算構造の詳細な分析[4]があることも付言しておきたい。

（4） 吉田寛稿「政策形成過程における公会計の役割―予算による資金循環の管理と資源管理の政策への反映―」，隅田一豊編著『公会計改革の基軸』，税務経理協会　1999年所収。

第10章　複式記帳の展開と予算の統合

　公会計においても，複式簿記システムの導入を前提条件として「計算書の3本化」が論じられる。そこでの最重要問題は第3の計算書である資金計算書をどのように作成するかであり，本書ではそのための方法として基本的に一取引二仕訳の簿記処理を提唱してきた。しかし，制度モデルの実務的側面についての現状をも勘案し，貸借対照表，経常計算書および資金計算書の3種類の計算書を作成するための諸勘定をコンテンラーメンの構成要素としつつ，一部の勘定については補助元帳を活用することによって，一取引一仕訳の簿記処理に基づく新しい簿記システムも提案した。この方法によっても，3種類の計算書を複式簿記システムから理論的整合性をもって導出することが可能である。
　上述の新しい方法は，類似するものがすでにドイツのノルトライン＝ヴェストファーレン州における新公会計モデル（Neues Kommunales Finanzmanagement：NKF）の複式簿記システムのなかで用いられている。もともと本書では独自の発想によりその方法を提唱したのであるが，結果的にNKFモデルにおける適用例からみてもその実行可能性が証明されたこととなる。
　そこで，本章ではこのNKFモデルが採用する複式簿記の具体的な処理法を取り上げ，その内容についての検討を行う。また，ドイツにおける各州の自治体ではその多くがカメラル簿記から離脱して複式簿記に移行しているが，カメラル簿記が伝統的な様式としてもっている予算表示機能を複式簿記のなかに取り入れることによって，公会計制度はより進化したものとして発展させることができる。すなわち，公会計簿記システムのなかに金銭計算に加えて価値計算体系を整備すると同時に，予算と会計とを統合させることができることとなる。もちろんこれには勘定科目のうえでも両者を統合させなければならず，予算におけるこれまでの分類方法の再検討を行うという前提的な条件も伴う。さらに，認識基準についても，これまで別個のものとして取り扱われてきた予算と会計とに整合性をもたせることによって，会計の結果を予算編成に反映させることが可能となる。本章ではこのような予算と会計との統合を視野に入れたとき，複式簿記システムにおけるその具体的な帳簿記入はどのように行われるのかについて検討している。

第1節　資金計算書作成についての問題

　企業会計における損益計算書と貸借対照表は価値計算の領域に属するフロー計算書とストック計算書であり，近年，公会計においてもこれらが強調され過ぎるあまり，むしろそこでこそ最も重要な金銭計算の存在が逆に希薄化される傾向が見られる。この金銭計算を簿記システムのなかから価値計算と論理整合性をもって記録し，計算書をどのように作成するかとなると十分に納得できる方法の提示はほとんどなされていない。金銭計算をフロー概念として捉えるのか，それともストック概念として捉えるのかによっても貸借記入の方法は全く異なることとなり，複式簿記を導入したとしても金銭計算にかかわる記録と計算書の作成に関する計算構造の論理的関係が明確にされない限り，制度全体の信頼性は半減してしまうことになりかねない。そこで，以下においてはドイツにおけるそれらの具体的な方法の適用を紹介し，その意味を考えることとする。

　「計算書3本化」論における第3の計算書すなわち資金計算書を複式簿記システムから導出する方法としてこれまで前提としてきた一取引二仕訳は，資金概念に含まれる個別勘定をすべて資金計算書と貸借対照表において，ともに借方表示しようとするものであった。つまり，2つの計算書に現れる勘定科目の内容を記録しようとすれば，通常の一取引一仕訳によっては不可能であったのである。一取引二仕訳の方法は複式簿記における勘定記録を決算書としての3つの計算書における勘定科目と完全に一致させるとともに，決算集合勘定と計算書とを1対1の関係で対応させる方法であり，厳格に理論的整合性を保持しようとするものである。それだけに実務的観点からすると必ずしも歓迎すべき方法とはみなされなかった。いいかえれば，「理論的整合性」と「実務的簡便性」とのトレードオフ関係が生じていたのである。

　かつて取り上げたスイス・カントンにおけるFDKモデルは資金に関わる計算書を公会計決算書に取り入れた画期的なものであるが，そこではこの計算書

を2時点の貸借対照表の比較によって作成するという方法を採用し，そのための勘定をコンテンラーメンからは切り離している。これはコンテンラーメンに資金計算書関連の勘定を組み込むことによってそれが複雑になり過ぎることを避けるための措置であるとする。こうした方法によって作成されたのが資金計算書ではなく財務表示書（Finanzierungsausweis）である。こうした"計算書"はドイツにおける資金計算書の一形態としての運動貸借対照表であると考えることができるのであり，また，かつて提唱された財政状態変動表と本質的に同じものなのである。FDKモデルが複式簿記を採用しつつも，資金計算書をそこから導出するのを断念した事実は，会計システムの設計にコンテンラーメンの構成を不可欠のものとして考えるヨーロッパ大陸諸国特有の発想において，複式簿記システムから資金計算書を理論的整合性をもって導出することがいかに困難であるかをもの語るものでもある。こうした事情はKGStモデルにあっても同様であった。

　そこで，本書では一取引二仕訳に基づく理念型とは別に新たにある工夫を加えた一取引一仕訳に基づく方法を提唱したのであるが，会計システムの構築にさいしてコンテンラーメンにおける資金計算書関連の勘定の組み入れも当然の前提として考えている。この方法にあっては，取引の仕訳と総勘定元帳における勘定記録には期中の変動を表す個別勘定を設けず，勘定は「資金」勘定として単一化するという方法をとる。さらに，資金を構成する個別勘定は補助元帳を利用してそこで記録すると同時に，資金勘定における資金の入と出の差額として資金増加額を算定し，それを閉鎖残高勘定の当該勘定に移記するという方法をとれば一取引一仕訳によって資金計算書の作成も可能となる。

第2節　NKFモデルにおける複式記帳法の具体例

　すでに述べたように，ドイツでは1997年のHGrGの改正によって複式簿記が容認されることとなり，さらに2009年におけるその改正によって，カメラル簿記と複式簿記は選択制となったが，連邦政府と一部州政府の会計における

基本的な記帳法は現在でもカメラル簿記である。それに対して多くの自治体ではカメラル簿記から離脱して複式簿記を前提とした公会計改革を推進している。

その先鞭を切った州の典型例がノルトライン＝ヴェストファーレン州でNKF（Neue Kommunale Finanzmanagement）のもとに構築された新しい公会計制度である。この制度に関して，「地方自治体の新財政運営の導入に関する法律（Gesetz zur Einführung des Neuen Kommunalen Finanzmanagements für Gemeinden im Land Nordrhein-Westfalen ; NKFEG Nordrhein-Westfalen)」は，簿記法，開始貸借対照表および決算書等について次のように規定している[1]。

第1条　複式簿記への転換，開始貸借対照表日

（1）　市町村および市町村連合は遅くとも2008予算年度より財務簿記の複式記帳システムに基づいて取引を記録し，市町村規則第92条第1項から第3項に基づいて開始貸借対照表を2009年1月1日付で作成するものとする。

（2）　および（3）は省略（筆者）

第2条　最初の総決算書の作成

（1）　市町村および市町村連合は遅くとも2010年12月31日までに第116条に基づいて最初の決算書を作成しなければならない。（以下省略，筆者）

（2）は省略（筆者）

さて，これまでにも言及してきたように，ここでの最大の関心事は貸借対照表（Bilanz）と運営成果計算書（Ergebnisrechnung）の他に，第3の計算書たる財務計算書（Finanzrechnung）を複式簿記システムからどのように導出するかという問題である。前2者については最も基本的な計算書である貸借対照表および損益計算書を複式簿記システムから作成する手続きと全く同様であり特別の問題はない。しかしながら，財務計算書を複式簿記システムから導出するとなると議論は分かれることとなる。財務計算書を複式簿記システムから導出す

（1）　Vgl. Freytag/Hamacher/Wohland, *Neues Kommunales Finanzmanagement Nordrhein-Westfalen*. Stuttgart 2005, SS.18-19

るということは，この計算書につながる決算勘定およびその前の関連取引の記帳処理をどのように行うかという問題を意味することとなる。NKFの新しい制度に基づく具体的な記帳法についてはすでにいくつかの解説書または関連書が公刊されており，その具体的な記帳法は本書で展開するものと本質的には必ずしも同じではないが新たな方法を考えるうえで参考となる。ここではそのなかから資金取引の記帳処理に注目してその内容を見てみたい。

その解説書では，まず，公会計制度を「簿記と決算書の作成」，「原価および給付計算（KLR）」，「統計」，および，「予算編成」の領域から構成される計算体系とする考え方から出発する。このうち「統計」のための行為は，行政における経済活動を簿記やKLRから提供される数値の評価および判定によって計画し監視することと理解する。公会計制度のこうした領域を意識し，簿記システムから統計への情報提供を可能にする方法が考案されている。ここではとりわけ資金取引の記帳処理に注目してその内容を見てみたい。なお，この解説書においては，財務諸表は貸借対照表，運営成果計算書および財務計算書から構成されている。

一般に，企業会計における資金計算書（Kapitalflußrechnung）は必ずしも継続記録による簿記システムから導かれることなく，貸借対照表および損益計算書の金額データから派生的に作成することも可能であるが，NKFでは財務計算書を継続記録法によって作成するという方法がとられている。それには次のような2つの方法が想定されている[2]。

① 財務計算勘定に直接記帳する方法，または，
② 財務計算勘定について備忘的な記入を行う方法

各市町村はいずれの方法を選択してもよいが，NKFは上記①を優先的な方法としている。それでは①の方法では説例のモデル自治体「ドピーク市」でどのように記帳されるのであろうか[3]。

（2） Fudalla/zur Mühlen/Wöste, *Doppelte Buchführung in der Kommunalverwaltung. Basiswissen für das "Neue Kommunale Finanzmanagement"* (*NKF*), Berlin 2004, S.68
（3） Vgl., Fudalla, M./zur Mühlen, M./Wöste, Ch., Ebenda SS.68-74

【①の記帳法】—財務計算勘定への直接記帳および財務手段勘定への備忘的な記入—

　この方法によれば，財務計算勘定への記帳にさいして，財務手段勘定（金庫，銀行）は複式簿記的な結合関係から切り離されて単に備忘的金額として記入される。他方，現金収支は，財務手段勘定ではなく財務計算書の当該勘定に記帳されることとなる。具体的な事例についてその仕訳と記帳を見てみよう。

a．ドピーク市が同市に所在する企業に営業税 €1,100,000 を請求した。

　　（借）〔2201〕公法上の債権 1,100,000　　　（貸）〔5013〕営業税（収益）1,100,000

S	〔2201〕公法上の債権	H		S	〔5013〕営業税	H
〔5013〕 1,100,000					〔2201〕 1,100,000	

b．当該企業より営業税が A 銀行の口座振り込みで納付された。

　　（借）〔7013〕現金収入・営業税 1,100,000　　　（貸）〔2201〕公法上の債権 1,100,000

S	〔7013〕現金収入・営業税	H		S	〔2201〕公法上の債権	H
〔2201〕 1,100,000				〔5013〕 1,100,000	〔7013〕 1,100,000	

S	〔2801〕銀行 A（統計情報）	H
〔2201〕 1,100,000		

c．7 月分電力料金の請求書（8 月 5 日付，€ 8,600）を受け取った。ただし，銀行口座からの引き落しは 8 月 12 日である。

〔請求書受け取りのさいの処理〕

　　（借）〔6621〕電力料 8,600　　　（貸）〔4411〕未払電力料 8,600

S	〔6621〕電力料	H		S	〔4411〕未払電力料	H
〔4411〕 8,600					〔6621〕 8,600	

〔引き落しのさいの処理〕

第 2 節 NKF モデルにおける複式記帳法の具体例

（借）〔4411〕未払電力料 8,600　　　（貸）〔8821〕現金支出・電力料 8,600

S	〔4411〕未払電力料	H
〔8821〕 8,600	〔6621〕	8,600

S	〔8821〕現金支出・電力料	H
	〔4411〕	8,600

S	〔2801〕銀行 A（統計情報）	H
〔2201〕 1,100,000	〔4411〕	8,600

これらの記入は資産を購入して支払いが行われる場合も同様であり，財務計算書に関連する個別勘定の記入は備忘的な勘定を開設することで一取引一仕訳を可能にしている。

【②の記帳法】—財務手段勘定への直接記帳および財務計算勘定への備忘的な記入—

a. 同上

（借）〔2201〕公法上の債権 1,100,000　　　（貸）〔5013〕営業税（収益）1,100,000

S	〔2201〕公法上の債権	H
〔5013〕 1,100,000	〔6621〕	8,600

S	〔5013〕営業税	H
	〔2201〕	1,100,000

b. 同上

（借）〔2801〕銀行 A 1,100,000　　　（貸）〔2201〕公法上の債権 1,100,000

S	〔2801〕銀行 A	H
〔2201〕 1,100,000		

S	〔2201〕公法上の債権	H
〔5013〕 1,100,000	〔2801〕	1,100,000

S 〔7013〕現金収入・営業税（統計情報） H
〔2201〕 1,100,000

c. 同上

〔請求書受け取りのさいの処理〕

(借)〔6621〕電力料 8,600　　　(貸)〔4411〕未払電力料 8,600

```
      S     〔6621〕電力料      H         S    〔4411〕未払電力料   H
   〔4411〕    8,600  |                              |  〔6621〕    8,600
```

〔引き落しのさいの処理〕

(借)〔4411〕未払電力料 8,600　　　(貸)〔2801〕銀行 A 8,600

```
      S    〔4411〕未払電力料   H         S     〔2801〕銀行 A     H
   〔2801〕   8,600  | 〔6621〕  8,600   〔2201〕 1,100,000 | 〔4411〕   8,600
```

```
                              S〔7013〕現金収入・営業税（統計情報）H
                                                 | 〔4411〕    8,600
```

　次に，財務計算書に関連する勘定の締め切りについては，基本的に，決算集合勘定としての財務計算勘定に個別の勘定の残高が振り替えられることによって財務計算書に関連する各勘定が締め切られる。その場合の仕訳は次のように行われる。

(借)〔8704〕財務計算　　　1,100,000　　(貸)〔7013〕現金収入・営業税　1,100,000
(借)〔8821〕現金支出・電力料　8,600　　(貸)〔8704〕財務計算　　　　　　8,600

　上記のように財務計算に関連する勘定に直接記帳される場合には，財務計算書のための決算集合勘定の残高は貸借対照表項目の「流動資金」に振り替えられる。

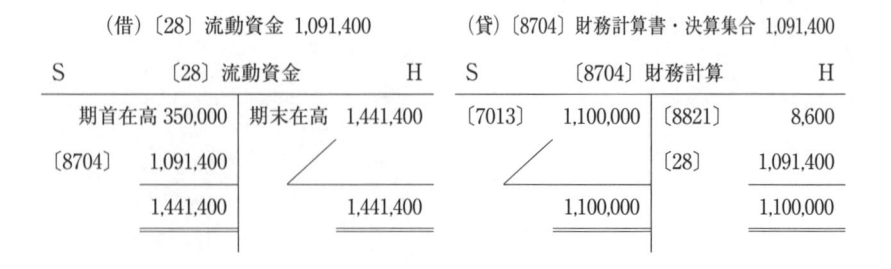

(借)〔28〕流動資金 1,091,400　　　(貸)〔8704〕財務計算書・決算集合 1,091,400

```
      S      〔28〕流動資金      H         S      〔8704〕財務計算      H
   期首在高  350,000 | 期末在高 1,441,400   〔7013〕 1,100,000 | 〔8821〕     8,600
   〔8704〕 1,091,400 |                                     | 〔28〕   1,091,400
             1,441,400          1,441,400          1,100,000          1,100,000
```

上記とは反対に財務計算勘定が貸方残高となる場合には仕訳は反対となり，流動資金勘定の貸方に減少の記帳が行われることとなる。

第3節　NKFモデルにおける記帳方法の意味

　上記の記帳法からわかるように，これは，複式簿記システムから貸借対照表（資産計算書等それに類するストック計算書を含む）および経常計算書（運営成果計算書等それに類するフロー計算書を含む）に加えて，第3の計算書たる財務計算書（キャッシュ・フロー計算書等それに類する計算書を含む）を勘定体系から計算構造上の論理性を維持しつつ導出する方法として考えられるものであり，興味深いことに本書で提唱しているある工夫を加えた一取引一仕訳の方法と実質的に同じものなのである。いま，この関係をまとめれば前に示した前章のバリエーションのひとつとして図表10-1のように表すことができる。
　この図表からわかるように，財務計算書等を第3の財務諸表として複式簿記システムから導出するためには，基本的に一取引二仕訳を行う必要があるのであるが，総勘定元帳には決算集合勘定のみを開設し，それに関連する個別勘定を備忘記録として記帳する方法をとれば一取引一仕訳によってすべての記入が可能となる。この方法は総勘定元帳には決算集合勘定のみを開設し，補助元帳を活用することによって一取引一仕訳の方法をとり得ることを示した前章での提案と基本的に同様の考え方であるということができる。また，財務計算書のための決算勘定の借方のすべての現金収入勘定残高を記入し，貸方にすべての現金支出勘定残高を記入するということは，これまで見解を表明してきたように，財務計算勘定を在高勘定として性格づけることを意味している。

第4節　複式簿記システムへの予算勘定の統合

　ドイツでは1997年のHGrGの改正によって，カメラル簿記を原則としつつも複式簿記の導入が可能となり，さらに，2009年の同法改正によって，簿記

198　第10章　複式記帳の展開と予算の統合

図表10-1　勘　定　連　関　図

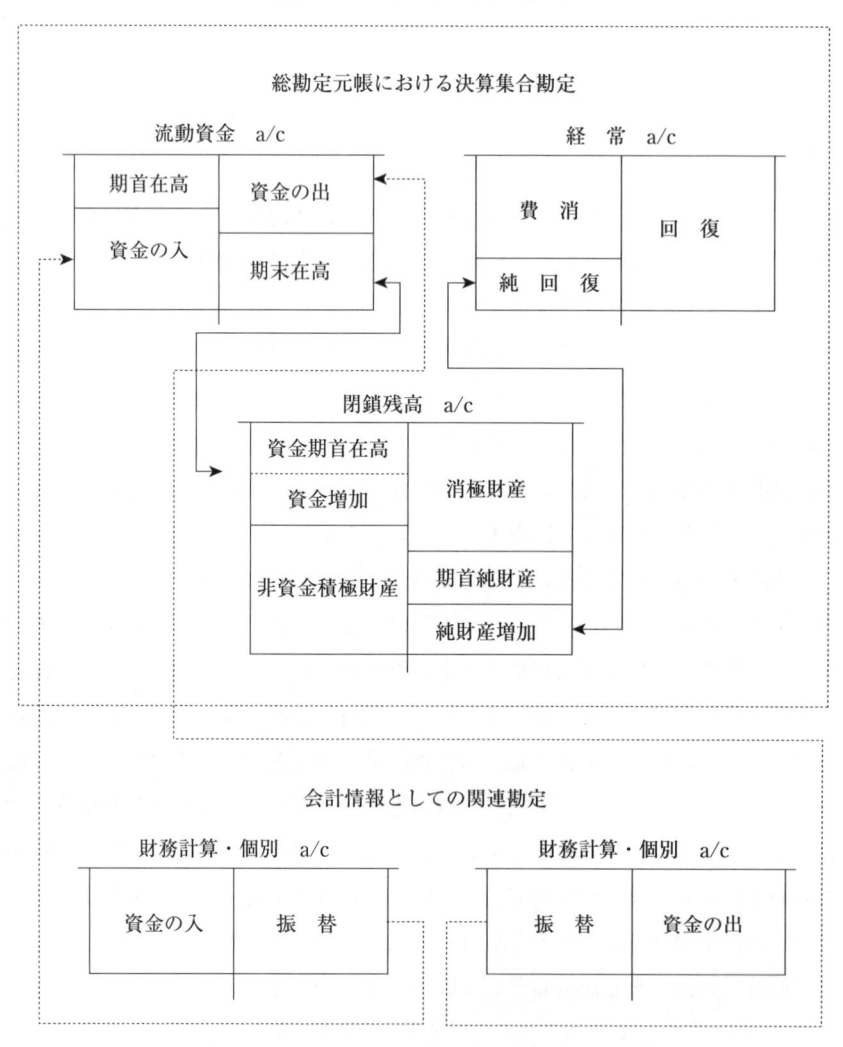

```
┌─────────────────────────────────────────────────────────────┐
│            総勘定元帳における決算集合勘定                    │
│    流動資金 a/c                     経　常 a/c              │
│  ┌─────────┬─────────┐         ┌─────────┬─────────┐        │
│  │ 期首在高 │ 資金の出 │         │  費 消  │         │        │
│  ├─────────┤          │         ├─────────┤ 回　復  │        │
│  │ 資金の入 ├─────────┤         │ 純 回 復 │         │        │
│  │          │ 期末在高 │         └─────────┴─────────┘        │
│  └─────────┴─────────┘                                       │
│                                                              │
│              閉鎖残高 a/c                                    │
│        ┌────────────┬────────────┐                          │
│        │ 資金期首在高│            │                          │
│        ├────────────┤  消極財産  │                          │
│        │  資金増加  │            │                          │
│        ├────────────┼────────────┤                          │
│        │            │ 期首純財産 │                          │
│        │非資金積極財産├────────────┤                          │
│        │            │ 純財産増加 │                          │
│        └────────────┴────────────┘                          │
└─────────────────────────────────────────────────────────────┘

┌─────────────────────────────────────────────────────────────┐
│             会計情報としての関連勘定                         │
│   財務計算・個別 a/c              財務計算・個別 a/c         │
│  ┌─────────┬─────────┐         ┌─────────┬─────────┐        │
│  │ 資金の入 │ 振　替  │         │ 振　替  │ 資金の出│        │
│  └─────────┴─────────┘         └─────────┴─────────┘        │
└─────────────────────────────────────────────────────────────┘
```

の方法がカメラル簿記と複式簿記との選択制となったことについては，これまでにも言及したところである。そうした制度の枠組みにおいて，連邦政府およびいくつかの州政府は，実質的に発生主義会計が可能となるように，プロダク

ト別の原価計算とともに，それが予算編成に反映されるような統合システムを導入するなどの改善を行ったうえで，簿記法としてはこれまで通りカメラル簿記を適用している。他方，各州の市町村の大部分は複式簿記を導入することとなり，結局，ドイツの公会計制度における簿記法は，連邦政府，州政府および市町村の3層構造の間で異なるものとなった。これによってドイツにおける公会計制度の改革は一段落したのであるが，どのような簿記法を適用するにせよ，実質的に発生主義予算および会計を実行することが可能となったのである。

複式簿記導入が制度改革の国際的な動向のなかでも一般的となっている状況のなかで，ドイツでは伝統的なカメラル簿記に改良を加えたうえで存続しているのであるが，この簿記法の固有の特徴に注目すればその点については尊重されてよい。カメラル簿記では実際額の記入のみならず予算額の記入が行われ予算執行のプロセス表示とともに，常に両者の比較が可能となるという特徴をもっており，予算の執行管理を簿記システムにおいて実行することができるという利点がある。

近年の公会計の改革提案にあっては価値計算が強調され，さらに，決算の重視が常に論じられてきた。しかしながら，公会計では企業会計と異なり金銭計算の重要性はいささかも減退するものではなく，また予算の重要性も消滅することはない。とくに，重要なのは予算と決算のための会計を統合することであり，いいかえれば「予算・会計制度」の構築であるといってもよい。これらの多様な要請をこれまで順次検討してきたのであるが，ここでは発生主義概念に基づく予算の記帳とそのシステム化を考えてみたい。

そこで，具体的な記入関係を示すにあたって，まず，これまでに示した簿記システムの改良提案における基本的な考え方をまとめておこう。

① 公会計における「計算書の3本化」と複式簿記の導入（とくに，資金計算の重視）。

② 原則的には一取引二仕訳に基づき，決算集合勘定と計算書の1対1の対応関係を維持する「並列型システム」の考え方に立脚する。

③ 基本的に決算集合勘定と計算書の1対1の対応関係を維持するが，同時に，補助元帳を利用することによって一取引一仕訳を可能とする「修正並列型システム」を採用する。

④ 複式簿記システムに予算勘定を統合する（カメラル簿記の利点を活用）。

こうした基本的な考え方に基づいて具体的な記帳を示してみよう。設例は前章のそれを引き継いでいるが，ここでは取引を一部追加している。記帳法で問題となるのは，資金の内訳を表す現金，当座預金等の勘定群と資金関連取引を表す個別勘定群のいずれを総勘定元帳で取り扱い，いずれを補助元帳で取り扱うかの選択である。ドイツのNKFモデルでは，両方の可能性を示したうえで個別勘定群を総勘定元帳で取り扱い，内訳勘定群を別立てにする方法すなわち本章で示した「①の記帳法」を優先させている。かつて，筆者はこの方法に従って精算表の作成に至るまでの具体的な記帳を示した[4]。しかし，資金関連取引のための個別勘定はもともと資金計算書作成のための勘定であることから，これらの勘定群を補助元帳に開設する方がより理にかなっているとの理解に基づき，ここでは上記モデルの「②の記帳法」を採用している。なお，未収税金は当該年度の支払財源となるが年度内に収納されないものであり，これについては日本公認会計士協会「公会計概念フレームワーク」の考え方と同様「資金」の範疇に入れている。こうした資金は出納整理期間の制度を廃止すればより多額に現れることとなり，貸借対照表に明瞭に表示する必要性は今にもまして大きくなる。

まず，期首貸借対照表は下に示す通りである。また，以下の取引例は，一部の追加取引を除いて，基本的に第9章の設例を引き継いだものとなっている。

---

(4) 亀井孝文稿「公会計における複式簿記導入の方法」（『日本簿記学会年報』第22巻〈2007年〉所収），および，同稿「公会計複式記帳の展開と予算の統合」，（『中部大学経営情報学部論集』第22巻第1・2号〈2008年〉所収）参照。なお，第9章の記帳についても同様の変更を行っている。

第4節　複式簿記システムへの予算勘定の統合　201

期首貸借対照表

現　　　　　金	6	長 期 借 入 金	13
当 座 預 金	6	減価償却累計額	15
備　　　　　品	40	退職給与引当金	9
建　　　　　物	80	純　財　産	95
	132		132

　いま，長期の借り入れによって当座預金収入25があった場合には次のような一仕訳を行うと同時に，補助元帳の長期借入金・資金勘定にも25の増加記入を行う。

　(a)　(借) 当　座　預　金　　25　　(貸) 長　期　借　入　金　　25

建物を購入してその代金20を小切手で支払った場合は，

　(b)　(借) 建　　　　　物　　20　　(貸) 当　座　預　金　　20

という仕訳とともに，補助元帳の建物建設・資金勘定に20の減少記入を行う。

　次に，租税26を現金で受け取った場合には，

　(c)　(借) 現　　　　　金　　26　　(貸) 租　　　　　税　　26

の仕訳を行うと同時に，補助元帳の租税・資金勘定にも26の増加記入を行う。

　備品10を売却し，その代金14を現金で受け取った場合には，

　(d)　(借) 現　　　　　金　　14　　(貸) 備　　　　　品　　10
　　　　　　　　　　　　　　　　　　　　　備　品　売　却　益　　4

の仕訳が行われ，あわせて補助元帳の備品売却・資金勘定に14の増加記入も行われる。

　利息3を現金で受け取った場合には次の仕訳ともに補助元帳の受取利息・資金勘定への同額の増加記入が行われる。

　(e)　(借) 現　　　　　金　　3　　(貸) 受　取　利　息　　3

　事業費として11を現金で支払った場合の仕訳は次のように行われ，補助元帳における事業費・資金勘定への同額の記入も行われる。

(f) （借）事　業　費　11　　（貸）現　　　　金　11

次に，職員の給料12を現金で支払った場合には，

(g) （借）給　　　　料　12　　（貸）現　　　　金　12

の仕訳とともに，補助元帳の給料・資金勘定に12の減少記入を行うこととなる。

決算にさいし建物の減価償却費5，退職給与引当金3を計上した。

(h) （借）建物減価償却費　5　　（貸）減価償却累計額　5

(i) （借）退職給与引当金繰入額　3　　（貸）退職給与引当金　3

さらに，租税の未収2があることが判明し次の仕訳を行うとともに，これを支払資金の一部であるとして取り扱い，補助元帳における租税・資金勘定に同額の記入を行った。

(j) （借）未　収　税　金　2　　（貸）租　　　　税　2

上記の未収記入に加えて，事業費1が未払いとなっていることが判明したため次の仕訳を行った。なお，これは補助元帳には関係しない。

(k) （借）事　業　費　1　　（貸）未払事業費　1

こうした前提に立って複式簿記への予算の統合をどのように行うかを具体的な勘定記入で示してみよう。

さらに，発生概念に基づく経常予算，資金収支およびその増減に関する当初予算は下記の通りである。

A　経常予算および資金予算

経常予算				資金予算			
事 業 費	11	租　　　税	25	借　入　金	25	建　　　物	20
給　　　料	12	備品売却益	4	租　　　税	25	事　業　費	11
減価償却費	5	受 取 利 息	3	備品売却	14	給　　　料	12
退職給与引当金				受 取 利 息	3	資 金 増 加	24
繰 入 額	3				67		67
予　備　費	1						
	32		32				

B 総勘定元帳に開設される勘定科目
経常勘定に関連する個別勘定

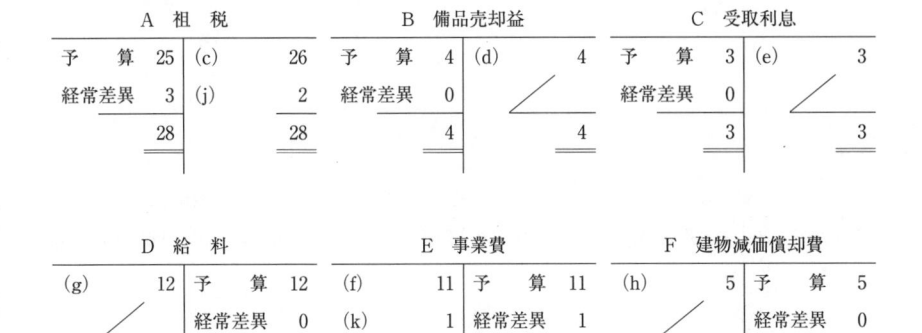

A 租　税				B 備品売却益				C 受取利息			
予　算	25	(c)	26	予　算	4	(d)	4	予　算	3	(e)	3
経常差異	3	(j)	2	経常差異	0			経常差異	0		
	28		28		4		4		3		3

D 給　料				E 事業費				F 建物減価償却費			
(g)	12	予　算	12	(f)	11	予　算	11	(h)	5	予　算	5
		経常差異	0	(k)	1	経常差異	1			経常差異	0
	12		12		12		12		5		5

G 退職給与引当金繰入額			
(i)	3	予　算	3
		経常差異	0
	3		3

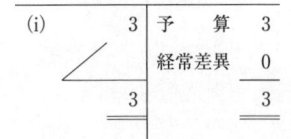

閉鎖残高勘定に関連する個別勘定

H 繰越現金			
開始残高	6	閉鎖残高	6

I 現　金			
(c)	26	(f)	11
(d)	14	(g)	12
(e)	3	閉鎖残高	20
	43		43

J 繰越当座預金			
開始残高	6	閉鎖残高	6

K 当座預金			
(a)	25	(b)	20
		閉鎖残高	5
	25		25

L 未収税金			
(j)	2	閉鎖残高	2

M 備品			
開始残高	40	(d)	10
		閉鎖残高	30
	40		40

N 建物			
開始残高	80	閉鎖残高	100
(b)	20		
	100		100

O 長期借入金			
閉鎖残高	38	開始残高	13
		(a)	25
	38		38

P 減価償却累計額			
閉鎖残高	20	開始残高	15
		(h)	5
	20		20

Q 退職給与引当金			
閉鎖残高	12	開始残高	9
		(i)	3
	12		12

R 純財産			
閉鎖残高	95	開始残高	95

S 未払事業費			
閉鎖残高	1	(k)	1

C 補助元帳に開設される勘定科目

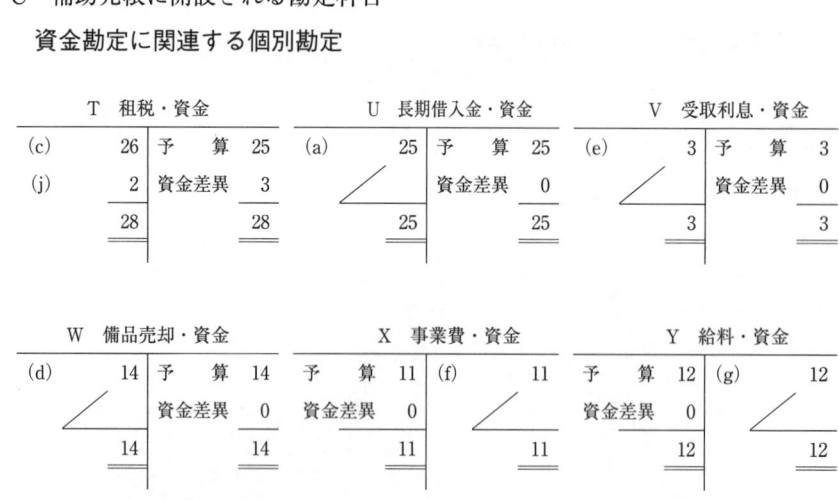

資金勘定に関連する個別勘定

T 租税・資金			
(c)	26	予算	25
(j)	2	資金差異	3
	28		28

U 長期借入金・資金			
(a)	25	予算	25
		資金差異	0
	25		25

V 受取利息・資金			
(e)	3	予算	3
		資金差異	0
	3		3

W 備品売却・資金			
(d)	14	予算	14
		資金差異	0
	14		14

X 事業費・資金			
予算	11	(f)	11
資金差異	0		
	11		11

Y 給料・資金			
予算	12	(g)	12
資金差異	0		
	12		12

```
      Z  建物建設・資金
予  算  20  (b)    20
資金差異   0
          20       20
```

決算集合勘定の記入

資金				経常				閉鎖残高			
期首	12	X	11	D	12	A	25	H	6	O	38
T	25	Y	12	E	11	A 差異	3	I	20	P	20
T 差異	3	Z	20	E 差異	1	B	4	J	6	Q	12
U	25	期末	39	F	5	C	3	K	5	R	95
V	3	(内増加	27)	G	3			L	2	S	1
W	14			閉鎖残高	3			M	30	経常	3
	82		82		35		35	N	100		
									169		169

第5節　予算勘定を組み込んだ精算表の作成

　以上の勘定記入から図表10-2のような精算表の作成が可能となる。ここでも第9章における図表9-3の精算表と同様，資金関連の個別勘定の期中増減は補助元帳に記入されるため，修正後試算表には現れない。これは補助元帳から資金勘定を経由して資金計算書で表示されることによる。さらに，ここでは予算および予算差異の記入が行われるためその関連勘定が付加されている。

第6節　カメラル簿記の特徴の応用

　これまで，ドイツにおける公会計改革の議論では「カメラル簿記か複式簿記か」という二項対立型の議論が大部分であった。そこでは，カメラル簿記の限

206 第10章 複式記帳の展開と予算の統合

図表10-2 予算を組み込んだ精算表

勘定科目	修正後試算表 借方	修正後試算表 貸方	資金勘定 借方	資金勘定 貸方	経常勘定 借方	経常勘定 貸方	閉鎖残高勘定 借方	閉鎖残高勘定 貸方	純財産増減勘定 借方	純財産増減勘定 貸方
繰 越 現 金	6		6				6			
繰 越 当 座 預 金	6		6				6			
現 金	20						20			
当 座 預 金	5						5			
未 収 税 金	2						2			
期 末 資 金				39						
(内：当期増加)				(27)						27
備 品	30						30		10	
建 物	100						100			20
長 期 借 入 金		38						38	25	
減 価 償 却 累 計 額		20						20	5	
退 職 給 与 引 当 金		12						12	3	
未 払 事 業 費		1						1	1	
純 財 産		95						95		
租 税 予 算		25					25			
租 税 予 算 差 異		3					3			
受 取 利 息		3					3			
備 品 売 却 益		4					4			
給 料	12				12					
事 業 費 予 算	11				11					
事 業 費 予 算 差 異	1				1					
建 物 減 価 償 却 費	5				5					
退職給与引当金繰入額	3				3					
予 備 費 予 算					1					
予 備 費 予 算 差 異					2		3	3		
租 税・資 金			28							
受 取 利 息・資 金			3							
長 期 借 入 金・資 金			25							
備 品 売 却・資 金			14							
事 業 費・資 金				11						
給 料・資 金				12						
建 物 建 設・資 金				20						
	201	201	82	82	35	35	169	169	47	47

(注) 本精算表では簿記システムにおける計算構造を一覧表示するために，計算書ではなく決算集合勘定を示している。

界を強く意識して複式簿記への転換を強調する見解と，複式簿記の利点を十分に認めながらもカメラル簿記を維持する見解が拮抗してきた。とりわけ各州における自治体レベルに限れば，採用すべき簿記法に関する論調は全体として常に複式簿記導入論で推移したといってよい。ただ，惜しむらくは，複式簿記への移行の議論のなかでカメラル簿記の主要な特徴を活用するという提唱が全くなされてこなかったことである。また，「計算書の3本化」が実務的にも一般化されつつあるが，複式簿記システムのなかで第3の財務計算書（キャッシュ・フロー計算書等それに類する計算書を含む）をどのように作成するのかについてもその理論的検討はほとんどなされてきていない。

　こうした諸問題に関する問題点をこれまで段階を追ってひとつずつ検討してきたが，本章ではさらに歩を進めて予算を決算のための会計システムのなかにどのように統合するかを提示した。この統合システムを構築することによって，カメラル簿記という伝統的な方法の特徴を複式簿記のなかに移植し，公会計特有の計算構造を完成させることができるのである。予算および予算差異を簿記システムの段階で帳簿記入し，最終的に計算書として予算額と実際額との差異を表示するシステムは公会計においては不可欠であることを強調しておきたい。

第11章　公会計におけるコンテンラーメンの設計

　わが国における地方公会計の制度モデルに関する実務的試行もすでに10年あるいはそれ以上の経験を重ねてきている。ただ，いくつかのモデルの鼎立状態が続いており，関係の法令の改正にはなお到達していない。その原因のひとつにそれぞれのモデルの実務性が優先されることによって，必ずしも十分な理論的検討が行われてきていないことが考えられる。つまり，大方の納得し得る根拠がなお十分に示されていないことを意味しているのである。また，"会計システムの設計図"としてのコンテンラーメンの検討が行われず，それが示されないのもモデルの全体像をわかりにくいものにしている原因のひとつである。
　ドイツ，スイス等とりわけドイツ語圏のヨーロッパ諸国においては，企業会計であれ公会計であれ，制度の創設や変更にさいして必ず勘定体系が示される。具体的には，その会計制度で取り扱われる諸勘定の本質に基づく系統的な分類と，会計情報として求められる計算書の構成との両者が相互連関性をもって示されるのである。この体系的な勘定組織がコンテンラーメンといわれるものである。こうしたコンテンラーメンの提示によって，その制度がどのような勘定をどのように理解していかなる計算書に表示しようとしているか，どのような計算書の構成を考えているか，さらに，その会計システムが外部報告を主としているのか，それとも内部経営目的に重点を置いているのかが俯瞰的に看取できるのである。
　通常，取引の処理はコンピュータによって行われるのが通例で，そのさいには勘定科目のコード番号化が不可欠であるが，コンテンラーメンの設計はその体系化のためにも重要な手続きとなる。実際，わが国における国の予算書および決算書にはコンピュータ処理を意識した「コード番号について」と題する説明が付されている。しかしながら，このコード番号はコンテンラーメンとして設計されたものではなく，伝統的な分類概念によるそれなのである。
　公会計におけるコンテンラーメンの意味と必要性，さらに事例については前著において詳述したため[1]，本章ではドイツにおける新しい動向とわが国への適用の意味について述べることとする。

第1節 コンテンラーメンの理論と変遷

　コンテンラーメンはその機能を，①簿記説明的勘定組織，②簿記（会計）構造論的勘定組織，および，③会計実践的勘定組織の3つの目的に分類することができる[2]。まず，その第1は，簿記において用いられる勘定を分類例示したもので，勘定と損益計算書，貸借対照表等の財務諸表との関係を説明する目的をもって考えられたものである。第2の考え方は，複式簿記機構の原理的解明を目的とする勘定理論に関する具体的な表現形式としての勘定組織をいう。さらに，第3は，会計実践上のための勘定組織計画であり，財務諸表の作成，原価計算，短期損益計算，経営比較等に奉仕する勘定をその内容とすると考えるものである[3]。このうち，とくに第2の勘定理論との関係においてコンテンラーメンを考察する考え方については，両者はもともとその課題を異にするものであるとして批判的に捉えられることもある[4]。

　コンテンラーメンは，シェアー等の先駆的研究ののち，シュマーレンバッハが提唱した体系（第1版　1927年，第2版　1929年，第3版　1930年，第4版　1935年）の発表によって画期的な進展につながることとなった。これらのコンテンラーメンが提唱された時代にあっては，財務諸表はほとんどの場合損益計算書と貸借対照表のみであり，従って勘定組織もこれらに関わる勘定と内部経営目的のための原価計算関係の勘定から構成されていた。それについては当時における産業合理化運動や原価計算の普及の動向が背景にあったことを認識する必要がある。また，国際情勢におけるドイツの置かれた状況も無関係ではない。例えば，シェアーの勘定組織論は第一次世界大戦直前および直後であり，

（1）　亀井孝文著『公会計改革論―ドイツ公会計研究と資金理論的公会計の構築―』，白桃書房2004年，p.315ff.
（2）　安平昭二著『コンテンラーメンの理論』，千倉書房　1971年，p.7参照。
（3）　安平昭二前掲書，pp.4-6参照。
（4）　安平昭二前掲書，p.6参照。

また，シュマーレンバッハのコンテンラーメンは，第一次世界大戦後における激烈なインフレーションによって疲弊した時代から，ワイマール体制によって小康状況を経て，再び世界的な大恐慌に巻き込まれようとする時代に発表されたものであった。この後，ドイツはナチスによる第二次世界大戦のための戦争経済体制に入っていくこととなる。こうした事実は1936年のいわゆる「経済性命令」に基づく統一コンテンラーメンを想起することによって理解できる。このような体制にあっては，企業はあらかじめ決定された価格を前提として公的発注品の生産を求められたのである。こうした政治と経済の状況が原価理論を発展させたといえる。つまり，時代的要請の必然的結果として考案されたコンテンラーメンは，製品を構成する原価要素の特定とその勘定記入の過程を明示するとともに，その製造原価を算定する機能をもつものとなったのである。これが過程分類基準 (Prozeßgliederungsprinzip) によるコンテンラーメンである。この時期におけるドイツのコンテンラーメンはフランス，スイス，オーストリア，旧ソビエト連邦，デンマーク，ベルギー，オランダ，ノルウェー，スウェーデンの諸国でも導入され[5]，とくにフランスでは第二次世界大戦後，固有の観点から見直しが行われプラン・コンタブル・ジェネラルとして独自の発展を遂げている。

　もちろん，コンテンラーメンは工業向けのものばかりではなく，1940年代から商業向けの財務簿記を中心とする決算書分類基準 (Abschlußgliederungsprinzip) に基づくコンテンラーメンも提案されるようになったが，財務簿記と経営簿記の両者を含めたコンテンラーメンすなわち二元体系によるコンテンラーメンの発展は主として第二次世界大戦後のことである。1950年にはドイツ工業連盟 (Bundesverband der Deutschen Industrie : BDI) による共同コンテンラーメン (Gemeinschaftskontenrahmen : GKR) が発表され，1965年株式法，その後，1986年商法典に適合させたそれに至るのである。

　さらに，近年の企業会計に例をとれば，損益計算書と貸借対照表に加えキャ

---

　(5)　土岐政蔵著『経営計算論』，税務経理協会　1963年，pp.87-88

ッシュ・フロー計算書および株主資本等変動計算書の作成も制度化されるようになった。つまり，単に伝統的な2つの財務諸表の作成のみならず全体で4つの財務諸表の作成が求められるようになったのである。伝統的な2つの財務諸表に加え，キャッシュ・フロー計算書の作成を含めたいわゆる「財務諸表3本化」の場合でも，複式簿記システムにおける導出をどのように実行するかついては現在でもさまざまな議論が行われている。この場合，損益計算書および貸借対照表の勘定科目とキャッシュ・フロー計算書関連の勘定とを複式簿記システムのなかで関連づけ，勘定間の関連を明瞭に把握するためにはコンテンラーメンが有益な役割を果たすのである。現在のような「財務諸表4本化」にあってはますますその必要性は高くなると考えられる。

第2節 公会計コンテンラーメンの提案と実践

(1) 1990年代における先駆的公会計モデルのコンテンラーメン

ドイツ語圏における先駆的な公会計コンテンラーメンはスイスのカントン（州）に統一的に適用されたFDKモデルであるが，これはカントン財務長官会議（Konferenz der Kantonalen Finanzdirektoren : FDK）によって1977年に作成されたものである。これについてはすでに前著で詳述したため，ここでは必要な限りにおいてその内容に言及することとする。このモデルにおけるコンテンラーメンは外部報告を目的とする決算書分類基準によるものであり，内部会計のための経営簿記に関する勘定は全く含まれない。つまり，一元体系によるコンテンラーメンである。しかし，勘定クラス7，8および0の3つは空けられたままになっており，内部会計のための勘定を設定する余地が残されている。この公会計モデルの特徴は，まず完全発生主義に基づいて価値計算を取り入れ，計算書はストック計算書として在高計算書とともに，フロー計算書として経常計算書および投資計算書が作成されるところに見られる。このようなフロー計算書の分割は，前者における収益および経常的な費用と，後者における固定資産に関わる収入と支出および収益と費用を明確に区別するための工夫で

ある。また，資金計算に関する情報を財務計算書としてではなく財務表示書 (Finanzierungsausweis) として作成しているが，その作成を複式簿記システムとは直接結びつけていない。つまり，その作成のための記帳関係が複雑になり過ぎるとして関連する勘定をコンテンラーメンに含めておらず，このことがこのモデルのもうひとつの特徴であると同時に問題点でもある。

ところで，コンテンラーメンにおける勘定記入の過程を表示するのに，シュマーレンバッハは個別の勘定を円形，四角形，三角形等の図形を用いて表し，それぞれを実線や破線で結んで関係を図示している[6]。それは，主として原価計算のために個別の原価要素がどのようにまとめられて製品原価を構成していくかの過程を表示するには適切な方法であったことによるのである。しかしながら，決算書の作成を志向するコンテンラーメンでは，個別の勘定の関係を表示するのではなく，計算書間またはその作成基礎となる決算集合勘定間の関係を表示することに重点が置かれなければならない。従って，そうしたコンテンラーメンのためにシュマーレンバッハ方式はもはや適切であるとは考えられない。ここでは，FDK モデルのコンテンラーメンと記帳関係の概要を勘定方式で図表 11-1 に示しておこう。

図表 11-1 の FDK モデルの次に公表されたのが，1995 年の地方自治体共同機構 (kommunale Gemeinschaftsstelle：KGSt) によるモデル (KGSt モデル) である。このコンテンラーメンも決算書分類基準に基づいており，その構成には FDK モデルとの共通点が多い。異なっているのは，計算書の構成は FDK モデルの経常計算書 (Laufende Rechnung) が KGSt モデルでは行政予算計算書 (Rechnungsergebnis Verwaltungshaushalt) となり，同様に，投資計算書 (Investitionsrechnung) が資産予算計算書 (Rechnungsergebnis Vermögenshaushalt) となっていることである。経常経費と投資経費との区別をしている点においては両モデルは全く同じであるといってよい。さらに，資金情報として前者では財

---

(6) エ・シュマーレンバッハ著／土岐政蔵訳『コンテンラーメン—標準会計組織—』，森山書店 1959 年 (1953 年)，付録「勘定組織図解及勘定表」参照。

図表 11-1　FDK モデルにおけるコンテンラーメンと記帳関係

在　高　計　算		行　政　計　算				決　算　書
		経　常　計　算		投　資　計　算		
積　極	消　極	費用	収益	支出	収入	
1	2	3	4	5	6	9

（普通財産／他人資本／行政財産／自己資本）　(経常費／減価償却費／経常収益／収益超過)　(資産取得／貸付金・出資／自己資本増加／資産売却収入／自己金融(償却費)／外部金融／収益超過)　→ 貸借対照表／経常計算書／投資計算書

（出所）亀井作成

務表示書（Finanzierungsausweis），後者では財務計算書（Finanzrechnung）が作成されるが，それをコンテンラーメンに含めないという点についても両者は同じである。要するに，KGSt モデルが FDK モデルから強い影響を受けていることがわかるのである。

　その後公表されたのがリューダーによって設計された1996年のシュパイヤー・モデル（Speyerer Verfahren〈Neues Kommunales Rechnungswesen : NKR〉）である。このモデルの特徴は，まず，基本的な考え方として，公会計を「世代間の衡平性」の実現に資するものと明確に位置づけたこと，さらにそれを「年度間の衡平性」として具体化したところにある。つまり，毎年度の資源費消はその年度の資源回復によって補償されるという考え方が，最終的には世代間にかかわる利害を調整することになるとするのである。そのための会計システムとして資産計算書，運営成果計算書および財務計算書から構成される「計算書の3本化」を標榜している。また，表示上の特徴として，地方自治体において

は負債の存在とその大きさがとくに重要であることを念頭に置き,資産計算書には資産よりも負債を先に掲記することを提唱していること等が特筆される。さらに,この趣旨を具体化するため,コンテンラーメンの冒頭の勘定クラス0にまず「消極」を割り当て,「積極」は勘定クラス1および2に割り当てている。それに加えて,先に言及したFDKモデルおよびKGStモデルとは異なり,財務計算書関係の収入および支出をその構成要素として明確に勘定クラスを割り当てていることもこのモデルの大きな特徴のひとつである。

(2) 2000年代における各州の公会計モデルとコンテンラーメン

上述したシュパイヤー・モデルはドイツ各州における公会計改革に大きな影響を与え,基本的にそれを取り入れて公会計制度の改革を最初に実現したのがノルトライン=ヴェストファーレン州である。2009年におけるHGrGの改正により,一部の州を除いて大部分の州で新しい公会計制度が実施に移されているか,または準備中となっている状況についてはすでに前章でも言及したところであり,さらに詳細については別の機会に示した[7]。こうした新しい公会計モデルの提示にさいしてはすべての場合にコンテンラーメンが示されている。

このような状況のなかでドイツでは各州においてさまざまな公会計モデルとコンテンラーメンが提唱されてきているが,個々の改革の議論の段階を経て,いまコンテンラーメンの統一化の議論がなされつつある。ここでは2003年3月にはじめて公表されたドイツにおける公会計の連邦統一コンテンラーメン(Bundeseinheitlicher Kontenrahmen:VKR)の2008年4月版によってその内容を概観してみたい。

このVKRは,「予算法および予算制度に関する連邦・州委員会」の委託を受けて「原価および給付計算・複式会計に関する連邦・州委員会」によって検討され提案されたものである。その作成にあたっては,ヘッセン州およびバーデン=ヴュルテムベルク州がそれぞれの実務適用経験を踏まえて作業を行っているが,前者はその基本を財務簿記(複式簿記)とし,また後者はカメラル簿

---

(7) 亀井孝文編著『ドイツ・フランスの公会計・検査制度』,中央経済社 2012年,pp.56-57

記を基礎としてコンテンラーメンを設計している。こうした相違はあるが，提案されたこのVKRにはすべての州および連邦統計局が賛意を表明している。さて，その内容であるが，まずコンテンラーメンの目的について次のようにまとめられている[8]。

① 勘定クラス，勘定グループおよび主勘定の統一的な構築によって透明性と概観性を確保すること，

② 基本的な簿記取引の統一的な分類を保証すること，

③ 州間の比較可能性を高めること，

④ 連邦のすべての州にわたるシナジー効果を企図すること，および，

⑤ 成果を連邦レベルの規模で統合するのを達成すること。

また，このVKRは，例えばドイツ工業協会のGKRではなく，同協会の工業コンテンラーメン（Industriekontenrahmen：IKR）の枠組みを基礎としているが，その理由は次のような3点が指摘されている。まず，第1に，商法典（Handelsgesetzbuch：HGB）が適用される州企業を考慮すればIKRが適切であり，また，行政に商法典が直接適用されるわけではないが，公会計改革のプロセスにおいて示された諸規定を念頭に置けばやはりIKRが適切であることが指摘されている。第2には，在高勘定および成果勘定における番号システムはIKRによってさらに細分化できる利点が挙げられる。第3に，現在，公会計にあっては制度的にKLRが求められており，財務簿記のみを志向する一元体系のGKRに基づけば法的な矛盾を引き起こす可能性があるとする。従って，財務簿記と経営簿記の両方を志向する二元体系のIKRが適切であるとしている。

こうした考え方に基づくVKRは図表11-2のように示される。

このVKRは基本的にはIKRおよび商法典に基づくものであるが，行政特有の部分については勘定クラス，勘定グループおよび主勘定に関するコード番

---

(8) Alexandra Fischer, Thomas Blank, Nicole Lemb, Kai Krüger, Grit Kuleann, Michael Spielman & Susanne Behmann, *Kommentierung zum bundeseinheitlichen Kontenrahmen (VKR)*, Version 2.11 (Stand：04.04.2008), S.5

図表 11-2　VKR（公会計の連邦統一コンテンラーメン）

財　務　簿　記									
0	1	2	3	4	5	6	7	8	9
無形資産および有形固定資産	財務資源	流動資産および積極的計算書区画項目	自己資本（正味項目）および引当金	債務および消極的計算書区画項目	収益税収移転収益	経営的費用	その他の費用および移転費用	決算書カメラル区画項目および繰越	原価および給付計算
資産計算書					運営成果計算書				区画	KLR

(出所)　Alexandra Fischer, Thomas Blank, Nicole Lemb, Kai Krüger, Grit Kuleann, Michael Spielman & Susanne Behmann, *Kommentierung zum bundeseinheitlichen Kontenrahmen* (*VKR*), Version 2.11 (Stand : 04.04.2008), S.5

号を変更することによって対応できるとする。また，内部相互計上のための清算勘定はここには含められていないが，勘定クラス 8 をそうした勘定のために空けておけば主勘定から区別して個別に適用されるシステムに応じたコンテンラーメンを構築することが可能となると考えられている。

このように，コンテンラーメンは会計制度を構想するさいに常に不可欠の用具として設計されており，ドイツにおける公会計制度の改革は，いまや州レベルにおけるコンテンラーメンの統一の段階に到達している。この VKR に基づいてそれぞれの州に属する自治体がどのような個別コンテンプラーンを構築するかはそれぞれの裁量に委ねられる。

第 3 節　わが国における新しい公会計モデルの勘定組織

周知のように，国レベルでは財政制度等審議会によって省庁別財務書類の作成が公表され，新しい会計モデルとして現行法とは別に実施に移されている。しかし，このモデルにあっては複式簿記の記帳法は適用されず，既存データを記帳段階で複式記帳に変換するための処理は必要とされていない。つまり，この省庁別財務書類の作成は，あくまでも財務情報としての会計モデルであり記帳を含めた会計システムとしてのそれではないのである。また，コンピュータ

処理のためのコード番号についても公表されているが，それは旧来のシステムにおけるそれであり，新しい発想による公会計システムとしての勘定科目分類とそのコード番号化ではない。

また，地方自治体のための公会計モデルとしては，東京都会計基準とともに，総務省から公表され事務次官通知としてすべての地方自治体にいずれかの適用が求められている「基準モデル」および「総務省方式改訂モデル」がある。これらの公会計モデルにあっては勘定組織はどのように考えられているのであろうか。まず，結論的にいえることは，いずれの公会計モデルにおいてもコンテンラーメンは構築されていないことである。しかしながら，取引のコンピュータ処理のためにすべての勘定がコード番号化されていることは事実であり，問題は，それが会計システムについてのどのような理念に基づいて構成されているかということである。ここではこれら地方自治体のための新しい公会計モデルにおける考え方について考えてみたい。

(1) 東京都会計基準における勘定組織

この新しい会計システムは複式簿記の記帳法により発生主義に基づいて価値フローが認識されているが，同時に現行の地方自治法によって求められる歳入歳出決算も調製しなければならない。そこで，現行法に基づく既存のシステムによるデータから新しい会計システムに変換するサブシステムを備えて両システムの連結を図っている。その全体像の基本はおおむね次の通りである。

［予算計数情報］→（勘定科目変換）→［仕訳履歴情報］→［勘定残高情報］→［各財務諸表］

こうした方法によって自動的に複式記帳として変換された既存データは，貸借対照表，行政コスト計算書，キャッシュ・フロー計算書および正味財産変動計算書から構成される財務諸表の体系として処理されるとともに，それが会計別，局別，局別会計別，歳出項別および歳出目別の5段階の単位で作成されるように設計されている。また，事業別財務諸表を作成することも可能である。いま，勘定科目のコード設定の構成を仮にコンテンラーメンの形式によって表示すれば図表11-3のような内容となる。

218 第11章 公会計におけるコンテンラーメンの設計

図表11-3 東京都会計基準の勘定科目コード

貸借対照表			行政コスト計算書		キャッシュ・フロー計算書		
0			1		2		
01	02	03	11	12	21	22	23
資 産	負 債	正味財産	通常収支	特別収支	行政サービス活動	社会資本整備等投資活動	財務活動

(注) 科目コードは12桁で構成されているが，第3桁目以下の再分類は省略した。また，24～28の勘定科目および当初の財務諸表に後に付加された正味財産計算書関連の勘定科目は一覧表に明示されていない。
(出所) 亀井作成

　勘定をコンピュータによって処理し，そのために勘定科目をコード番号化することが当然の前提的手続となるのであれば，そのさいに各勘定科目の本質に基づいて分類することはシステムの全体像を把握するうえで有用な手段となるはずである。また，空白となっている勘定クラスを用いることによって，貸借記入の区別，さらに内部的な原価計算のためのシステムを組み込むことも可能となる。このようなコンテンラーメンの発想によれば，東京都の会計システムにおいても，単にコンピュータ処理のための便宜のみではなく，システム設計の基本的思考を表明することにもなるのである。

(2) 総務省・基準モデルにおける勘定組織

　この「基準モデル」による会計システムも複式簿記の記帳法を採用し，発生主義に基づいて価値フローの認識が行われることについては東京都会計基準と同様である。また，既存のシステムから複式簿記と発生主義に変換するためのプログラムを備えており，伝統的な会計システムから新しい会計システムへの変換の考え方とその技術的方法は東京都の場合と基本的に同じであるといってよい。「基準モデル」は「新地方公会計制度実務研究会報告書」（平成19年10月）のなかで，貸借対照表，行政コスト計算書，純資産変動計算書および資金収支計算書から構成される「財務書類4表構成の相互関係」を示しており，それらの相互関係を計算構造の観点から明らかにしている点において，基礎とな

った当初の報告書からは前進していると評価してよい。それにもかかわらず，「新地方公会計制度実務研究会報告書」のなかで示された「勘定科目表」によれば，それぞれの財務書類に属する勘定科目の本質を踏まえた分類コードとなっていないことが問題となる。つまり，財務書類別の勘定科目の分類とコード番号化が連関していないのである。

「基準モデル」における計算構造の問題点についてはすでに別の機会に指摘しており，それに譲ることとする[9]。また，純資産計算書の構成内容はフロー概念とストック概念が混在しており，計算書の性格が明確になっていないこと，および，資金収支計算書における「収入」と「支出」のようなフロー概念と「期首残高」のストック概念とが混在していることも解消される必要があろう。こうした問題点についてはこれ以上言及することはせず，ここではその勘定組織の基本的な構成内容を図表11-4に示しておこう。

図表11-4から一見してわかるように，この勘定組織表には番号が付されていない。その理由はこうである。「基準モデル」における各勘定には，財務書類名の略号BS，PL，NWおよびCFから始まって，アルファベットと数字からなる合計12桁のコードが付されており，数字のみによる分類はできないからである。こうした理由によって，少なくとも通常のコンテンラーメンで用いられる10進法の数字のみによる分類の適用は困難となる。

ただ，こうしたコード化を変更して，図表11-4の各勘定グループをそのま

図表11-4　総務省「基準モデル」における勘定組織の構成

貸借対照表		行政コスト計算書		純資産計算書 (損益外)		資金収支計算書	
資　産	負　債 純資産	費　用	収　益	減　少	期首残高 増　加	期首残高 収　入	支　出

（出所）亀井作成

（9）　亀井孝文稿「（コーディネーターの論点整理）公会計改革の論点」，国際公会計学会『公会計研究』第9巻第1号（2007年9月）所収，同稿「公会計における簿記の論理」，南山大学経営学会『南山経営研究』第23巻第1・2号（2008年10月）参照。本書第2章も参照。

ま0から8までの勘定クラスに分類し，残る9を他の目的に割り当てればコンテンラーメンとして構成することは不可能ではなく，また，各勘定クラスの個別コード番号の桁を増やして細分化することでコンピュータ処理への対応も全く問題はない。

第4節　新しいコンテンラーメンの設計

　それでは，公会計におけるコンテンラーメンを最終的にどのように考えればよいのであろうか。まず第1に，勘定を，最終的に作成する計算書別ではなく，それを作成するための決算集合勘定別に構成すべきである。具体的には，「計算書の3本化」システムで考えれば，閉鎖残高勘定，経常勘定および資金勘定を基礎として複式簿記における記帳手続を反映させたものとなる。第2に，それぞれの勘定クラスに0から2つずつ合計6つの番号を割り当てるものとする。さらに，勘定クラス6，7および8に原価計算のためのコードを割り当て，勘定クラス9を決算書とするのである。また，資金計算書を複式簿記システムから一取引一仕訳の方法によって作成する場合には，コンテンラーメンのなかで資金計算書を明示するとともに，関連勘定をサブ・システムとして位置づけることができる。こうすることによって，資金計算書はコンテンラーメンにおいて一取引一仕訳の方法でも体系づけられることとなる。第3に，シュマーレンバッハが原価計算プロセスを各勘定の関係においてコンテンラーメンと連動させて示したと同様に，各決算集合勘定から勘定クラス9に位置づけた決算書に至る過程をフローチャートとして示すことも必要となる。

　このように設計されたコンテンラーメンは，「財務簿記中心・二元体系・決算集合勘定分類基準」という性格づけをすることができ，また，こうしたコンテンラーメンの設計によってこそ，初めにも示したように，決算書として作成する各計算書と勘定との関係を文字通り"会計システムの設計図"として掲げることができる。さらに，コンピュータ処理という実務的な勘定組織の設計という観点からしても有用な勘定分類が可能となるのである。

最後に，コンテンラーメンが公会計においても必要となることを再確認しておきたい。企業会計に関するコンテンラーメンは20世紀の早い段階においてドイツで開発され，それがヨーロッパの多くの大陸諸国で導入され独自に発展していった。そこで展開されたコンテンラーメンは過程分類基準の考え方によるものが大勢を占めており，シュマーレンバッハによって提案されたものがその典型的な成果である。こうしたコンテンラーメンは，本質的に「原価計算を志向する勘定記入のフローチャート」としての機能をもっていたのであるが，第二次世界大戦後提唱されたコンテンラーメンは決算書分類基準によるものであり，これは「財務諸表作成を志向する決算勘定記入のフローチャート」の機能をもったものである。このようにコンテンラーメンのもつ機能は時代とともに変化しているが，会計システムの全体像を俯瞰的に表現する機能については変わらない。

　公会計においても，そのシステム全体の設計図として，さらに「公会計財務諸表作成を志向する勘定記入のフローチャート」としてのコンテンラーメンを示すことが考慮されるべきである。これは，勘定科目の本質的解釈による分類を考慮に入れながら，コンピュータ用の勘定科目のコード番号化と連動して設計される。このような考え方が受け入れられ，すべての新しい公会計システムの構築にさいしてコンテンラーメンが設計され公表されることが望まれる。

第12章　公会計の変容と今後

およそ社会的な仕組みやルールというものは，その時どきの社会，経済，政治等の状況を反映しながら時間の経過とともに変化していく。しかも，その変化は決して受動的なものだけではなく，人々の能動的な働きかけによってなされ，それがグローバルな空間で展開される。

かつて，井尻が20世紀末までの約20年ほどの間にアメリカ会計をめぐって看取された動向を，①政治化，②国際化，③技術化および④顧客化という4つの「外的動向」と，①静態化，②多様化，③未来化および④複雑化という4つの「内的動向」に分類して示したことがあった[1]。井尻の分析は確かに慧眼であるが，その分析時点から数えてもすでに20年近くが経過している。その間に国際的な政治状況も経済状況もさらに大きな変貌を遂げており，外的動向も内的動向もより複雑に変化してきている。

われわれがさしあたりより関心をもつのは企業会計ではなく公会計であるが，その公会計についていえば，伝統的な制度に関する再構築の議論が活発に行われるようになったからまだ30年程度である。公会計も企業会計と同様外部からさまざまな影響を受け，さらに固有の影響のなかで進展と変容を遂げてきた。

ここでは多様な変化を踏まえながら，基本的に井尻の提示した「外的動向」と「内的動向」との分類に依拠してこの30年ほどの間に焦点を当てたとき，公会計およびその研究にどのような進展と変容が読みとれるのかを考えてみたい。その動向のうち「外的動向」の内容については「市場化」，「政治化とビジネス化」，「国際化」および「市民化」の観点から，また，「内的動向」については「普遍化」，「多様化」，「複雑化」および「管理化」の観点から考察する。

---

(1) これは日本会計研究学会第56回大会（1997年9月11日，同志社大学）における井尻雄士の公開記念講演の内容である。また，この講演の修正加筆版が次のものである。井尻雄士稿「アメリカ会計の変遷と展望」（特別寄稿），『會計』第153巻第1号（1998年1月）参照。

第1節　会計史のなかの公会計改革

　公会計の原型はすでにヨーロッパの古代国家にも存在している。さらに11世紀以降になると封建社会の成立とともに広大な荘園を保有する領邦や独立的な領地を保有する教会の会計が現れてくるが，これもいわゆる非営利会計である。また，封建社会の成立期には商業活動とそれに伴う貨幣交換経済が活況を呈してくる。それによってイタリア商人の間で損益計算のための複式簿記が用いられるようになったことはよく知られるところである[2]。もっとも，国や領邦の会計とはいえ，それは軍事力や経済力を背景にして確立された為政者の私的財産管理を含む会計であり，厳密な意味において「公会計」といえるのは近代社会成立後の国または地方の会計なのである。
　さて，いわゆる公会計が記帳技術のうえで画期的な発展を遂げたのが，ドイツにおける30年戦争 (1618～1648) 終結後18世紀前半頃までの前期カメラリストの時代であり，さらにそれがより精緻化されて発展したのが18世紀前半以降19世紀中葉に至る後期カメラリストの時代である。ヨーロッパの国によって時代的差異はあるが，ようやくこの頃に絶対王制の時代が終焉を迎え近代社会が成立する。このように考えると，公会計が制度として成立したのは実はそれほど古いことではないことがわかる。もっとも，公会計の概念はドイツでは必ずしも独立した存在ではなく，財政制度における予算執行の記録手続きとして理解されてきており，アングロ・サクソン諸国の会計ないし公会計とは異なっているのである。とりわけ，フランコ・ジャーマン諸国では公会計は本質的には物量としての貨幣や物品の出納を記録するシステムとして機能してきたといってよい。その意味において，近年における公会計への価値計算導入の議論と多くの国々での制度改革の実践は，会計史のなかに公会計を位置づけたと

---

(2)　古代国家の公会計について詳しく述べている著作は稀少であるが，次の文献が参考となる。
　　片岡義雄・片岡泰彦訳『ウルフ会計史』，法政大学出版局 1977年

き，特筆すべき大きな変化といえるのである。このことは，かつて15世紀末のイタリアにおける初めての簿記書の刊行，17世紀のフランスにおける商事王令の制定，20世紀初期のドイツにおける動態論の生成と発展，20世紀中葉のアメリカにおける ASOBAT 等の簿記や会計思考の大きな転換点にも匹敵するものなのである。

第2節 公会計の外的動向

まず，はじめに外的動向を取り上げてみたい。ここで外的動向とは公会計を取り巻く外部環境の状況とその変化であり，同時にそれは公会計理論および公会計制度構築への影響要因でもある。こうした外的動向を象徴するキーワードが「現代化」であり，1990年代終わりにおけるイギリスの「政府の現代化 (government modernization)」，あるいは 2000 年代初めにおけるドイツの「現代国家・現代行政 (Moderner Staat — Moderne Verwaltung)」や「行政の現代化 (Modernisierung der Verwaltung)」にその具体的事例が見られる。

いま，それぞれの個別の動向は次のような内容と意味をもつ。

(1) 市　場　化

国や自治体が負う巨額の負債や財政赤字を解消し，あるいは疲弊した社会システムを改革するためにさまざまな試みが行われてきたが，なかでもそうした発想の典型例が1970年代末以降のイギリスにおける「サッチャリズム」であり，1980年代初頭以降のアメリカにおける「レーガノミックス」である。わが国でも同様の政策が「行革路線」や「民活路線」の呼称のもとで実行された。これらはいずれも経済政策としては新古典派の理論の考え方に立つものであり，政府による介入をできるだけ縮小することによって経済運営を市場での競争原理に委ねようとするものである。さらに，ニュージーランドに始まったいわゆる NPM とそれを受けて国際的にさまざまな名称のもとで展開された政策は，行政サービスの改善とそのための評価手法の開発，行政への民間経営の手法の導入，さらには一部公企業の民営化にもつながっていく。このような行

政運営についての新しい考え方が伝統的な公会計の考え方や制度に大きな影響を及ぼしたのである。

とりわけ，イギリスにおいては NPM に基づく行政改革のなかで「ネクスト・ステップス・イニシアティブ (Next Steps Initiative)」，行政サービスの市場化の考え方を打ち出し，さらに，1991 年の「シティズン・チャーター (The Citizen's Charter)」の制定によってこうした方向性をより明確なものとした。

(2) 政治化とビジネス化

政治化という側面での外的動向は井尻が指摘するものと同じものであるが，もともと公会計は，その制度形成についても，会計処理の方法についても，さらに計算書の作成についても企業会計以上に政治的な影響を受けやすい領域である。かつて 19 世紀のプロイセンにおいて，予算審議権をめぐる立法府と行政府との間の相克が生じ，いわゆる「プロイセン憲法闘争」と呼ばれる事件があった。この事件に学び，わが国は明治における制度の創設にさいして，本来「財政」とすべきところを「会計」という文言を用いて事務執行的な印象を与え，問題の矮小化を図ったといわれる。また，会計は予算総過程における単なる技術の体系であってそれ自体は独立に存立し得ないとするわが国行政学者の見解も無視できない。このように公会計はある意図をもって政治的手段として用いられてきた事実を指摘しなければならない。

さらに，国際会計基準をめぐって「アメリカと EU」の構図とともに，EU における「アングロ・サクソンとフランコ・ジャーマン」の構図が浮かび上がってくるのであるが，結局その本質は国際的な会計基準の設定に名を借りた国家間の葛藤の問題でもある。同様の状況が EU における公会計でも再現されつつあるといってよく，そこではその制度改革とその基準設定に関して，加盟国の財政危機問題の解決策という他の国々や地域とは異なる複雑な要因が加わってきている。このことは公会計が主要国間の国際戦略の一環としても利用されつつあることを意味するものである。しかも，そうした方向性は「公会計のアングロ・サクソン化」となる可能性を濃厚にもつものでもある。

他方，わが国における地方公会計制度の内容については第 2 章で言及した

が，近年におけるその制度形成の政治化は顕著である。地方自治体における公会計制度の改革については，すでに第2章第2節で言及したように，東京都が他の地方自治体に先駆けて新しい基準を公表するとともに実施に移した後，数年を経て大阪府がほぼ同様の内容からなる制度を導入し，さらに，その後愛知県がこれもほぼ同様の新制度に移行する態勢を整えている。また，他の県や市でもこうした動きに追随するところが現れつつある。こうした動向は，わが国の最近における政党の結成や離合集散やそれぞれの地方自治体における首長の考え方を反映したきわめて政治色の強いものとなってきている。より具体的にいえば，地方公会計制度改革をめぐる「国と地方」の構図とともに，そこにいくつかの地方自治体の首長による政治的連携のための戦略が重なりあってきているといっても過言ではない。

このように，国家間の相克，国家機関相互における相克，さらに，近年のわが国に見られるように，国と地方との間というよりも端的にいえば政治家間における連携と相克というさまざまな対立構造または競合関係のなかで，公会計が単にその制度改革の方法のみならずその内容も含めてますます政治化されつつあるということができる。そうであればこそ，公会計は明確な理論に立脚して政治的に自由なものであることがよりいっそう求められることとなる。

このような公会計の外的動向としての政治化に加え，近年ではその制度構築をめぐるビジネス化という新たな動向が見られるようになってきたことにも関心が持たれる。これまでわが国における自治体の行政改革にはさまざまなシンクタンク等がコンサルティング業務に携わった事例があるが，公会計システムの構築には多くの公認会計士または税理士あるいはそれらの法人が関与しており，さらに，そのコンピュータ・システムの設計についてはさまざまなIT関連の企業が参画している。こうした傾向は諸外国においても同様であり，公会計改革がさまざまな顧客獲得の機会を提供することによって，これまでとは全く異なる様相を見せている。今後，かりにわが国で公会計制度の改革の結果，公監査に外部の専門家による監査が導入されれば，その関与をめぐって新たな状況が生ずることとなる。

(3) 国　際　化

　企業会計にかかわる国際化は内外基準の差異調整に始まっているが，公会計にとって国際化は何よりもまず NPM の国際的広がりという外的動向に負うところが大きい。行政改革の原理ともなったニュージーランドの NPM は，単に一国の行政運営手法にとどまらず，1990 年代初めのイギリスにおける Next Steps Initiative，オランダの Tilburger Modell Kontraktmanagement として現れ，とくに後者の新しい行政運営モデルの実験的試みは「ティルブルクの波」としてヨーロッパ大陸諸国の行政改革に大きな影響を与えた。このような考え方が短期間のうちに伝播した背景には多くの国における財政逼迫の問題，多額の長期債務がもたらす世代間の衡平性などが共通の問題として存在していた。

　公会計の根本的な改革はそうした状況のなかで行政改革の一環として進展したものであるが，公会計への企業会計概念援用の考え方が，単なる国際的な広がりを超えていまやその基準設定とその国際的な基準の収斂にまで進められつつある。その背景には，国際会計基準（International Accounting Standards：IAS）および国際財務報告基準（International Financial Reporting Standards：IFRS）に代表される企業会計を中心とする基準の国際的なコンバージェンスないしアドプションの動向がある。公会計では国際公会計基準（International Pubilic Sector Accounting Standards：IPSAS）の設定が進行しているが，この基準は公会計特有の基準（第 22 号，第 23 号および第 24 号）を除くすべての基準が IAS ないし IFRS に依拠していることから，企業会計の国際的な状況がそのまま公会計の基準に連なる様相を見せ始めているのである。

　このように IPSAS のデファクト・スタンダード化が静かに進行しつつあるのであるが，さらにそうした改革を凌駕し，より先行しようとする国が先に言及したイギリスである。

　例えば，イギリスでは 2009 年 10 月より中央政府およびその他の公的部門の財務報告すなわち公会計への IFRS を導入している。イギリスはすでに資源会計として完全発生主義会計を経験してきているという背景があり，また，

IPSAS が公的部門に適用する基準として十分に成熟していないこと等を理由に直接 IFRS を導入するというところまで到達している。このようにイギリスの公会計改革は制度的な枠組みとしてはほぼ完了したといってよく，そのことの是非はともかく方針そのものは明快である。ドイツでも国内の公会計制度と IPSAS とは全く異質のものではないとの考え方が定着しつつあり，ドイツ経済監査士協会（Institut der Wirtschaftsprüfer in Deutschland e.V.：IDW）も 2009年 1 月より IPSASB に代表を送り出している。同じドイツ語圏の国といってもスイスやオーストリアのように複式簿記を完全導入する制度改革が行われた国がある一方，ドイツのように複式簿記とカメラル簿記のいずれかを選択制にした国もある。

　他方，EU においては，加盟国における近年の財政危機問題に端を発してその危機回避のための枠組づくりが議論されている。その一環として検討され始めたのが EU 加盟国における公会計の調和化であり，そのための準備として，2012 年 2 月からまず IPSAS の適合性についての検討が行われてきた。その結論がヨーロッパ公会計基準（European Public Sector Accounting Standards：EPSAS）の設定である。これは，2013 年 3 月 6 日，欧州委員会が閣僚理事会および議会に提出した報告書で提案されたものである。EU では予算規律協定（財政条約，Budget Discipline Treaty）で政府予算に関する「黄金律」を義務づけるなど会計以前に予算への規制を強める政策が打ち出されており，EPSASでは発生主義に基づく予算基準にも重点が置かれている点に IPSAS との相違がある。もともと EU の諸機関は 2005 年から IPSAS の一部適用を行っており，今後域内の統合は企業会計のためのかつての EC 第 4 号指令のように，公会計基準の調和化をめぐり独自の予算基準の設定を含めさらに進むこととなる。

（4）市　民　化

　この概念は井尻が指摘する企業会計の「顧客化」に相当するものである。企業会計では投資家等利害関係者のニーズにあわせて会計情報の内容や構造を作り替えていくことが求められてきたように，行政の組織や情報提供も市民のニ

ーズにあわせて改革することが求められる。公会計もそれに応じて行政活動を写し出していく機能が求められることとなる。1982年に日本公認会計士協会近畿会が貸借対照表の純財産部分を「行政持分」と「市民持分」に分けて表示する考え方を「地方自治体財務会計制度に関する研究」のなかで表明したことがあった。これは市民の請求権を貸借対照表上で明確にしようとするものであったが，その意図とは別に市民にとっては「諸刃の剣」にもなり得るものであった。また，これとは別に2003年に日本公認会計士協会によって「公会計概念フレームワーク」における「納税者持分」概念が提起され，さらに，2006年には新地方公会計制度研究会の報告書で"住民主権"に立った税収の「持分説」が提唱されているが，これら後二者は軌を一にする考え方である。また，イギリスにおける"taxpayer's equity"の事例もある。これらの考え方は国民主権論を基礎にしたものであり，これまで公会計情報についての基本的な考え方に「市民」の観点が強く打ち出されるようになってきた。

　しかし，こうした「市民化」が真に「市民」の立場に立ったものであるかどうかについては透徹した考察を要する。その理由は，このような高度に法的な理念を納税者ないし住民の具体的な財産権に置き換えることができるとする考え方は疑問なしとはしないからである。財務諸表は財産上の権利および義務の貨幣的表現である以上，国民主権や住民主権という憲法論上の概念を貨幣的持分として表示することはきわめて困難であるといわざるを得ない。また，税を納税者の拠出と捉え純財産を「納税者持分」と理解すれば，債務超過となった場合にはそれもまた「納税者持分」であり，増税の論拠を公会計の理論が提供することとなる。

　こうした提唱について多くの支持を得ることが難しいもうひとつの理由は，市民による公会計へのニーズが企業会計における投資家のそれに比してそれほど大きいものではないという現実である。公会計情報が市民の本来的な要求として根づかないまま，それが行政の裁量に委ねられてしまうこととなり，「市民化」という公会計にとっての内的動向は，その目ざす方向とは逆に，ともすれば時どきの政治的な用具ともなる可能性を内包している。その意味で，公会

計の「市民化」はその「政治化」と対極の概念のように見えるが，実は両者は微妙な関係をもつものである。さらに，このように一見国民・住民サイドに立ったように理解できる提唱の本質が，その外観とは裏腹の意味をもつ可能性を秘めているところにその最大の問題があるといえる。

第3節　公会計の内的動向

次に内的動向を見てみよう。ここでの内的動向とは，外部環境からの影響を受けて公会計それ自体が変容する状況である。ここで掲げる4つにわたる個別の動向のうち，とくに第1の「普遍化」については「発生主義化」と「複式簿記化」の2つの内容を含む。

(1) 普 遍 化
①　発 生 主 義 化

伝統的な公会計においてはもっぱら金銭計算のみが行われてきたのであるが，新しい公会計にあってはそこに価値計算の考え方が導入されるようになった。金銭計算という観点からすれば，その本質は物量としての現金の出納を把握することが会計の役割であり，従って，そこにはもともと現金主義，発生主義等の認識基準は必要とされなかったのである。しかし，価値計算の考え方が導入されることにより，価値が量的にいつ変動したのかを決定するための認識基準が必要となった。その価値の量的変動を現金の受け払いの時点に求めれば，それは価値計算を現金主義によって実行することとなり，原因事象が生起した時点に求めれば，それは価値計算を発生主義によって実行することになる。この発生主義化は公会計改革の象徴的概念であり，公会計改革の意味が単に「現金主義から発生主義への変革」と理解されることも多いが，それは価値計算の導入という思考の転換を前提としてはじめて成立するものであることに留意する必要がある。

諸外国の状況はどうであろうか。まず，アメリカでは発生主義の公会計はすでに1950年代から財務報告に適用されており，とくに州・地方政府には1999

年の GASB 第 34 号によってすべてのファンドで完全発生主義が適用されている。また，ニュージーランドで行政運営の効率化の一環として行われた公会計改革では，1992 年度に最初の完全発生主義に基づく財務諸表を公表している。現在，イギリスでは資源会計および予算 (Resource Accounting and Budgeting : RAB) が導入されているが，この議論は 1993 年に始まり，公的支出の計画と統制を行うための基礎として資源会計を導入することを表明した 1995 年のホワイト・ペーパーを経て，2001 年 4 月から開始されたものである。ところで，完全発生主義の会計システムが導入された比較的早い事例のひとつはスイスのカントン（州）で，1977 年にシステムが完成しその後約 10 年をかけてすべてのカントンに導入されている。また，スイスの連邦レベルでは 2006 年に複式会計化し，同時に，それまで行政単位のわずか 3 分の 1 に止まっていた成果志向 (Ergebnisorientierung) の考え方がすべての単位にまで拡大されている。ただし，予算についてはこれまで通り費目別のままである。フランスの中央政府では 2001 年の財政組織法 (LOLF) によって，また地方公会計に関してはすでに 1996 年における会計指令 M14 によって発生主義会計が機能しているが，さらに，2006 年には部局予算を 34 の専門業務に分割したうえで，それぞれの評価指標を設定している。これ以外にも，オランダでは複式会計システムに移行することを意思決定しているが，部局予算についてはそれぞれの目的に応じて設定されるのみとなっている。このような複式簿記会計システムへの移行は地方自治体のみならず国レベルでも着実に進行しているといえる。他方，ドイツは公会計関連の最も基本的な法律たる HGrG を 1997 年に改正することによって，伝統的なカメラル会計に加えて企業会計方式を適用することを承認し，各州はこの規定に基づいて伝統的なカメラル会計を踏襲するか企業会計方式を導入するかの議論が続けられてきた。こうした経過を経て，さらに 2009 年における HGrG の根本的な改正によって，連邦政府およびいくつかの州政府レベルではこれまでと同様カメラル会計システムを基本とし，一部の州において市町村にどのような会計システムを適用するかを自由選択とする規定を制定したが，多くの州の自治体においては企業会計方式を適用するとしている。このよ

うに，欧米の多くの国では2010年頃までに完全発生主義の公会計制度の態勢がほぼ整備されているといってよい。

　公会計にも発生主義の考え方を導入することによって，会計主体の相違を超えたところで会計の共通化を目指すこととなる。しかも，これまで企業会計の領域で議論され形成されてきた会計概念が新しい公会計制度構築にも大きな影響力を行使することは，ある意味では当然の成り行きである。つまり，このような方向性は会計の「普遍化」を意味するものであるが，そこでは明らかに「公会計の企業会計化」を志向した改革もあり，批判の対象になっている場合もある。

　② 複 式 簿 記 化

　この動向も近年における公会計改革の象徴的要素であると理解されるが，公会計制度にどのような簿記法を導入するかは実はそれほど簡単な問題ではない。ヨーロッパの大陸諸国ではすでに17世紀に商業会計を取り入れる考え方が存在したが，結局それを実現することができず，20世紀後半というよりも21世紀近くなって一部の国でようやく複式簿記が導入されるに至ったのである。上述のように，ドイツの制度改革では，HGrGの2度にわたる大きな改正によって公会計への「正規の簿記および会計の諸原則」の導入を容認したが，それは導入を強制するものではなく，その適用はあくまで連邦および各州の裁量に任されている。従って，連邦政府レベルおよび一部の州政府レベルにあっては原則的な記帳法は現在でもカメラル簿記であり，しかも，この記帳法はいわゆる単式簿記とは異なる特徴をもつものである。また，わが国の公会計にはその基礎が形成された明治以来現行システムのなかでも計算書の様式のなかにカメラル簿記の名残をとどめている。他にも19世紀から20世紀にかけてスイスのある自治体ではカメラル簿記と複式簿記の混合的な性格をもつコンスタント簿記が実際に採用されていたという例もあり，また，オーストリアでは2012年末までカメラル簿記が適用されていた。このように伝統的な簿記法存続の考え方には強固なものがあり，また，実際，その記帳法は現在のわが国においてすら残っているが，それでも全体的にみると，複式簿記への転換の流れ

は明白となっている。

こうした公会計の「複式簿記化」については批判的に捉える見解もあり[3]、それによれば営利の追求を目的とはしない国または地方自治体に複式簿記を適用することは不可能ではないが、意味がないとする。ともあれ、新しい公会計制度の構築にとって「複式簿記化」は「発生主義化」とならんで「普遍化」の重要なファクターのひとつとなっていることは間違いない。

(2) 多　様　化

この多様性は井尻にあっては、例えば企業会計の貸借対照表で用いられる価格のさまざまな種類が一例として挙げられるが、公会計においてはまず最初に計算書の複数化が行われ、次の段階で企業会計における計算書と同様に多様化が求められたのである。例えば、わが国における伝統的な公会計にあっては、現金収支に基いて予算執行の結果を示す歳入歳出決算とその明細書の作成がその基本となっていた。もちろんこれまでもさまざまな参照書が添付されてきたのであるが、主たる決算としてはフロー計算書としての現金収支計算書のみであった。こうした伝統的な公会計が改革によって、複式簿記の導入とともに、名称はさまざまであるが貸借対照表、行政コスト計算書および資金収支計算書から構成されるいわゆる「計算書の3本化」が構想されるようになった。企業会計にあっては、価値計算としての発生主義会計のなかに埋もれた金銭計算を浮き彫りにする必要があるという考えのもとにキャッシュ・フロー計算書の作成が求められたのであるが、公会計では逆に金銭計算のなかに顧みられることのなかった価値計算を発生主義概念によって実行するという逆の発想がとられる。また、これらに第4の計算書として純資産変動計算書も付加され、計算書の多様化が求められる時代になってきている。

このように、伝統的な金銭計算としての決算に価値計算思考が発生主義会計として導入されるのに加え、いまや予算にも発生概念を伴って価値計算が導入

---

(3) こうした見解については次のものを参照。齋藤真哉稿「地方自治体の計算構造」(杉山学・鈴木豊編著『非営利組織体の会計』、中央経済社　2002年)、原　俊雄稿「地方自治体の簿記」(杉山学・鈴木豊編著『非営利組織体の会計』、中央経済社　2002年)

される動向が見られるようになってきた。こうした考え方による計算書の体系は一例を示せば図表12-1のようにまとめられるであろう。

図表12-1 予算および決算における計算書の体系

	予　算	決　算
価値計算	計画資産計算書	資産決算計算書 （貸借対照表）
	経常予算計算書 （経常予算）	経常決算計算書 （行政コスト計算書）
		正味財産増減計算書 （納税者持分変動計算書）
金銭計算	資金予算計算書 （財務予算）	資金決算計算書 （キャッシュ・フロー計算書）

（出所）亀井作成

　決算のみならず予算にも金銭計算と価値計算との両方が必要になるというこのような考え方は，ドイツにおける「統合化された結合計算書（Integrierte Verbundrechnung）」，イギリスの予算制度において行われている完全発生主義ベースの「資源要求」と現金主義ベースの「現金要求」にも見られる。

　(3) 複　雑　化

　井尻は企業を「複雑系」の一例として理解しようとするところに「複雑化」の概念を当てはめているが，行政活動にあってはその要因はより複雑であるともいえる。その複雑性は，利害関係者に対する企業のアカウンタビリティ構造と国または地方自治体の行政組織におけるアカウンタビリティ構造との相違に根ざすものである。そうした複雑化が多様な計算書の作成を必要とするに至ったといえる。他方，会計システムそれ自体の内的動向として，作成すべき計算書が多様化されることによって，複式簿記システム上計算書相互の論理性をどのように担保するかの問題も生起してくることとなる。この問題は企業会計の場合と全く同様である。つまり，これらの計算書を例えば「計算書3本化」構

想のもとにすべて複式簿記システムから整合性をもって導出するのか，あるいは，価値計算と金銭計算とを全く別系統として「計算書2+1本化」の考え方により，3計算書の整合性を複式簿記システムには直接連携させずにおくのかという決定が必要となる。さらに，これら3計算書のみならず第4の純資産変動計算書も求められるようになり，これも複式簿記システムとの関係が複雑化する要因となっている。

(4) 管　理　化

いまや，国際的に見ても公会計の完全発生主義化の方向性はほぼ決定づけられたと見てよいであろう。すでに述べたように，その方向性はさらに決算から予算に向かっており，今後，予算編成においても発生主義の要素が取り入れられる可能性はますます大きくなると考えられる。また，公会計システムの整備の段階が一応終り，いま現れている状況は，公会計情報を政策評価，行政評価にどのように応用するかの試みである。もちろん，ニュージーランドのように，公会計の改革を初めから行政改革の一環と位置づけて構想した国では，当初から公会計を行政管理と関連させている事例もある。また，アメリカではすでに1993年に政府業績成果法（Governmental Performance and Results Act : GPRA）が制定されている。さらに，イギリスのようにその時どきの政権の政策と相まってPFI，指定管理者制度，市場化テスト，PPP等さまざまな行政業務の遂行の方法が実施され，そうした種々の活動にかかわる意思決定やその基礎のひとつとなる行政評価を支援するための情報提供機能が公会計に求められてきたという例もある。つまり，公会計を国民や住民に対する行政のアカウンタビリティを解除するための手段としてだけではなく，行政内部で適切な行政活動とそのための統制手段としての機能がこれまでにもまして強く意識されてきているということなのである。

また，行政活動の経済性をより高め，また効率性をより高めるために，まず発生した原価に行政サービスの質を対置させ，また価格と行政サービスの関係を明確にして，原価および給付を行政機関内部において比較すること，および，外部との比較を行うことが行われるようになってきている。このような原

価と給付の算定は,ドイツにおいては1997年に連邦の統一的な「原価および給付計算（Kosten- und Leistungsrechnung：KLR）」として制度化され,ここにも公会計の管理目的化の様相を見ることができる。

第4節　今後の動向

(1)「エレガントな理論」と「インエレガントな理論」

上に述べたように,会計の歴史のなかに大局的な観点から公会計を位置づけたとき,これまでの20年余にわたるその変容はひとつの時代を画するものとなろう。また,一部の公会計特有の事象を考慮に入れつつも,「公会計の企業会計化」と意思決定および行政評価のための情報要求がその是非は別として今後ますます大きくなるものと考えられる。このような公会計への意思決定有用性または行政管理の手段としての情報要求は,公会計における計算構造の論理性よりも情報としての役立ちの方が重視されることを意味している。

井尻は,「いかに少ないもので,いかに多くのものを説明するか（How much it explains with how little）」という「エレガントな理論」にこそ一般的な科学理論やモデルの真の意味が存在することを強調している。同時に,近年ではこうした理論を作ることは困難になってきているともいう。さらに,井尻は,もともと社会科学においては「エレガントな理論」が現実にぴったり合うことは少ないのであるが,こうした傾向は今後ますます強まり,あるべき姿を求める規範的理論が実務に取り入れられる可能性もはるかに少なくなってきたとも述べる[4]。会計においてこの「エレガントな理論」は,かつて動的貸借対照表が「期間損益計算の連結環」として,または,「未解決項目の集合表」としてその本質が説明されたことを想起すれば納得できよう。また,決算において作成される計算書が損益計算書と貸借対照表との2つであったときには,複式簿記システムの論理的な計算構造からそれらを作成することが明瞭に説明できた。

---

(4)　井尻前掲稿, pp.130-131参照。

しかしながら、「多様化」の内的動向に関して述べたように、公会計でも企業会計からの影響のもとに作成が求められているキャッシュ・フロー計算書（または資金収支計算書）および純資産／持分変動計算書（または純資産計算書、正味財産変動計算書）を含むすべての計算書を複式簿記システムからどのように作成するのかについてはどのモデルも全く言及していない。このことは、多様なニーズに基づく有用な情報作成が強調され、さらにまた、論理的な計算構造によって計算書の作成を説明することが困難になってきたことを物語るものであるといえる。いいかえれば、近年の議論には情報の有用性とそれを優先するための実務簡便性のみが前面に出され、論理的な説明が放てきされているといっても過言ではない。公会計制度の枠組みのなかで作成される計算書は、まず計算構造の論理性が担保できることが前提でなければならず、本来、情報ニーズによって作成される計算書は論理思考を基盤とする公会計制度の外側での二次的な情報として提供されるべきである。

さらに、意思決定有用性を重視する会計では過去よりも未来を指向する時価や将来価値[5]が用いられることにより、取得原価とそれらとの差額は継続記録法としての複式簿記システムによってはその記帳が困難となる。こうした考え方の方向性を井尻は「インエレガントな理論」と呼び[6]、今後それが拡大することを示唆している。企業会計であれ公会計であれその情報の役立ちは重要であるが、まず、「エレガントな理論」を意識したものであることが肝要である。公会計情報作成にさいして時どきの政権による政治性を排除し論理性を維持することは、公会計においてこそより重要な前提的条件であることを確認する必要がある。

(2) 国際的なコンバージェンスの進展

こうした公会計の変容を前提として、次の段階では公会計基準の国際的なコンバージェンスに向かうこととなるであろう。EUの場合には、すでに本章第

---

(5) 井尻講演では現在価値たる「時価」に対し、こうした将来価値は「来価」と表現されている。井尻前掲稿, p.127 参照。
(6) 井尻前掲稿, p.133

2節でも述べたように、一部加盟国の財政危機とその救済をめぐって財政規律の統制がより厳しさを増している。そのための手段として単に公会計だけでなく「発生主義予算と会計」のための基準作成が進展しつつあり、広範な分野における統合をめざすEUはそれ以外の国々または地域とは様相が異なる。世界の国々がさまざまな経緯をたどりながらも、その是非は別として、最終的にはひとつの基準に収斂していく可能性は十分に考えられる。こうした収斂化のイメージは次の図表12-2によって明らかとなろう。

図表12-2 会計基準の収斂化

【企業会計】	【公会計】	
世界全体	非EU	EU
IAS/IFRS ⇨	IPSAS ⇨	EPSAS
↓	↓	↓
各国における企業会計関係法令／基準	各国における公会計関係法令／基準	各国における公会計・予算関係法令／基準

(出所) 亀井作成

　企業会計の場合には外国企業との取引、資金調達または資金移動が行われるが、EUを除けば、公会計の対象である公的部門においてはそうしたことが企業の場合ほど経常的に行われるわけではない。もちろん、公債の発行が外国で行われること、または一国の公債が外国の投資家によって保有されることは過去にもありまた将来にもあり得るが、公債の国際的保有関係のみをもって公会計基準をグローバルなレベルで統合する論拠とすることは早計である。また、公会計がすぐれて各国の主権にかかわる問題であることを念頭にしつつ、そうした統合化のための方法論の検討が必要となる。

　今後、好むと好まざるとにかかわらず、意思決定有用性の考え方を基礎とする公会計の基準設定とその国際的なコンバージェンスの方向性はますます進行

するであろう。しかし，公会計における計算構造の精緻化の必要性を念頭におくとき，時どきの政策に大きな影響を受けつつ要請される情報の有用性を過度に重視する考え方は問題を残すものとなる。

　いくつかの観点からこの約20年間における公会計改革の議論と動向がどのような方向を指向してきたのか，さらにそれがどのような意味をもち，今後どのような方向に向かおうとしているのかについて俯瞰してきた。この間，公会計への重要性の認識と制度改革論の存在感が急速に大きくなってきたことは驚異的ですらある。ここで述べてきたことは，公会計にとっての外部環境の変化と公会計自体の自律的変化の客観的事実，それに加えて予想される方向性の描写であり，また，それに対する問題提起でもある。

　われわれが諸外国の制度研究とともに自らの国の制度の改革を議論するとき，どのような制度にしろ，他の制度のアドプションまたはコンバージェンスがどの程度に必要であり，またそれが可能であるのかどうかを十分に見極める必要がある。また，そのことを考えるにあたっては，あらゆる制度の背景にはそれぞれの国の固有の歴史や文化，国民性，経済的社会的状況などが存在していることを常に意識しなければならないことを銘記しておきたい。

第13章　統合システムの構築

　ヨーロッパ主要国のパブリック・セクターにおける予算および会計制度の改革は一応の完成段階にきているといって差し支えない。イギリスの中央政府ではすでに 2000 年の政府資源会計法（Government Resources and Accounts Act 2000 : GRA）により法的にも予算および会計に発生主義が導入され，さらに 2010 年までに中央および地方すべてで公会計への IFRS の導入が実現されている。また，フランスではそれまでの地方とならんで中央政府の会計にも 2001 年の LOLF 改正によって「発生主義会計」の導入が行われている。スイスでもすでに 1980 年代までに発生主義の導入がカントン（州）レベルで完了するとともに，2006 年には連邦レベルで同様の制度を完成し，さらに，2008 年には会計制度調和化モデルによって連邦とカントンで IPSAS を志向した公会計制度とすることが確認された。また，オーストリアでは 2009 年改正の BHG によって 2013 年から複式簿記を適用した発生主義会計に移行している。

　これら諸国でも近年の制度改革以前の公会計では，予算や評価，さらにはマクロ会計との間で制度的なリンケージが必ずしも図られてこなかったが，新たな公会計制度の改革ではこのような問題も議論されるようになってきた。他方，わが国の改革論ではこうした統合的なシステム形成はおろか，なお基本的な制度モデル提案と実務試行の段階にとどまっているのが実情である。今後，予算制度を含む広い意味における公会計制度改革の先進事例を十分に調査研究するとともに，単に決算のための会計モデルの提示にとどまらず，明確な理論的基盤を備えた統合的な制度形成を急ぐべきであろう。

　そこで，本章ではわが国の今後の制度改革にも参考となるドイツの制度改革で提唱された考え方をみることとする。それは予算→会計→評価のサイクルとともに，管理会計による予算編成の支援，公会計システムとマクロ会計システムとのリンケージの考え方である。この統合システム化のなかでは，事業単位として「プロダクト」概念を設定し，その原価計算を財務会計とのリンケージを意識して実施するとともに，それが予算編成につながるように構想されている。こうした統合システムの検討を行うことはわが国の制度の方向性を考えるさいにも十分に役立つものとなる。

第1節　2009年ドイツ公会計制度改革

(1) HGrGの改正

　ドイツにおける予算および公会計制度は，連邦であれ州であれ1969年の財政改革によって制定された HGrG に準拠することが義務づけられている。それに準拠して連邦では BHO，また，州ではそれぞれの LHO が制定され制度形成が行われる。

　その後，1997年には HGrG に制定以来の大きな修正が加えられ，第6条「原価および給付計算」および第33a条「商法典の諸原則に基づく簿記および会計」[1]が新設された。前者はそれによって原価および給付の流れを明らかにして透明性を確保するとともに，実質的に発生概念を公会計に導入することができるとするものである。また，後者によって「複式会計を用いることができる」ことを容認したとはいえ，それはあくまで「付加的に」認められるものあり，原則的にはカメラル会計に基づくものであった。しかし，この1997年改正法はその後2009年改正法に至るまで「複式会計かカメラル会計か」の議論を沸騰させる大きな契機となった。

　2000年代になってノルトライン＝ヴェストファーレン州，ヘッセン州等において複式会計システムに基づく新しい画期的な制度モデルが提示され，州内務大臣会議およびその下部委員会によっても活発な検討が行われた。さらに，2006年には，会計検査院による予算および会計制度の現代化に関する勧告に基づいて連邦財務省に「予算および会計制度現代化プロジェクト・グループ (Projektgruppe Modernisierung des Haushalts- und Rechnungswesens〈MHR〉)」が設置され，2007年における同グループの報告を受けて複数の民間シンクタンクによる評価と提言が行われた[2]。こうした検討に基づいて，2009年2月

（1）　1997年改正 HGrG の第33a条は2009年改正 HGrG で廃止され，同法第7a条第1項で商法典への準拠性が GoB を含め改めて規定された。

26日，HGrGMoGが制定され，同年7月31日にはHGrGが改正されることとなったのである。この改正ではHGrG第7a条「連邦・州共通複式会計原則（Grundsätze der staatlichen Doppik）」の新設によって，1997年改正のような単に付加的な複式簿記の容認ではなく，カメラル簿記と複式簿記とを同等のものとして位置づけたうえでそのいずれかを選択するものとされた。このように，複式簿記に全面移行したスイスおよびオーストリアに対し，ドイツのみはKLRを組み込んだ拡張カメラル簿記という方法によって伝統的な簿記法を維持する道を選択したのである。伝統的な方法が古典的カメラル簿記（Klassische Kameralistik）と呼称されるのに対し，これは現代的カメラル簿記（Moderne Kameralistik）とも呼称される。その基礎となったものが連邦財務省に設置されたMHRの報告に基づいて作成され公表された新しい制度提案書「詳細概念」（2009年）である[3]。

(2) 予算書および決算書の体系

2009年の改正HGrGに基づいて連邦と各州はそれぞれBHOおよび各LHOを改正することとなったのであるが，そのために拡張カメラル簿記を採用するのか，あるいは複式簿記を採用するのかについての最終的な意思決定を迫られることとなった。その結果，州レベルでは全16州のうち，11州が複式簿記，1州が拡張カメラル簿記を選択し，残る4州が自由選択としたのに対し，州政府では2州が複式簿記を選択し12州が拡張カメラル簿記を選択した。さらに，連邦は拡張カメラル簿記を選択することとなった[4]。また，新しい制度への全面移行は早い州では2010年より実施し，最も遅い州では2018年より実施する

---

(2) この経緯については次のものを参照。亀井孝文編著『ドイツ・フランスの公会計・検査制度』，中央経済社　2012年

(3) KPMG AG Wirtschaftsprüfungsgesellschaft, Feinkonzept zur Modernisierung des Haushalts- und Rechnungswesens Bundesministerium der Finanzen 2009. その内容は，全体の概要，プロダクト予算，原価および給付計算，資産計算，ITシステム，研修，複合プロジェクトの管理，経済性テスト等となっている。各部分ごとに電子媒体で公開されており，全体で964ページの提言となっている。

(4) 亀井前掲編著，pp.56-57参照。

ことが予定されている。

　次に，改正 HGrG による新しい予算書および決算書の構成についてみておきたい。まず，予算の編成，執行および計算書作成は，項（Titeln），勘定（Konten）またはプロダクト構造（Produktstrukturen）に基づいて実行することができることとなった（HGrG 第 1a 条第 1 項）。なお，ここで「プロダクト」とは「成果および重要な財務的費用と関連する行政課題，または，その他の行政運営によってもたらされる利得」を意味するものとされる[5]。

　予算が個別予算および総予算から構成されることは従来通りであるが，複式会計が適用される場合には，次のような予算が求められている。

　　個別予算ならびに総予算における成果予算（Erfolgsplan）　　　HGrG 第 10 条第 1 項
　　総予算における複式財政計画（doppischer Finanzplan）　　　HGrG 第 10 条第 1 項

また，個別予算は款（Kapitel）および項（Titel）に区分され，そのなかでの分類については次のように定められている。

　　項の分類　→　「収入および支出に関する行政規則」に基づく性質別予算
　　　　　　　　　（Gruppierungsplan）　　　　　　　　　　　HGrG 第 10 条第 2 項
　　勘定の分類　→　「収益，費用および在高の分類に関する行政規則（コンテンラーメン）」に基づく　　　　　　　　　　HGrG 第 10 条第 2 項
　　プロダクト構造の分類　→　「プロダクト予算の機能別分類に関する行政規則（プロダクトラーメン）」に基づく　　　HGrG 第 10 条第 2 項

　次に決算書についてはそれぞれの場合によって次のような種類のものが求められている。

〈会計の方法に関係なくすべての場合〉

　　予算計算書（Haushaltsrechnung）　　　　　　　　　　　　　HGrG 第 37 条第 2 項

---

(5)　KPMG AG Wirtschaftsprüfungsgesellschaft, Ebenda, S.22 . また，次のものも参考となる。「プロダクトは一定の秩序をもってもたらされる活動の結果であり，その受け手にとって定義可能な価値または便益をもつものである。」(KLR-Handbuch, 7. Juli 1997, Anhang 9, S.18), 「行政におけるプロダクトは行政活動の結果であり，いかえれば，行政，市民，経済，ほかの行政機関または行政内部にもたらされた業績である。」(Handbuch zur Standard-KLR, Stand April 2008 , Teil Ⅱ Konzeption und Umsetzung einer KLR)

〈複式会計に基づく場合〉

 成果計算書（Erfolgsrechnung）   HGrG 第37条第3項
 財務計算書（Finanzrechnung）[6]   HGrG 第37条第3項
 資産計算書（Vermögensrechnung）（貸借対照表 Bilanz） HGrG 第37条第3項

〈プロダクト予算編成が行われる場合〉

 プロダクト別配分額，給付の種類と範囲に関する計算書 HGrG 第37条第4項

〈連邦の場合―カメラル会計に基づく〉

 予算計算書（Haushaltsrechnung）   BHO 第80条第3項
 資産計算書（Vermögensrechnung）   BHO 第80条第3項

第2節　プロダクト予算の導入

　プロダクト別予算（Produkthaushalt）の提唱は，もともとノルトライン＝ヴェストファーレン州の1999年「地方自治体の新財政管理―改革への序章―（Neues Kommunales Finanzmanagement〈NKF〉）」に基づいて2000年に提示されたNKFモデルで取り上げられたものである[7]。この考え方はニュージーランドで制度化されたアウトプット予算制度と同様のものであるが，予算にまで発生主義の概念を導入したNKFモデルはドイツにあってまさに画期的ともいえるもので，しかも，このモデルの考え方が2009年改正HGrGによってドイツ全体の新しい制度における選択肢のひとつになったことの意味は大きい。

（6）　Finanzplan はもともと1967年の「経済の安定および成長促進に関する法律（Gesetz zur Förderung der Stabilität und des Wachstums der Wirtschaft：StWG）」第9条に基づいて作成されるもので，5年間にわたる計画として作成され（HGrG 第50条第1項）。これは一般に「中期財政計画」といわれる。また，その結果として作成される Finanzrechnung は Finanz- の用語が充てられているが，内容的にはキャッシュ・フロー計算書を表すことから，ここでは「財政計算書」ではなく「財務計算書」と訳している。つまり，ドイツ語ではこれらいずれも場合も区別せずに Finanz- という用語が用いられているが，ここではわが国における「財政」と「財務」の区別の通例に従った。

（7）　NKFモデルの内容については次のものを参照。亀井孝文著『公会計改革論―ドイツ公会計研究と資金理論的公会計の構築―』，白桃書房 2004年，pp.453-463

これまで連邦における個別予算のうち機関分類では各省庁別に款および項に分類されてきたが，新しい制度では款のレベルでプロダクト別の予算編成が可能となるように設計されている。そうした予算編成が行われる場合には，プロダクトごとに「プロダクト票」が作成され，そのなかでプロダクトの目的，法的ないし政策的任務の記述を含む説明が示されるとともに，拘束性をもつ財政指標等が示され，その他の補足的説明が付されることとなる。この新しい具体的な制度構想は2010年度以降複数年間にわたって試行され，連邦レベルではその成果によって実施に移されたのであるが，州レベルではすでに実施に移している例もある。いま，その典型的事例であるノルトライン＝ヴェストファーレン州を見ると，プロダクト別予算の単位構成を示すプロダクトラーメンが同州のGemHVOにおいて図表13-1のように示されている。

図表13-1　NKFプロダクトラーメン

政策分野	プロダクト領域	プロダクト・グループ	プロダクト	行政サービス
1　中央行政 2　学校および文化 3　社会福祉および青年 4　保健およびスポーツ	01　内務行政 05　社会福祉サービス 07　保健業務	地域のニーズに基づくプロダクト・グループの形成	地域のニーズに基づくプロダクトの形成	地域のニーズに基づく行政サービスの確定

（出所）　Neues Kommunales Finanzmanagement in Nordrhein-Westfalen — Handreichung fúr Kommunen, 4. Auflage, Sep, 2010, Teil 3, S.825
　　　　http：//www.im.nrw.de/bue/doks/nkf_3 gemhvo.pdf

　ノルトライン＝ヴェストファーレン州のいくつかの自治体ではこうした体系に基づいて，プロダクト別にフルコスト予算が編成され公表されている[8]。
　このように，複式簿記かカメラル簿記かの選択をめぐっても，伝統的な予算分類によるのか新しいプロダクト予算分類によるのかの選択をめぐっても連邦レベルと州レベルとではそれぞれの考え方に差異があり，ドイツは連邦および

州のすべてを含めた単一の制度を構築するのではなく，それぞれの主体に複式簿記と伝統的なカメラル簿記に修正を加えた拡張カメラル簿記のいずれかの選択を容認する方法をとった。ただ，いずれの方法によっても実質的に発生主義の概念の導入が意識されたものとなっている。

第3節　公会計制度の統合システム

　以上のような予算および会計制度の大幅な改革のなかでもとくに注目すべきは，関連領域との統合化が価値計算の観点からより強化されたことである。統合化システムの全体像については終章で制度改革への提言として改めて述べることとし，ここでは会計制度と行政評価および原価計算との関連に注目しておきたい。

　まず，最初は行政評価との関連である。行政活動がどのように行われたかを評価するためには，予算と会計との両者の関係の重要性もさることながら，行政評価が予算および会計とどのような関連のもとに行われるかの問題も重要な意味をもつ。こうした行政評価に関してはドイツでも比較的早くから重視されてきており，その内容は大きく2つの根拠規定によって分けられる。まず，そのひとつは基本法第114条第2項による会計検査院の職務としての経済性（Wirtschaftlichkeit）の検査であるが，これは会計検査院長が「行政における経済性のための連邦委託官（Bundesbeauftragte für Wirtschaftlichkeit in der Verwaltung：BWV）」として事後的に実施するものである。その評価結果として公表されているいくつかの「鑑定（Gutachten）」からわかるように，その対象は財政運営に限らず広範な行政運営全般にかかわる経済性の評価となっている。もうひとつはHGrG第6条第1項で規定されている「経済性および節約

（8）　例えば，ジーゲン市（Stadt Siegen）の2010年度予算参照。
　　　http://www.siegen.de/doc.cfm?seite=437&...437downloads/gesamthaushalt_2010_4.pdf。
　　　また，リューネン市（Stadt Lünen）の2010年度予算も参照。
　　　http://www.luenen.de/medien/rathaus/dok/Luenen_HhPlan_Hauptband.pdf

性」であるが、まず、その第1項では予算の編成と執行にさいして経済性および節約性に注意を払うべきことが規定され、次に第2項では財政的影響をもつすべての事業について経済性テストが実施されなければならないとされている。このHGrGの規定を受けて連邦に適用されるBHO第7条第1項でも同様の規定がなされている。さらに、その解釈指針たる「連邦予算規則に関する共通行政規定（Allgemeine Verwaltungsvorschriften zur Bundeshaushaltsordnung：VV-BHO)」では、経済性を「行政目的と投入された手段（資源）との間の有利な関係」と理解したうえで、節約性の原理（最小原理 Minimalprinzip）と生産性の原理（最大原理 Maximalprinzip）とを含むとする。また、こうした経済性テストを予算編成の統制手段とするとともに成果の統制手段としても位置づけている。このように、行政評価は活動の事前、中間および事後のそれぞれの時点における評価として考えられてきたのである。かつてはこうした評価が主として現金収支計算の観点から行われてきたのであるが、とくに1997年改正HGrGでKLRが義務づけられたことによって、個別事業の経済性テストに原価との関係を明確化する州の事例も現れてくるようになった。さらに、そうした方向性は今回の2009年改正HGrGによってより明確になったといえる。

　次に、原価計算との関連である。1997年改正HGrGによるKLRの導入はそれまでの金銭計算のみによる公会計にはじめて価値計算を導入するものであったが、2009年HGrGでとりわけプロダクト別予算編成が行われる場合には、KLRがその支援ツールとして関連づけられている。伝統的な予算編成では行政サービスのコスト計算に人件費、減価償却費等は必ずしも算入されなかったが、新しい制度ではすべての原価要素を含めたフルコスト計算が行われ、最終的な原価負担者をプロダクトとすることによってそのフルコスト情報がプロダクト別予算編成のさいに提供され得ることとなる。こうした構想に基づく具体的な計算システムがある[9]。これはドイツにおける2009年の公会計制度の改革に関する議論のなかで提唱されたものであり、予算システムと会計システムを「原価および給付計算」を仲立ちとして結びつけることを企図したものである。かつて、2000年にノルトライン＝ヴェストファーレン州が提案したNKF

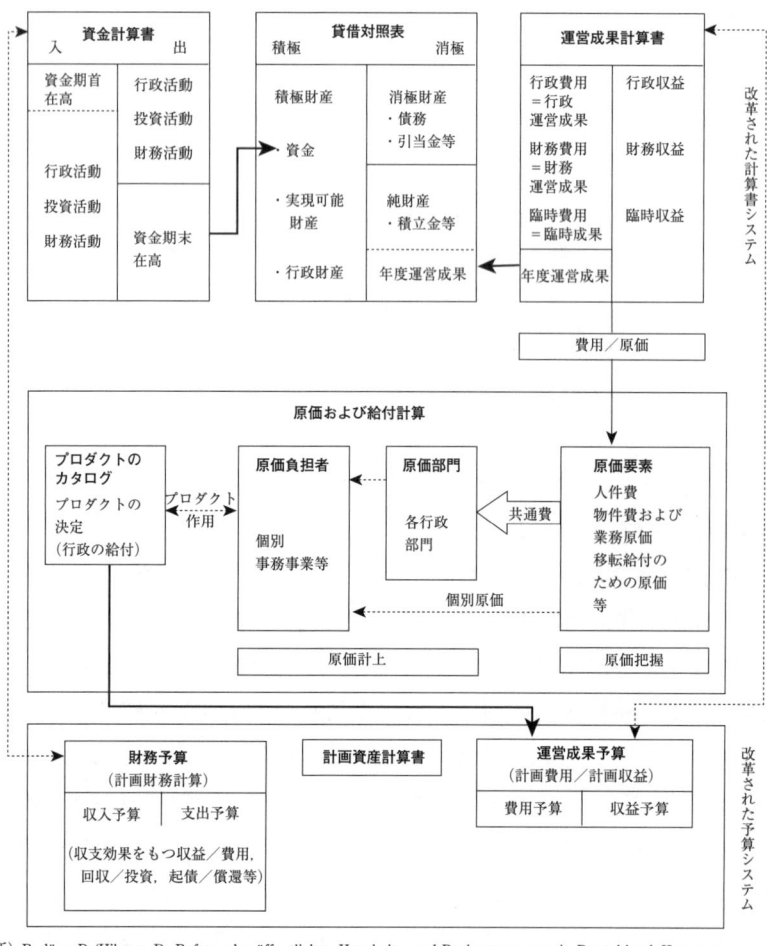

図表13-2 予算と会計の統合システム

資金計算書

入	出
資金期首在高	行政活動 投資活動 財務活動
行政活動 投資活動 財務活動	資金期末在高

貸借対照表

積極	消極
積極財産	消極財産 ・債務 ・引当金等
・資金	
・実現可能財産	純財産 ・積立金等
・行政財産	年度運営成果

運営成果計算書

行政費用 ＝行政運営成果	行政収益
財務費用 ＝財務運営成果	財務収益
臨時費用 ＝臨時運営成果	臨時収益
年度運営成果	

改革された計算書システム

費用／原価

原価および給付計算

プロダクトのカタログ
プロダクトの決定
（行政の給付）

プロダクト作用

原価負担者
個別
事務事業等

原価部門
各行政部門

共通費

原価要素
人件費
物件費および業務原価
移転給付のための原価
等

個別原価

原価計上　　原価把握

財務予算
（計画財務計算）

収入予算	支出予算

（収支効果をもつ収益／費用，回収／投資，起債／償還等）

計画資産計算書

運営成果予算
（計画費用／計画収益）

費用予算	収益予算

改革された予算システム

(出所) Budäus, D./Hilgers, D., Reform des öffentlichen Haushalts- und Rechungswesens in Deutschland. Konzepte, Umsetzungsstand und Entwicklungsperspektiven. in : *Zeitschrift für Planung und Unternehmenssteuerung* (ZP), 19 (2009), S.386 を一部変更している。
(筆者注) 貸借対照表とならんで資金計算書も運営成果計算書も勘定形式にしている。

（9） Budäus, D./Hilgers, D., Reform des öffentlichen Haushalts- und Rechungswesens in Deutschland. Konzepte, Umsetzungsstand und Entwicklungsperspektiven. in : *Zeitschrift für Planung und Unternehmenssteuerung* (ZP), 19 (2009), S.386
　　亀井前掲編著，p.68 参照。

モデルでも「計算書3本化」論に立って予算システムと決算書システムの関係が示されたことがあったが，「原価および給付計算」との関係は示されていなかった。その意味において，このトータル・システムはきわめて優れたものといってよい。

そこで，新しい公会計制度を構築するにあたって上記のようなトータル・システムを図表13-2に示しておこう[10]。

第4節　新しい記帳システム

新しい制度改革によって予算および会計制度がその周辺領域とともによりいっそう統合化されたのであるが，それでは簿記的な関係はどのようなものであろうか。まず，原価計算と予算の関連では2つの問題が提起される。その第1は，KLRと予算の体系とを結合する方法である。これには2つのケースが考えられている。ひとつは，その最も単純化された関係として原価の終着点である原価負担者が予算上のプロダクトに一致する場合であり，［原価要素→1個の原価負担者］という原価フローとなる。他のひとつは，原価負担者をより細かく区別して予算上の複数のプロダクトに分類される場合であり，［原価要素→原価部門→複数の原価負担者］という原価フローとなる。第2に，プロダクトをどのように設定するかにかかわらず，こうした原価計算のためには原価要

---

(10) 前掲書（2004）における予算と会計の統合システムの提案では，「計算書の3本化」を予算においても導入することを前提としたことから，運営成果計算および資金計算に関する予算勘定はもちろん資産計算に関する予算勘定も設定するものとした。他方，2000年のNKFモデルでは，「在高計算は一定時点の状態を表すものでありそれ自体が予算機能をもつものではない」としてこれに関する予算計算書は作成されないものとされていた。また，上掲のD. ブドイスによる「統合された結合計算書システム」でも同様に資産計算に関する予算は作成されず，ただ，「計画資産計算書」が作成されるのみである。従って，この計算書は他の計算書とは構造上何ら関連をもたないものとして位置づけられている。

　確かに，積極財産および消極財産の個別項目の増減は予算執行の結果として生ずるものであり，従って，あらかじめそれを予算として表示するのではなく，ブドイスの説に従い，ここでも単に「計画資産計算書」として作成するにとどめることとした。

素に関するデータが会計サイドから提供されなければならない。そのための方法として「勘定間の橋渡し（Kontenbrücke）」装置をあらかじめ用意しておくことが提案されている。そこに有効に機能するのが財務会計と原価計算を結合する手段としての二元体系に基づく勘定体系であるが，それが「原価および給付計算／複式会計に関する連邦・州作業部会（Bund-Länder-Arbeitskreis KLR/Doppik：BLAK・KLR／Doppik）によって作成されたVKRである。このようにKLR→予算→会計→行政評価という連鎖が，それぞれの単位のみならず勘定のうえでも統一された統合システムとして構想されているのである。

ただ，連邦政府のように拡張カメラル会計を選択した場合には，予算体系のうち個別予算は旧来の款および項から構成される収入および支出に基づく性質別分類が行われることから，KLRと予算の体系との結合関係が複式会計を適用する場合ほど明確にされていないという課題は残されたままである。

さらに，問題となるのが公会計からの財政統計等へのデータ提供の方法であるが，例えば，NKFモデルでは，財政統計のための諸勘定への記帳は予算執行を複式簿記によって仕訳するさいに同時に記帳する方法がとられており，このデータは行政内比較，経年比較あるいは他の自治体との比較および評価に用いられる[11]。公会計と財政統計およびマクロ会計とのリンケージはこれまでも議論されてきたところであるが，記帳レベルの方法論的な明確化の問題はなお今後検討されるべき課題である。

第5節　ドイツ新制度の意味

ドイツにおける予算および会計制度も2009年のHGrG改正によって，他のいくつかのヨーロッパ諸国とならんでほぼ一段落したものといってよい。この一連の改革は，直接的には2006年の会計検査院勧告とそれを契機として財務

---

(11) Vgl., Fudalla, zur Mühlen, Wöste, Doppelte Buchführung in der Kommunalverwaltung―Basiswissen für das "Neue Kommunale Finanzmanagement"（NKF），Erich Schmidt Verlag GmbH & Co., Berlin 2004, S.9, S.11, S.68-72

省に設置された MHR における検討によって大きく進展したものである。もちろん，それまでに 1990 年代半ばからの発生主義会計導入に関するいくつかのモデル提案と議論の段階を経て，研究者や各州の委員会で精力的に展開されてきた議論が底流となっていることは多言を要しない。こうした制度変革のなかからどのような意味を読み取ることができるのかをまとめれば次のようになる。

　まず第 1 に，この制度改革が連邦と州の十分な連携によってなされたものであることを指摘しなければならない。1997 年の改革以降，連邦レベルでは行政運営の現代化の推進とカメラル会計を前提とした KLR 導入の検討は進展したものの，連邦は州との制度的調和化について積極的に関与してきたとはいえなかったのである。こうした状況にあって今回の改正では，ノルトライン＝ヴェストファーレン州，ヘッセン州等いくつかの州における先行的な改革モデルの成果が主導的な役割を果たしたのである。

　第 2 に，会計方式の選択的容認，プロダクト別予算編成の選択的導入，統合システムの構築等を実現したという意味で 2009 年の制度改革はドイツ公会計史上特筆すべき改革となったといってよい。1997 年改正 HGrG も企業会計方式を付加的であるにせよ容認したという意味においては重要な改革であったのであるが，2009 年の改革は前回のそれを超えるものであるという評価は正当なものといえよう。

　第 3 に，ドイツにおける伝統的な予算および会計制度と新しい国際的な動向との調和化をめぐる苦悩の表れも特徴のひとつといえるであろう。もともとEC 第 4 号指令の議論にさいしてイギリス型の「真実かつ公正な概観」概念が国内法の改正によってドイツ商法典にも取り込まれており，かつ，近年の IAS／IFRS も商法典に反映されていることから，公会計に「正規の簿記の諸原則（Grundsätze ordnungsmäßiger Buchführung：GoB）」を含む商法典への準拠姓を制度化すれば，結果として IAS／IFRS をベースとする IPSAS とも本質的な相違はないとする考え方が底流にある[12]。そのように考えれば，下部構造としての簿記および会計はドイツにおける伝統的な方法によっても何ら問

題はないこととなる。このことが，国際的動向の一側面のみに合わせて制度の単一化を図るのではなく，ドイツ固有の方法によって制度改革を実行することにつながったと考えられる。この制度改革は，考え方によっては，国際的な公会計改革の動向，カメラル簿記という離脱しがたい伝統的思考，さらにそれぞれの会計主体のおかれた状況を考慮したある種の妥協の産物といえなくもない。しかし，別の見方をすれば，国際的な関係においても国内的にも「緩やかな統合」を目指したものともいえるのであり，こうした考え方はわが国の制度改革にも大きな示唆を与えるものである。

(12) これは BLAK "KLR／Doppik" の考え方である。亀井，前掲編著，p.20 参照。

終　章　新しい公会計制度への提言

　後世の会計史家から見れば，近年約20年間は世界の公会計制度にとっておそらく史上最も大きな変革を遂げた時代であると評価されるであろう。その決定的な理由は，公金の管理と記録が未完成とはいえようやく「会計論」として認識され始めてきたことによる。逆にいえば，これまで存在したのは財政制度の一環としての単なる公金の出納に関する手続き規定であって，「会計論」としての公会計制度ではなかったということでもある。

　これまでの章では，「会計論としての公会計」という観点から種々の問題提起とそのことの意味について論じてきた。そこでは，浮かび上がった問題の解答をまず歴史のなかに求めること，次に，あるべき制度の基礎をその概念とともに徹底して理論的に検討すること，さらに，その上で変貌していく社会と国際関係にどのように対応していくのかが主題であった。

　こうしたいくつかの礎石となるべき論点のなかでも，何よりも重要な問題となるのは論理的なシステムとして構成される計算構造である。この点に会計が統計から区別される決定的な違いがある。また，公会計も会計の一領域である以上，企業会計とも共通の理論体系に立脚するものであるが，同時に，企業会計とは異なる公会計の論理が存在し，また存在すべきであるとの立場からその固有の計算構造のあり方を検討する必要があった。しかし，わが国におけるいくつかの重要な公会計制度モデルでもこうした計算構造に関する基礎的な検討が十分に行われてきたとはいえない。実務適用のための簡便性は必ずしも否定されるものではないが，それ以前に制度の基盤となるべき徹底した理論形成は避けることができない。制度というものはいったん形成されればその修正が簡単なものでないことは，これまでのありとあらゆる制度の歴史が物語っている。また，理論的検討のうえに立った制度形成を最終的に保障するのは法的規範であるが，これについてもわが国ではほとんど検討が行われてこなかったという事実がある。

　この終章では，これまでの各論で検討してきた公会計像の理念形ともいうべき最終結論を改めて提示する。

第1節　基礎的な概念の再検討

　この問題についてはすでに第1章でも取り上げたところであるが，まず第1に，財政制度としての公会計における「会計」の概念を明確にしなければならない。最も基本となる概念を不明確なままにしておくことは，これまでほとんど何の疑問もなく使用されてきた「一般会計」および「特別会計」のような「会計区分」という曖昧さの再生産に直結する。本来，区分の対象になるのは「会計」ではなく，敢えて区分を行うとすれば，「予算」または「予算として支出権限が付与された資金実体または基金」でなければならない。「会計」それ自体は財務情報を作成するための処理方法であり，またそのための行為である。従って，方法や行為は区分の対象にはなり得ない。しかし，これまでのわが国における制度改革の議論のなかではこうした問題が全く取り上げられてこなかったのが事実であるといわざるを得ない。

　第2に，公会計制度で適用すべき簿記法の決定の問題がある。これについてもドイツ語圏の諸国における伝統的な簿記法としてのカメラル簿記とその改良型についてはすでに子細に検討した。このカメラル簿記の改良型簿記法は，財務的資源のみを測定の対象とする伝統的な金銭計算だけではなく，すべての経済的資源を測定の対象とする価値計算を導入しようとするものである。それを複式簿記のような貸借記入を用いない方法またはカメラル帳簿の枠組みのなかで実行しようとする。しかし，そこにはカメラル簿記の利点である予算額と実際額の並行的な表示法が残されるとしても，計算体系の複雑化は免れないという大きな問題が残されることとなった。こうした事実から，結局はフロー計算とストック計算を整合的に関連づけることのできる複式簿記が最適の簿記法となることが結論づけられるのである。

　第3に，フロー計算およびストック計算に基づく計算書は何を表示するものなのかを明確にしなければならない。つまり，企業会計で用いられる概念でいえば，費用収益観に基づく計算書なのか，資産負債観に基づく計算書なのか，

あるいは，資金観に基づく計算書なのかという問題である。公会計の対象となる経済主体は本質的に非営利主体であることから，利益の獲得がその目的になるわけではない。しかも，収入にしろ支出にしろそれは公権力に基づくものであって，その経済主体の努力が直接反映されるものではない。従って，そうした経済主体ではまずはじめに事実としての収入および支出があり，同時に，その結果として流出入する価値の変動がある。そうした価値の獲得は本来的な目的とはなり得ず，単に第一次的な収支の結果に過ぎない。こうした考え方からすれば，まず，金銭計算を実体勘定体系としての「資金計算書」によって表し，次に価値のフローを「経常計算書」およびそのストックを「貸借対照表」によって表すことが適切となる。

　第4に，上記の計算書の体系化に付随して，それぞれの計算書の借方および貸方が何を表しているのかという問題も検討しなければならない。上記のように，「資金計算書」における「資金」を実体勘定として理解すれば，「資金の入」が借方に記入され，「資金の出」は貸方に記入されることは当然である。また，「経常計算書」は単なる行政コストのみの一覧表ではなく，借方が価値の「費消」を表し，貸方はいわゆる収益ではなく価値の費消をどれだけ補償したかという「回復」を表すこととなる。さらに，「貸借対照表」の借方は「積極財産」，貸方は「消極財産」を表し，さらに両者の差額が「純財産」となる。また，この純財産は国民や住民の持分を意味するものではなく，単に貸借の差額を表すに過ぎない。このように貸借とも「財産」概念によって一貫させることによってはじめて「積極財産－消極財産＝純財産」の関係が成立すると考える。いいかえれば，このことは「資産」と「負債」という異質の概念による「資産－負債＝純資産」という計算式は成立しないということを意味するものでもある。

　第5に，認識基準についての確認の問題がある。かつて企業会計では一般に現金主義，発生主義等の認識基準は費用または収益の時点を確定するための基準として理解されてきたが，現在は費用または収益という価値のフローのみではなく資産または負債という価値のストックの変動時点を確定する基準として

も用いられている。しかし，旧来の公会計ではもともと現金収支計算のみを行ってきたこと，および，費用または収益という概念は存在していなかったという事実に基づけば，現金主義または発生主義という認識基準そのものを必要としてこなかったと考えるべきである。つまり，もともとこうした認識基準をもたないものが伝統的な公会計だったのである。こうした確認のうえで，新しい公会計ではそれらの基準の何を認めるのかが決定されなければならない。

こうした個別の諸概念をまとめれば図表Ｅ-1のようになるであろう。

図表Ｅ-1　新しい公会計の諸概念

簿記法	複式簿記
認識基準	予算も会計も発生主義
予算書の構成	内容の意味
経常予算書	借方：経常経費　貸方：経常財源
資金予算書	借方：補償財源　貸方：使途
決算書の構成	内容の意味
貸借対照表	借方：積極財産 貸方：消極財産および純財産
経常計算書	借方：費消　　貸方：回復
資金計算書	借方：資金の入　貸方：資金の出

〈出所〉亀井作成

第2節　計算構造の明確化―簿記システムと計算書との整合性―

いかなる簿記法を選択するにせよ，その簿記システムのなかですべての取引について継続記録と論理的な計算構造が担保されなければならない。複式簿記を前提に考えれば，取引が二面的に記帳され，その簿記システムの最終段階で総勘定元帳の各勘定から決算集合勘定への振り替えが行われることによって，それらと1対1の対応関係をもって計算書が作成される。例えば，最も基本的な設例として2つの計算書ＡおよびＢを作成する場合を想定すれば，決算集

合勘定aと計算書A，および，決算集合勘定bと計算書Bとがそれぞれ個別対応していなければならない。複式簿記における各勘定から決算集合勘定への振り替え，さらにその集合勘定と決算書との1対1の対応関係は「計算書の3本化」システムでは図表E-2のように表される。

図表E-2　複式簿記における勘定と決算書との対応関係

総勘定元帳における各勘定	総勘定元帳における決算集合勘定	決算書
個別の経常計算勘定 →	経常集合勘定 →	経常計算書
個別の財産勘定 →	閉鎖残高勘定 →	貸借対照表
個別の資金勘定 →	資金集合勘定 →	資金計算書

〈出所〉亀井作成

　こうした決算集合勘定との個別対応関係なしに財務諸表が作成されることになれば，複式簿記システムの存在意義はないものとなる。しかも，計算書Aと計算書Bはいずれかが後にも先にもならず並列的に作成される。本書ではこうした考え方を「並列型システム」と呼び，これこそ複式簿記の本質に基づく方法として捉えてきた。そうではなく決算集合勘定と計算書との個別対応関係を意識せず，また計算書の作成に前後関係をもつ方法は複式簿記の本質に即したものではなく，とくに計算書作成が一列に連なるところからこのような考え方を「直列型システム」と呼んだ。

　いま，わが国における制度改革提案を見ると，複式簿記を適用する場合でも，地方自治体会計のために策定された総務省の基準モデルでは，計算書は決算集合勘定と1対1の対応関係をもって作成されるわけではない。そればかりか計算書は並列的に作成されるのではなく，時間経過からみて前後関係をもって作成されることとなる。つまり，典型的な直列型システムとして性格づけることができる[1]。

　2つの計算書が作成される場合であれば，決算集合勘定と計算書との間に1対1の対応関係が成立することは容易に理解できるが，さらに，3つの計算書

または4つの計算書を作成するとなると，それらと決算集合勘定との間の個別対応関係をどのように考えるのかという問題はそれほど簡単ではない。現在のように，コンピュータ処理によるデータ・ファイルを利用すれば，複式簿記における如上の論理性を意識することなく計算書の作成をすることは不可能ではない。しかし，簿記システムと計算書の整合性を意識することは必須の要件なのである。具体的にいえば，この問題は，計算書の体系として「貸借対照表」，「経常計算書」に加えて「資金計算書」を作成する場合，一取引二仕訳という方法こそ論理的な方法であることを確認することでもある。ただ，厳格な意味での複式簿記の適用が容易に受け容れられないという現状も考慮すれば，ドイツの州レベルの公会計で実践されているように，資金取引部分に補助元帳を利用することにより一取引一仕訳を適用する方法も容認されるべきであろう。これは上記の方法でいえば，「修正並列型システム」となる。

　何よりも重要なことは，企業会計であれ公会計であれ，その相違を超え会計理論として理解可能な概念に立って制度設計をしなければならないということである。もちろん，それぞれの会計が適用される経済主体の組織目的が異なることは当然であり，それにともなって作成される計算書の名称や表示方法も異なることとなる。しかし，どのような会計にあってもまず制度を構成する個別概念と計算構造が存在すること，また，計算構造の論理性が担保される記帳システムが存在することは普遍的な要請である。検討の対象となる情報が統計ではなく会計である以上，複式簿記システムにおける計算構造の論理性を重視することは不可避の要件である。ここに会計が統計から区別される根拠が存在する。公会計情報の目的についてはさまざまな見解があり得るが，そこに意思決定有用性は必ずしも否定されないものの，企業会計とは異なりまずはアカウンタビリティが重視されなければならない。その解除を担保する手段が論理的に構成される簿記システムの計算構造なのである。

（1）　公会計と簿記システムの関連については次のものに詳述している。
　　　亀井孝文著『公会計制度の改革（第2版）』，中央経済社　2011年参照。

近代会計理論としての公会計についての理論的検討がさらに進められなければならないのは当然であるが，さらにそうしたできる限り厳格な理論に立脚した公会計制度の構築が国と地方自治体との共同研究を通じてなされることが望まれる。

第3節　コンテンラーメンの必要性

　コンテンラーメンは「標準勘定組織」ともいわれるもので，会計主体の違いを超えて勘定の本質に基づき分類整理された体系表である。コンテンラーメンでは各勘定が10進法によってクラス分類され，次の段階では，個別会計主体に適合するようにこれに基づいてコンテンプランが作成される。勘定の本質的分類を行うということは各勘定を作成する計算書に割り当てるということでもあり，従って，作成すべき計算書の体系を決定することにもつながる。こうしたコンテンラーメンは外部報告のための計算書に基づく勘定のみならず内部会計のためのクラスを設定してそれらの勘定を組み入れることも可能である。
　主としてドイツ語圏の諸国では新たに会計制度を構築するさいに必ずコンテンラーメンが作成され，公会計に関する制度形成の議論にさいしても，公会計コンテンラーメンが必ず提案されている。コンテンラーメンにおける各勘定にはすべて番号が付され，勘定分類の細分化に従って番号の桁数も増えることとなる。重要なことは，この番号が記録のコンピュータ処理にさいしてコード番号として機能させ得ることである。わが国においても新しい公会計制度のモデル提案のなかでコンピュータ処理のための勘定のコード化が行われているが，それは必ずしも勘定の本質的分類に立ったものではない。コンテンラーメンを作成するということは，同時に会計システムを設計することであり，また制度モデルの提案にさいして会計システムの全体像を呈示することでもある[2]。こうしたコンテンラーメンの詳細については第11章に述べたところである。ここでは，予算と会計の統合によって必要となる勘定の統一を念頭においたコンテンラーメンを図表E-3に示しておこう。

図表 E-3　公会計コンテンラーメン

財　務　簿　記										
0	1	2	3	4	5	6	7	8	9
経常経費	経常財源	補償財源	使途	財務資源流動資産固定資産および積極の計算書区画項目	債務,消極の計算書区画項目,純財産	費消(経常費用,移転費用等)	回復(税収,移転収益等)	入	出
経常予算				資金予算			閉鎖残高		経常集合	資金集合

第4節　統合システム化

　わが国で提案されている地方自治体のための新しい公会計システムでは予算との関係が必ずしも明確にされていない。そのために予算では金銭計算のみが取り扱われ，金銭計算とともに価値計算が取り扱われる予算の執行記録としての会計との齟齬を生じさせることとなる。それを解消するために予算にも価値計算を導入する必要がある。

　また，近年，とくに地方自治体で行政評価としての事務事業評価の実施例が多くなってきたが，この評価と予算および会計との関係には不明確な部分が少なくない。2009年ドイツにおいて予算および会計制度が大きく変更されたが，そこでは予算，会計および評価がプロダクトを単位として行われることによりそれらが共通の単位で分析できるように統一性が持たされている。加えて，原価計算を援用することによってフルコストによるプロダクト・コストの算定を

（2）　コンテンラーメンについては次のものに詳述している。
　　　亀井孝文著『公会計改革論―ドイツ公会計研究と資金理論的公会計の構築―』，白桃書房2004年，同稿「公会計におけるコンテンラーメンの設計」(日本地方自治研究学会編『地方自治の最前線』，清文社 2009年所収)

予算編成に活用することが可能となるように考えられている。そこではさらに国民経済計算（Volkswirtschaftliche Gesamtrechnung）を含む財政統計（Finanzstatistik）との連携の観点がある。新しい制度の特徴はこうした外部システムのための会計データの提供が連邦にも州にも要請されていることである（HGrG 第49b条）。つまり，ミクロ経済主体のための公会計とマクロ経済主体のための国民経済計算とのリンケージが意識されているのである。わが国においても，予算，会計および行政評価の3つの関係を意識しながら，そこに行政サービスの原価計算やマクロ会計とのリンケージも意識することにより，システム全体の統合化を図ることが重要となる。そうした構想における各計算書の間の連関についてはすでに第13章で図示したところであり，ここではその俯瞰図を図表 E-4 に示すことによって統合システムの全体像を確認しておきたい。

　こうした連関を可能にするためには，まず予算，会計および評価の単位が統一されるとともに，勘定科目も基本的に同じものが用いられなければならない。ドイツの新しい公会計制度では，このようにプロダクト別予算編成のためのフルコスト情報の提供，また，会計データが発生主義に基づく SNA（System of National Accounts）や ESA（European System of Accounts）を含む財政統計のためのデータ提供を可能とするようにシステム統合されているのである。わが国で予算編成の単位として用いられる事務事業と行政評価における

図表 E-4　原価計算，予算，会計，評価およびマクロ会計の統合システム

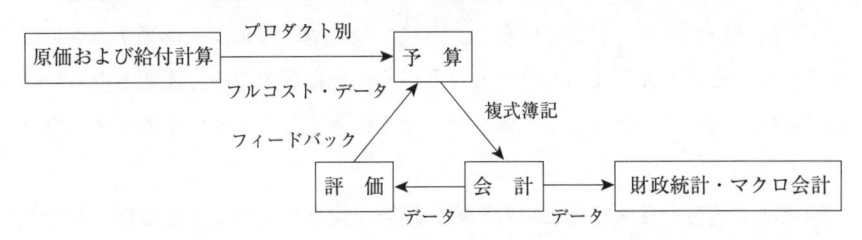

```
                        プロダクト別
┌──────────────┐ ─────────────→ ┌──────┐
│原価および給付計算│                │ 予 算 │
└──────────────┘ フルコスト・データ └──────┘
         │                              │
         │ フィードバック                │ 複式簿記
         │                              ↓
         ↓                          ┌──────┐        ┌──────────────┐
      ┌──────┐ ←─────────────  │ 会 計 │ ────→ │財政統計・マクロ会計│
      │ 評 価 │     データ         └──────┘  データ └──────────────┘
      └──────┘
```

（出所）亀井作成
（注）　［予算］→［会計］の部分をドイツの制度とは異なり，本書では複式簿記によるものとしている。

それとが必ずしも一致していないという事実を想起するとき、こうした統合システムは参考にすべき好例となろう。さらに、予算と実際との両方を示すとともに予算執行の過程を表示するカメラル簿記の特徴を複式簿記に取り入れ、さらにそれをこの統合システムのなかに位置づけることによってより完成度の高いシステムを実現することができる。ただ、注意しなければならないことは、公会計情報があらゆる評価に利用できるわけではないことである。一般に、評価には「政策評価」、「施策評価」および「事務事業評価」、あるいは「行政評価」等の用語が用いられるが、それらの違いが必ずしも明確にされているわけではない。評価のなかには定性的な分析によってのみ行われるもの、定量的な分析が行われるものの公会計情報以外の物量数値や貨幣数値が利用されるもの、または、公会計情報が利用されるもの等、評価のための分析に用いられるデータはさまざまである。ここでの統合システムにいう評価は、おのずから公会計情報の利用が可能で予算編成に役立つ範囲に限定されることとなる。

第5節　公会計制度に関する法的規範

(1) その考え方と規範設定主体

　公会計制度を構築するためには、まず、予算制度と関連させてその法的枠組みを体系化しなければならない。つまり、その規範形成を基本的に制定法主義に基づいて行うのか、または、慣習法主義に基づいて行うのか、さらには、その混合型で行うのかの意思決定は避けられない。わが国でこれまでこうした議論が十分行われてきたとはいい難く、真に「公会計」の制度を構築するさいにはその規範をどのように体系化するかという問題は重要な検討課題となる。この問題は、同時に、その設定主体をどのように考えるのかという問題にも直結する。

　制定法主義を一貫させ法規範の形成に民間を関与させることを厳格に制限してきたドイツでも、企業会計の領域では伝統的な商法規定とともにGoBという一種の不確定法概念を「法の欠缺」(法の未確定部分)として法規範のなかに

取り込む方法をとってきた⁽³⁾。さらに、そうした規範形成のあり方のなかで、1998年、IASをめぐる国際的な動向を視野に入れて、アングロ・サクソン諸国にあるような私法上の「ドイツ会計基準委員会 (Deutsches Rechnungslegungs-Standards Committee e.V.)」が設置されるという画期的な変化が起きた。ただ、注意すべきことは、同委員会はIASBとの関係でリエゾンとしての役割を担う機関としての性格づけがなされており、法的拘束力をもつ会計基準を設定するための機関とはされていないことである。公会計の領域においても、ドイツ経済監査士協会 (Institut der Wirtschaftsprüfer : IDW) は2009年1月からIPSASBに参加しているが、これも同様である。公会計関連の規範形成について、連邦ではGoB、さらに州・市町村では「地方自治体のための正規の簿記の諸原則 (Grundsätze ordnungsmäßiger Buchführung für Kommunen : GoB-K)」、または、「公的予算および会計制度における正規の簿記の諸原則 (Grundsätze ordnungsmäßiger Buchführung in öffentlichen Haushalts- und Rechnungswesen : GoöB)」が提唱されているが、それらの内容の形成ないし設定のための機関として民間機関を設置することは全く構想されていない。ドイツにおける制度形成の方法から見る限りけだし当然である。

　スイスの公会計制度にもIPSASが導入されたが、その設定機関であるIPSASBの性格にかかわらず、公会計規範としての基準の法的効力は制定法たる財政予算法 (Finanzhaushaltsgesetz) を経由して行われ、制定法のなかにそれが位置づけられるのである⁽⁴⁾。

　フランスにおいては、2002年財政法案に基いて政府の一般会計に適用可能な基準を答申するための諮問機関として「公会計基準委員会」が設立され、経済財務産業省が提示する会計基準案に意見書を提出することがその任務とされ

---

(3) GoBの法的性格にかかわる諸学説の紹介と比較検討については次のものを参照。
　　遠藤一久著『正規の簿記の諸原則』、森山書店 1984年、木下勝一著『会計規準の形成』、森山書店 1990年、高木靖史著『ドイツ会計基準論』、中央経済社 1995年、佐藤誠二著『ドイツ会計規準の探求』、森山書店 1998年。
(4) スイスのNRMについては、Eidgenossenschaftliche Finanzverwaltung, Neues Rechnungsmodell Bund Bericht zum Grundmodell NRM (9. September 2002) を参照。

ている(5)。ここでも公会計基準の設定機関は行政機関であることがわかる。

　他方，アメリカにおいては，州・地方政府レベルの公会計基準の設定は独立した民間機関としてのGASB（政府会計基準審議会）に委ねられている。また，イギリスにおいても，公会計領域にも一般に認められた会計原則の適用が行われ，民間機関の考え方が大きく反映されるようになってきている。同様に，ニュージーランドにおいても企業会計基準と公会計における基準とが統合され，民間機関としての勅許会計士協会の影響力がますます高まりつつある。

　このように，フランコ・ジャーマン諸国とアングロ・サクソン諸国とでは，とくに公会計基準の形式的または実質的設定機関のあり方に際だった違いを見せるのである。こうした諸外国の現状を想起しつつ，わが国においても公会計規範の設定主体をどのように性格づけ，どのように構成するのかについて明確な意思決定をしなければならない。これらの問題の解決をいつまでも先送りにすることは許されないのである。

(2) 法的規範の体系化

　ドイツではGGという事実上の憲法を大前提に，公会計の制度を形づくる最も基本的な法律としてHGrGが制定されているのであるが，この法律は文字通り「予算に関する原則を定めた法律」であり，予算制度および公会計制度という範囲では連邦も各州も同等にこの法律に準拠することが求められるのである。注意を要するのは，ドイツでは公会計という概念は独立した存在ではなく，伝統的に予算制度を含む財政制度全体における予算執行の記録のための制度として捉えられてきていることである。その意味においてHGrGに公会計制度も含まれるということになるのである。この法律に基づいて連邦ではBHOが制定され，各州では独自のLHOが制定され，さらに州内の市町村ではLHOに準拠して「市町村予算規則（Gemeindehaushaltsverordnung：GemHVO）」が制定されるのである。

　さて，わが国ではどのように考えるべきであろうか。わが国における公会計

---

(5)　黒川保美稿「フランスにおける公会計制度の改革」，『会計検査研究』第28号（2003.9）

の改革に関する議論はこれまで内容的にはかなり進展してきているが，制度の枠組みをどう形成するかの議論はなおも不十分であるといわざるを得ない。また，われわれの求める公会計の理念型の本質は，「公会計を企業会計化することではなく，公会計がこれまで取り扱わなかった価値計算を新たに取り入れること」であり，こうした知見の正当性はフランコ・ジャーマン諸国とりわけドイツにおける会計学説をひもとくことによって明らかとなる。また，わが国における明治以来の公会計にかかわる制度形成の経緯を考えるとき，アングロ・サクソン諸国のように公会計基準の設定を実質的に民間機関に委ね，しかも，その基準を慣習法として位置づけることは難しいと考えざるを得ない。そうであるとすれば，明治の近代化にさいしてわが国が制度形成の模範としたヨーロッパ大陸におけるフランコ・ジャーマン諸国の考え方を検討することは重要な課題となる。同時に，企業会計がそうであるように，会計基準という形式での規範設定を避けることはできないという観点から，法律のなかに不確定法としての会計基準を位置づけることによってその法的規範性を保証するという方法をとることが最も現実的な解決策となる。

図表 E-5　予算・公会計制度に関する規範の体系

```
        ┌──────────────┐
        │   予算基本法   │
        └──────┬───────┘
               ↓
   ┌────────────────────────────┐
   │ 公会計諸原則（予算基本法の解釈指針） │
   └──────┬──────────────┬──────┘
          ↓              ↓
   ┌──────────┐   ┌──────────────┐
   │ 国の会計基準 │   │ 地方自治体会計基準 │
   └──────────┘   └──────────────┘
```

〈出所〉亀井作成

いま，そのあり方を具体的に見てみよう。まず最上位に憲法が存在することはいうまでもないが，国の制度にかかわる財政法，会計法，予算決算及び会計令，特別会計法等，さらに地方にかかわる地方自治法等をすべて包括できるよ

うな「予算基本法」を制定することである。そのもとに解釈指針としての法的規範性をもった「公会計諸原則」を位置づけ，さらに，それに準拠して国にかかわる「国の会計基準」および地方自治体にかかわる「地方自治体会計基準」を設定することとなる。重要なことは，公会計の基本概念については国および地方で共通に適用できるように統一することである。いま，その体系をまとめたものが上記の図表 E-5 である。

　お わ り に

　公会計は最終的には国民や住民が為政者を統制するために役立つものでなければならない。そのために公会計の第一の目的として設定されるものが公的アカウンタビリティである。従って，投資家の意思決定に有用な情報としての役立ちが求められる企業会計とはこの点において決定的に異なる。もちろん公会計情報においても，国債や地方債に対する投資意思決定，行政の側からみた財政運営のための意思決定についての有用性は否定されるものではないが，まず，優先されるべきは，為政者の財政権と執行権を統制するための決算報告である。そうした会計情報が政治的に歪められるのを監視するためにこそ，理論的な基礎に立脚する制度形成が求められるのである。そうした会計制度に求められるのは，何よりも公会計の明確な概念と論理的な計算構造であるが，制度改革の現状における方向性は必ずしも理想的な方向性をもっているわけではない。政治性や実務性に傾倒しがちな制度形成にあって，井尻にいう「エレガントな理論」を公会計にも求めると同時に，そうした理論体系に立った「エレガントな制度」の追究が意識されなければならない。

索 引

あ 行

愛知県モデル ························· 53
一取引一仕訳 ······· 7, 161, 178, 190, 258
一取引二仕訳 ······· 7, 35, 162, 168, 177, 190, 258
一般会計 ····················· 17, 18, 254
「入方」と「出方」······················ 22
インエレガントな理論 ················ 237
ヴァルプ ········ 6, 85, 125, 128, 132, 181
裏の計算，裏計算 ············ 138, 164
運動貸借対照表 ······················ 191
NKF モデル ························· 197
NPM ································ 39
FDK モデル ························· 212
エレガントな理論 ··················· 236
大阪府モデル ························· 53
表の計算，表計算 ············ 138, 164

か 行

会計区分 ····················· 16, 18, 254
会計システムの設計図 ················ 220
会計実践的勘定組織 ·················· 209
「会計」の多義性 ····················· 14
会計の論理 ··························· 8
外的動向 ··························· 222
回復 ·························· 174, 255
書留簿 ······························ 21
拡張カメラル簿記 ···················· 64
価値計算 ···················· 25, 59, 111
過程分類基準 ······················· 210
ガバメントタイプ ···················· 45

貨幣の物量計算 ······················ 32
カメラル会計 ···················· 62, 85
カメラル簿記 ·········· 2, 64, 147, 206
科目の整理 ·························· 21
勘定間の橋渡し ······················ 250
勘定系統 ···························· 26
官庁会計複式簿記試案 ················ 41
管理化 ····························· 235
基準モデル ······················ 54, 218
擬制的双方向性 ······················ 37
キャッシュ・フロー計算書 ······· 52, 182
給付系列，給付系統 ·········· 6, 27, 131
行政コスト計算書 ···················· 47
行政における経済性の
　ための連邦委託官 ················ 246
行政持分 ···························· 42
共同コンテンラーメン ··············· 210
業務費用計算書 ······················ 50
金銭計算 ···················· 25, 59, 111
国の会計基準 ······················· 265
区分別収支計算書 ···················· 50
グループ簿記 ·············· 2, 84, 90, 106
経済的資源 ························· 254
計算構造 ··············· 7, 40, 161, 256
計算書の3本化 ····················· 160
計算書の4本化 ····················· 160
KGSt モデル ······················· 212
決算集合勘定 ·················· 161〜164
決算書分類基準 ····················· 210
決算統計 ······················· 33, 44
ケルン学派 ························· 125
原価および給付計算 ··········· 66, 236

現金支出······························ 93, 150
現金収支計算························ 33, 59
現金収入······························ 93, 149
現金の支払······························· 148
現金の収納······························· 148
現金の整理································ 21
現金要求································· 234
建設公債主義······························ 11
現代的カメラル簿記··················· 242
権利義務確定原則··················· 69, 90
公会計概念フレームワーク··········· 48
公会計原則（試案）···················· 45
公会計コンテンラーメン············ 211
公会計諸原則···························· 265
公会計の企業会計化············ 30, 39
公会計モデル···························· 216
工業コンテンラーメン··············· 215
公正価値·································· 57
公的貸借対照表···················· 31, 87
公的予算および会計制度に
　　おける正規の簿記の諸原則····· 263
国際化···································· 227
国際会計基準··························· 227
国際公会計基準························ 227
国際財務報告基準····················· 227
コジオール············· 6, 125, 132, 181
古典的カメラル簿記··················· 242
コンスタント簿記············· 2, 83, 85
コンテンプラーン····················· 259
コンテンラーメン············ 208, 259

さ 行

債権支出················ 93, 114, 118, 135
財産計算書································ 96
財産効果の有無··················· 91, 116
財産法··································· 128
最終的支出······························· 115

最終的収入······························· 115
最終的補償························ 97, 115
歳出入見込会計表························ 14
財政状態変動表························ 191
財政組織法······························· 231
財政の論理································· 8
財務計算書······················ 192, 244
債務収入··············· 93, 114, 118, 135
財務の資源······························· 254
シェアー································ 209
資金計算書················ 6, 183, 190, 258
資金収支計算書············· 6, 45, 182
資金の入································ 255
資金の出································ 255
資源会計および予算·················· 231
資源要求································ 234
事項帳簿································· 95
自己請求権························ 99, 113
事後補償·································· 97
資産計算書························ 100, 244
資産・負債差額増減計算書············ 50
時順帳簿································· 91
市場化··································· 224
事前補償·································· 97
市町村予算規則························ 264
実体勘定····················· 27, 163, 179
市民化··································· 228
市民持分································· 42
収益収入··············· 93, 113, 118, 130, 135
収支学説································ 126
収支系列，収支系統········· 6, 27, 131
収支の貸借対照表······················ 135
修正並列型システム······· 172, 177, 183,
　　　　　　　　　　　　　　　200, 258
州予算規則······························· 151
主管の財源································ 50
シュパイヤー・モデル··············· 213

シュマーレンバッハ …… *6, 87, 125, 128,*
　　139, 181
純回復 …………………………… *174*
純財産 …………………… *140, 255*
償還支出 ………… *93, 114, 119, 135*
償還収入 ………… *93, 114, 118, 135*
消極財産 ………………… *140, 255*
詳細概念 …………………………… *242*
省庁別財務書類 …………………… *50*
昭和会計法 ………………………… *19*
処分・蓄積勘定 …………… *166, 170*
新公会計モデル …………………… *189*
新地方公会計制度研究会報告書 …… *54*
新地方公会計制度実務研究会報告書
　…………………………………… *54*
成果計算書 ……………………… *244*
正規の簿記および会計の諸原則 …… *66*
正規の簿記の諸原則 ……………… *251*
政治化とビジネス化 ……………… *225*
税収収益説 ………………………… *39*
税収持分説 …………………… *39, 48*
静態化 ……………………………… *222*
政府業績成果法 …………………… *235*
政府資源会計法 …………………… *240*
積極財産 ………………… *140, 255*
絶対的中性項目 …………………… *139*
総勘定元帳 ………………… *163, 172*
相対的中性項目 …………………… *139*
総体補償の原則 …………………… *97*
総務省方式改訂モデル ………… *55, 56*
損益外純資産変動計算書 …… *48, 165*
損益法 ……………………………… *128*

た　行

大正会計法 ………………………… *19*
多段階簿記 ………………… *2, 62, 89*
多様化 ……………………………… *233*

地方自治体会計基準 ……………… *265*
地方自治体のための
　正規の簿記の諸原則 ………… *263*
直接補償 …………………………… *97*
直列型システム ‥ *28, 162, 169, 177, 257*
貯蔵支出 ………… *93, 114, 118, 135*
貯蔵収入 ………… *93, 114, 118, 135*
追加計算 ………………… *116, 133*
追加収益 …………………………… *132*
追加費用 …………………………… *132*
通過項目 …………………………… *69*
通常予算 …………………………… *17*
ティルブルクの波 ………………… *227*
東京都会計基準 ……………… *51, 217*
統合計算書 ……………………… *102*
統合予算書 ……………………… *102*
動態論 ……………………………… *128*
動的貸借対照表論 ……………… *128*
特別会計 ……………… *17, 18, 254*
特別予算 …………………………… *17*

な　行

内的動向 …………………………… *222*
認識基準 …………………… *23, 256*
納税者持分 ……………………… *229*

は　行

配賦財源 …………………………… *50*
発生支出 …………………………… *150*
発生収入 …………………………… *149*
バランスシート …………………… *47*
非現金支出 ………………………… *93*
非現金収入 ………………………… *93*
非最終的支出 …………………… *115*
非最終的収入 …………………… *115*
ビジネスタイプ …………………… *45*
非収益収入 ………………………… *93*

費消	*174, 255*
非費用支出	*93*
ヒュークリ	*85*
ピュヒベルク	*85*
費用支出	*93, 113, 118, 130, 135*
標準勘定組織	*259*
費用と収入の対応	*53*
封鎖現金	*99*
複雑化	*234*
複式会計	*62*
普遍化	*230*
フランス会計法（ナポレオン 3 世勅令）	*15*
フリーデル	*85, 110, 142*
フルコスト予算	*245*
プロダクト	*240, 243*
プロダクト構造	*243*
プロダクト別予算	*244*
プロダクトラーメン	*243*
並列型システム	*28, 161, 172, 177, 199, 257*
別途会計	*16*
法の欠缺（法の未確定部分）	*262*
簿記（会計）構造論的勘定組織	*209*
簿記説明的勘定組織	*209*
補償資金	*106*
補助元帳	*7, 172*
本源的支出	*114*
本源的収入	*114*
本来的支出	*114*
本来的収入	*114*
本来的双方向性	*37*

ま 行

マクロ会計	*261*
未解決項目	*115, 131, 139*
明治会計法	*14*
名目勘定	*27, 163, 179*
戻し計算	*116, 133*
戻し支出	*134*
戻し収益	*132*
戻し収入	*115*
戻し費用	*132*
戻し補償	*97, 115*
戻し補償資金	*106*

や 行

ユンク	*85*
予算および会計制度現代化プロジェクト・グループ	*241*
予算基本法	*265*
予算区分	*17, 18*
予算計算書	*17, 100, 243*
予算原則現代化法	*66*
予算原則法	*66*
予算差異	*205*
予算執行管理表	*151*
ヨーロッパ公会計基準	*228*
ヨーンス	*86, 110, 143*

ら 行

連邦・州共通複式会計原則	*242*
連邦統一コンテンラーメン	*214*
連邦予算規則	*122*
連邦予算規則に関する共通行政規定	*247*

初　出　一　覧

序　章　書き下ろし
第 1 章　「公会計における簿記法選択論」
　　　　『會計』（森山書店），第 170 巻第 3 号（2006 年 9 月）
第 2 章　「公会計における簿記の考え方」
　　　　『南山経営研究』（南山大学経営学会），第 23 巻第 1・2 号（2008 年 10 月）
第 3 章　「オーストリア公会計における多段階簿記」
　　　　『産業経理』（産業経理協会），第 71 巻第 1 号（2011 年 4 月）
第 4 章　「公会計グループ簿記論―フリーデルとヨーンス―」（前半）
　　　　『南山経営研究』（南山大学経営学会），第 27 巻第 3 号（2013 年 3 月）
第 5 章　「公会計グループ簿記論―フリーデルとヨーンス―」（後半）
　　　　『南山経営研究』（南山大学経営学会），第 27 巻第 3 号（2013 年 3 月）
第 6 章　書き下ろし
第 7 章　「公会計複式記帳の展開と予算の統合」（前半）
　　　　『中部大学経営情報学部論集』（中部大学），第 22 巻第 1・2 号（2008 年 3 月）
第 8 章　「公会計における複式簿記の導入と計算構造」
　　　　『南山経営研究』（南山大学経営学会），第 21 巻第 1・2 号（2006 年 10 月）
第 9 章　「公会計における複式簿記導入の方法」
　　　　『日本簿記学会年報』第 22 号（2007 年）
第10章　「公会計複式記帳の展開と予算の統合」（後半）
　　　　『中部大学経営情報学部論集』（中部大学），第 22 巻第 1・2 号（2008 年 3 月）
第11章　「公会計におけるコンテンラーメンの設計」
　　　　日本地方自治研究学会編『地方自治の最前線』，清文社 2009 年所収

第12章 「公会計の変容と今後の課題」
　　　　『南山経営研究』（南山大学経営学会），第 24 巻第 3 号（2010 年 3 月）
第13章 「ドイツ公会計制度における統合システムの構築」
　　　　『會計』（森山書店），第 180 巻第 10 号（2011 年 10 月）
終　　章 「新しい公会計制度への提言」
　　　　『会計検査研究』（会計検査院）第 45 号（2012 年 3 月）

〈著者略歴〉

亀井　孝文（かめい　たかふみ）

1947 年生まれ
神戸商科大学（現・兵庫県立大学）大学院博士課程単位取得，博士（経営学・兵庫県立大学）
ドイツ・ボッフム大学経済学部（1971～1972 年）
ドイツ・マールブルク大学経済学部客員研究員（1989～1990年）
現在　南山大学総合政策学部教授
日本会計研究学会，日本簿記学会，日本地方自治研究学会（理事），国際公会計学会（前会長）

〈編著書〉
『地方自治体会計の基礎概念』（訳書／K. リューダー著），中央経済社　2000 年
『公会計・監査用語辞典』（共同編集），ぎょうせい　2002 年
『公会計改革論―ドイツ公会計研究と資金理論的公会計の構築―』，白桃書房　2004 年（2004 年度国際公会計学会賞・2005 年度日本地方自治研究学会賞）
『明治国づくりのなかの公会計』，白桃書房　2006 年
『公会計制度の改革』，中央経済社　2008 年
『公会計制度の改革（第 2 版）』，中央経済社　2011 年
『公会計小辞典』（編集代表），ぎょうせい　2011 年
『現代自治体改革論―地方政治，地方行財政，公会計のこれから―』（共編著），勁草書房　2012 年
『ドイツ・フランスの公会計・検査制度』（編著），中央経済社　2012 年

公会計の概念と計算構造

2013 年 11 月 16 日　初版第 1 刷発行	南山大学経営研究叢書

著　者　©　亀　井　孝　文
発行者　　菅　田　直　文
発行所　有限会社　森　山　書　店　東京都千代田区神田錦町 1-10 林ビル（〒101-0054）
　　　　TEL 03-3293-7061 FAX 03-3293-7063　振替口座 00180-9-32919

落丁・乱丁本はお取りかえ致します　　　印刷／製本・シナノ書籍印刷
本書の内容の一部あるいは全部を無断で複写複製することは，著作権および出版社の権利の侵害となりますので，その場合は予め小社あて許諾を求めてください。

ISBN 978-4-8394-2137-3